THiNKr
新思

新一代人的思想

[美] 斯科特·赫什维茨 著
何啸风 幽草 译

# 和 小野兽 一起学哲学

NASTY,
BRUTISH,
AND SHORT

Adventures in Philosophy
with Kids

中信出版集团 | 北京

## 图书在版编目（CIP）数据

和小野兽一起学哲学 /（美）斯科特·赫什维茨著；何啸风，幽草译. -- 北京：中信出版社, 2025. 1.
ISBN 978-7-5217-6743-8

Ⅰ. B

中国国家版本馆 CIP 数据核字第 20245E44U1 号

NASTY, BRUTISH, AND SHORT by Scott Hershovitz, D.Phil
Copyright © 2022 by Scott Hershovitz
Published by arrangement with Park & Fine Literary and Media,
through The Grayhawk Agency Ltd
Simplified Chinese translation copyright © 2025 by CITIC Press Corporation
ALL RIGHTS RESERVED
本书仅限中国大陆地区发行销售

和小野兽一起学哲学
著者：　　[美] 斯科特·赫什维茨
译者：　　何啸风　幽草
出版发行：中信出版集团股份有限公司
　　　　　（北京市朝阳区东三环北路 27 号嘉铭中心　邮编　100020）
承印者：　中煤（北京）印务有限公司

开本：787mm×1092mm 1/32　　印张：12.25　　字数：232 千字
版次：2025 年 1 月第 1 版　　　　印次：2025 年 1 月第 1 次印刷
书号：ISBN 978-7-5217-6743-8　　京权图字：01-2024-3651
　　　　　　　　　　　　定价：68.00 元

版权所有·侵权必究
如有印刷、装订问题，本公司负责调换。
服务热线：400-600-8099
投稿邮箱：author@citicpub.com

# 目 录

导言　思考的艺术　　/ i

## 第一部分　理解道德
MAKING SENSE OF MORALITY

第 1 章　　权利　　/ 003

第 2 章　　复仇　　/ 027

第 3 章　　惩罚　　/ 049

第 4 章　　权威　　/ 073

第 5 章　　语言　　/ 095

## 第二部分　理解自身
MAKING SENSE OF OURSELVES

第 6 章　　性、性别与体育　　/ 121

第 7 章　　种族与责任　　/ 149

## 第三部分　理解世界
### MAKING SENSE OF THE WORLD

第 8 章　　知识　/181

第 9 章　　真理　/207

第 10 章　　心智　/235

第 11 章　　无限　/259

第 12 章　　上帝　/283


结语　如何培养一个哲学家　　/311

致谢　/319

附录　延伸阅读　/323

注释　/329

导言

# 思考的艺术

"我需要*一个哲学家。"汉克光着上身站在浴室。

"什么?"朱莉问道。

"我需要一个哲学家。"

"你漱口了吗?"

"我需要一个哲学家!"汉克越发焦躁地说道。

"你需要的是漱口。快回洗手池去。"

"我需要一个哲学家!"汉克坚持。

"斯科特!"朱莉大喊道,"汉克需要一个哲学家。"

我是一个哲学家。可是从来没有人需要我。我急急忙忙跑到浴室。"汉克,汉克!我是哲学家。你要什么?"

他看上去很困惑。"你**不是**哲学家。"他斩钉截铁地说。

"汉克,**我确实是**一个哲学家。这是我的工作。你遇到什么麻烦了?"

他张了张嘴,却什么也没说。

"汉克,你遇到什么麻烦了?"

---

\* 原文为 nee,是汉克作为幼童的错误说法。——译者注

"有东西卡在我的牙齿缝里。"*

一根牙线。汉克需要一根牙线——那种叉子形状的塑料片，上面绷着牙线。

这就说得通了。牙线才是你可能需要的东西，特别是如果你才 2 岁，而你的生活目标是用廉价的塑料片填满垃圾堆，以满足暂时的消遣。哲学家不是人们需要的东西。人们总是喜欢向哲学家指出这一点。

☆ ☆ ☆

"哲学家到底是做什么的？"

"呃，呃……我们主要是在思考。"

"你们思考的是什么？"

"什么都思考。正义、公平、平等、宗教、法律、语言……"

"我也思考这些东西。那我是哲学家吗？"

"你可能是。你仔细地思考它们吗？"

我已经数不清自己有过多少次这样的对话了。但这是因为我从未进行过这样的对话。这些只是我想象的，如果我告诉陌生人我是哲学家，事情会怎么样。我几乎总说我是律师。除非我在跟律师说话，那么我就会说我是法学教授，这样我就可以摆摆架子了。如果我跟另一位法学教授说话，那么我肯定是哲学家。但如果我跟一位哲学家说话，我就又变成律师了。这是一个精心设计的障眼法，好让我在任何对话中都占据优势。

---

\* 原文为 DER'S FOMETHING FUCK IN MY FEETH，是汉克的错误说法。下面的"牙线"（flosser）与"哲学家"（philosopher）发音相近。——译者注

但我确实是哲学家。我仍然觉得这很不可思议。我并没有打算成为哲学家。在佐治亚大学的第一个学期,我想选的课是心理学导论。但那门课报满了,而哲学入门这门课还可以选。如果心理学课还有名额,那我也许会成为一名心理学家,而本书可能通篇都是实用的育儿建议了。本书也有一些育儿建议,但大部分都不太实用。事实上,我的主要建议是:与你的孩子(或别人的孩子)聊天。他们好玩极了——而且是不错的哲学家。

我缺席了第一天的哲学课,因为我们这群人——我指的是犹太人,而不是哲学家——在每年秋天的某个随机的时间庆祝新年。但我上了第二次课,第二个小时我就迷上了它。克拉克·沃尔夫教授问我们每个人什么是重要的,他在教室走了一圈,在黑板上写下我们的答案,再在后面写下我们的名字,以及说过类似话的著名哲学家的名字。

> 幸福:罗宾、莉拉、亚里士多德
> 快乐:安妮、亚里斯提卜、伊壁鸠鲁
> 做正确的事:斯科特、尼拉杰、康德
> 没有什么是重要的:维贾伊、阿德里安、尼采

看到自己的名字出现在黑板上,让我觉得我的想法或许是有意义的——我可以参与到包括亚里士多德、康德、尼采这样的人的对话中。

这么想是一件疯狂的事,我的父母发现我的想法后很不高兴。我记得当时在一家烤鸡店里,我坐在父亲对面,说我打算主修哲学。"什么是哲学?"他问道。这是一个好问题。他不知道答案,因为他

选课的时候心理学还剩一个名额，于是他就选了心理学。但我意识到我遇到了一个难题：我也不知道答案，而我已经上了几个星期的哲学课。我想知道：什么是哲学？我为什么想研究哲学？

我决定展示给我的父亲，而不是告诉他。"我们以为我们坐在一张桌子旁，吃着烤鸡，聊着大学的情况，"我开头如此说道，"但如果我们不是呢？如果有人偷走了我们的大脑，把它们放在一个缸里，用电极连接起来，刺激它们，让我们以为我们在吃鸡，在聊大学呢？"

"他们能做到吗？"他问道。

"我认为不能，但这不是问题所在。问题在于：我们怎么知道他们没有这样做？我们怎么知道我们不是缸中之脑，幻想着一顿鸡肉大餐？"

"这就是你想要学习的？"他脸上没有流露出赞许的表情。

"是的，我的意思是：难道你没有看到这种隐忧吗？我们自以为知道的一切都可能是错的。"

他没有看到这种隐忧。当时《黑客帝国》还没上映，所以我也没法借助基努·里维斯的权威来证明这个问题是要紧的。继续念叨了几分钟关于大脑和大缸的事之后，我加了一句："系里也开了很多逻辑学的课。"

"好吧，"他说，"我希望你去上这些课。"

☆ ☆ ☆

我说我成为哲学家有点儿不可思议。但这不对。真正不可思议的是我**仍然**是一个哲学家——我的父亲没有阻挠我，无论是那次晚餐时，还是在更早之前。因为我几乎从会说话开始就在做哲学了，而且我并不孤单。每个孩子——每一个——都是哲学家。他们长大后就不是哲学家了。的确，也许成长的一部分就是停止哲学探索，转而开始做一些更实用的事。如果是这样的话，那么我还没有完全长大。对于这一点，认识我的人都不会感到意外。

这不是因为我的父母对我不够上心。我还记得我第一次思考一个哲学难题的情景。我当时才5岁，上的是犹太社区中心的幼儿园，在分组活动期间，我突然想到了这个难题。我想了一整天，放学的时候赶紧告诉了我的母亲，她在走廊另一头教学前班。

"妈妈，"我说，"我不知道红色在你的眼里是什么样的。"

"你知道啊。它看上去就是红色的。"她说。

"是的……呃，不是，"我支支吾吾地说，"我知道红色在我的眼里是什么样的，但我不知道它在你的眼里是什么样的。"

她看上去一头雾水，老实说，我可能没表达清楚。我当时才5岁。但是我绞尽脑汁，想让她明白我在说什么。

"红色看上去是那样的。"她指着一个红色东西说。

"我知道那是红色的。"我说。

"那有什么问题？"

"我不知道红色在你的眼里是什么样的。"

"它看上去就是**那样的**。"她越来越不耐烦地说道。

"没错，"我说，"但我不知道它在你的眼里是什么样的。我知道它在我的眼里是什么样的。"

"它在你我的眼里是一样的，亲爱的。"

"你不知道它是一样的。"我一口咬定。

"我知道，"她说，又指了一下，"那是红色的，对不对？"

虽然她没有明白我的意思，但是我没有放弃。"我们之所以把同样的东西称为红色，"我试着解释我的意思，"是因为你指着红色的东西告诉我它们是红色的。但是，如果我看到的红色是你看到的蓝色呢？"

"你不会这样做。那是红色，不是蓝色，对不对？"

"我知道我们都把那个称为红色，"我说，"但你看到的红色有可能是我看到的蓝色。"

我不知道我们在这个问题上纠缠了多久，但我母亲始终没有明白我的意思。（妈妈，如果你正在看这些文字，我很乐意再试一次。）我清楚地记得，她是这样结束对话的："别操心这个了。这不重要。你看到了就好。"

这是第一次有人让我停止做哲学，但不是最后一次。

☆ ☆ ☆

哲学家把我向我的母亲抛出的难题称为"**色谱变换**"[1]。这种想法通常被认为是约翰·洛克提出来的，这位17世纪的英国哲学家的思想影响了美国宪法的起草者。但是我敢打赌，首先冒出这种想法的是成千上万的幼儿园的孩子。（事实上，著名的心灵哲学家丹尼尔·丹尼特指出，他的许多学生记得小时候思考过这个难题。[2]）他们的父母可能不明白他们在说什么，也看不出其中有什么意义可言。但是，这个难题至关重要；事实上，它**是**一扇窗户，通往这个世界和我们在其中所处位置的某些最深奥谜团。

洛克是这样说明这个难题的（你要是用英国口音大声念出来，就更容易读懂它了）：

> 即使同一客体同时在几个人心中产生不同的观念，我们也不能指责它们是虚假的……例如，紫罗兰经过一个人的眼睛在他心中所产生的观念，与金盏花在另一个人心中产生的观念相同，反之亦然。[3]

我知道你在想什么：年仅 5 岁，我对英语的掌握就比洛克更好了。至少，我没有像疯子一样把首字母大写\*。不过你不用担心：我不会让你埋头苦读那些死了几百年的哲学家的长篇大论。本书的要点是：人人都可以做哲学，每个孩子都在做哲学。如果幼儿园的孩子没读过洛克就可以做哲学，那么我们也可以。

但我们已经读过洛克了，所以我们不妨看看自己能不能理解这段话。这短短的一段话中隐藏了诸多谜团：关于颜色的本质，关于意识的本质，关于用词语捕捉我们的某些体验的困难（或不可能性）。稍后，我们会思考其中的一些谜团。但最后一个谜团引出了一个更大的隐忧：从根本上说，他人的心灵对我们是封闭的。

他人看待世界的方式可能与我们不同，而且这种不同并非仅仅在比喻意义上表示：他们可能对有争议的话题持不同看法。他们可能真的以不同的方式**看待**世界。如果我能钻进你的脑袋——用你的眼睛和大脑去看——我可能会发现，从我的角度看，一切都颠倒了。停车的标志可能是蓝色的，天空可能是红色的。也许，这种差别会更加细微——被蒙上一层阴影，或者变得更明亮一点。但是，我不可能钻进你的脑袋，所以我不知道世界在你的眼里是什么样的。我甚至不可能知道，世界在我最了解的人（我的妻子和孩子）的眼里

---

\* 在上述引文的英文原文中，洛克把所有名词的首字母都大写了。——译者注

是什么样的。

这是一种让人感到孤独的想法。假如洛克是对的，那么我们在某种重要的意义上被困在自己的脑袋里，与他人的体验相隔绝。我们可以猜想这些体验是什么样的，但是我们无法知道它们。

我不认为，这种想法出现在许多上幼儿园的孩子身上是偶然的。这个年龄段的孩子正在努力理解他人——学着读懂他们的心思。你如果搞不懂别人在想什么，在这个世上就走不远。我们必须学会预判他人的行为，以及他们对我们的行为的反应。为了做到这一点，孩子们不停地产生关于周围人的信念、意图和动机的理论，并检验这些理论。当然，他们不会这样说。这不是他们有意识去做的事情。但是，他们从儿童餐椅上把吸管杯丢下来，也不是有意识地做的，尽管那同样是一项实验——物理上和心理上的。（它每次都会掉下来，总有人会捡起来。）

我不知道那天在幼儿园，我为什么会去思考颜色。但我发现——只是通过思考——我读懂别人想法的能力是有限的。我可以通过观察母亲的行为，了解她的信念、动机和意图。但是不管我怎么做，我都无法了解红色在她眼里的样子与在我眼里的样子是否一致。

我们会回到这个难题。正如我所说，它是一扇窗户，通往这个世界的某些最深奥的谜团。孩子们总是透过这扇窗户张望着。而大多数成年人已经忘记了它的存在。

☆ ☆ ☆

当我说孩子们总是透过这扇窗户向外看，人们都不相信。他们说，没错，**你想到了"色谱变换"的问题。但你**后来成了一个哲学家啊。这对一个孩子来说，可不是什么正常的事。如果我自己没有孩子，我可能会同意他们。我有两个儿子：汉克，你已经见过了；还有雷克斯，比他大几岁。雷克斯3岁的时候，就说出了一些涉及哲学问题的话，即使他自己没有意识到。

随着孩子们一天天长大，在他们谈论的事物上，哲学已经呼之欲出了。有一天，朱莉问（当时8岁的）汉克午饭想吃什么，并给了他两个选项：塔可，或前一天晚上剩的汉堡包。这个选择可难坏了汉克——不知道的还以为，我们是问他，在父母必须死一个的情况下救爸爸还是救妈妈。*他花了好一阵子才做出决定。

"我要吃汉堡。"他说，时间好像过了几十年一样。

"已经在桌上了。"朱莉回答。只要有汉堡，汉克就**总是**选汉堡。对这个结果，汉克**并不**开心。他开始哭。

"怎么了，汉克？"我问，"这就是你想吃的啊。"

"妈妈没让我决定。"他说。

"让了啊。你说你想吃汉堡，现在给你汉堡了。"

"不，"汉克说，"她猜到我了。"

"没错，但她猜对了。"

"**这照样是对我的不尊重。**"汉克坚持。他的汉堡在他号啕大哭的时候冷掉了。

第二周，我在法哲学课上讨论了"预先惩罚"（prepunishment）。这种观点认为，如果我们毫无疑问地知道某人会犯罪，我们可以在他犯罪之前惩罚他。有些人怀疑，我们是否能做出足够准确的预测。

---

\* 事实上，这个问题他立马就能给出答案——不过答案肯定让我高兴不起来。

其实，我不怀疑。不过，还有另一种反对意见，与汉克的想法类似。

这些人认为，在某人没有做出决定的时候，就把他当作已经做出决定的人来对待是一种不尊重，即使你知道他最终的决定是什么。应该让他的决定起作用，在决定之前他是自由的，可以选择不同的方向，即使你知道他不会。（又或者说，他不是自由的？你能预测他将做什么，是否意味着他没有自由意志？）我跟班上的同学说了汉克的事，我们讨论他是否有理由觉得自己受到侮辱。很多人认为他有理由。

在上课的时候，我常常这样做。我会分享一个关于我孩子的故事，这个故事呼应了我们讨论的议题。然后，我们讨论孩子们所说的是不是对的。在和同事交谈时，我也这样做，因为孩子们给我提供了绝佳的例子。现在，雷克斯和汉克在法哲学家当中已经小有名气了。

多年来，人们总是对我说，我的孩子不正常——他们之所以做哲学，**是因为**他们有一个哲学家爸爸。我不这么认为。他们的想法通常是灵机一动的，他们不是被我们之间的对话带着走。有一天吃晚饭的时候，4岁的雷克斯想知道他的一生是不是都在做梦。这个问题，哲学家已经问了很久了。但是没有哪个哲学家问过雷克斯——甚至没有在他周围讨论过。（我们将在第8章探究知识的本质时讨论这个问题。）在我看来，如果说我的孩子和别的孩子有什么不同，那就是他们做哲学的时候，我注意到了——并且加以鼓励。

在我发现加雷思·马修斯（Gareth Matthews）的作品后，我的看法得到了证实。他是一位哲学家，把他的大部分职业生涯都献给了孩子们。他在2011年去世，当时雷克斯才1岁。我没有见过他，但我真希望有机会见到他，因为马修斯比任何人都更了解孩子们的哲学能力。

马修斯和我在同样的情况下对孩子产生了兴趣。他的孩子说了一些哲学性的话。他家的猫毛毛*身上长了跳蚤，（当时4岁的）莎拉问他跳蚤是从哪里来的。⁴

马修斯对她说，跳蚤肯定是从某一只猫身上跳到毛毛身上的。

"**那只猫**是怎么长的跳蚤？"莎拉问。

马修斯说，跳蚤肯定是从另外的猫身上来的。

"可是，爸爸，"莎拉一口咬定，"它不可能永远一个接一个；可以永远一个接一个的只有数字。"

当时马修斯正在上一门课，讨论的是旨在证明上帝存在的"宇宙论证明"⁵。这种证明方式有诸多版本，其中一些是很复杂的。不过它的基本思路很简单。每个事件都能推出一个原因。但它不可能无限地倒推下去。因此必须存在某个"第一因"，它本身是没有原因的。有些人认为，这个第一因就是上帝——持这种观点的人中最有名的是托马斯·阿奎那。

这种证明方式存在一些问题。为什么原因接原因的链条一定要有尽头？或许，宇宙是永恒的——在两个方向上都是没有尽头的？再说了，即使存在一个第一因，我们为什么要认为它是上帝？但是，重要的不是这种证明方式是否说得通（我们会在第12章中讨论上帝是否存在），关键是要看到莎拉再现了它的逻辑。"我正在给我的大学生们讲授关于第一因的证明方式，"马修斯写道，"而我4岁的女儿凭一己之力就提出了'第一跳蚤'的论证！"⁶

这让马修斯大感意外，因为他懂一点儿发展心理学。根据以

---

\* 原文为Fluffy，意为蓬松的、毛茸茸的。——译者注

"认知发展理论"闻名的瑞士心理学家让·皮亚杰的说法,莎拉应该处于**前运算阶段**[7],这个阶段的孩子还不会运用逻辑。*但是莎拉的逻辑非常精妙——比"宇宙论证明"更有说服力。不管你如何看待原因的无限倒推,你都难以想象猫的无限倒推。

好吧,我猜你们可能会说:马修斯只是又一个有哲学天赋的孩子的哲学家爸爸。这并不能告诉我们普通孩子的情况。但是马修斯没有止步于自己的孩子。[8]他和那些不是哲学家的人交谈,并且听到了他们的孩子有许多类似的故事。接着,他又前往校园,与更多的孩子交流。他把涉及哲学问题的故事读给孩子们听,在旁边听他们对此的争论。

马修斯的故事中,我最喜欢的是一个叫伊恩的小男孩和他妈妈的故事。[9]一次,伊恩和他妈妈在家里,有一家人来做客,他们的三个孩子占着电视机,导致伊恩没法看他最爱的节目。这家人走后,他问妈妈:"凭什么三个人自私就比一个人自私要好呢?"

我太爱这个问题了。它如此简单——又如此有颠覆性。很多经济学家认为,公共政策应该最大限度地满足人们的偏好。一些哲学家也这么想。但是伊恩却让我们去问:如果偏好纯粹是出于自私,我们是否应该在乎它们?这里也暗含着对民主的挑战。假设伊恩的母亲让大家投票决定看什么节目,用自私的孩子的票数来解决问题,是一个好办法吗?

我觉得不是。假如伊恩是我的孩子,我会向他解释,我们让客人选择看什么节目,是出于对客人的尊重——而不是因为他们人数占优。这是一种好客的做法,所以哪怕人数不占优,我们也会这

---

\* 马修斯记录了几个案例,在这些案例中皮亚杰压根不理解孩子们在说什么——因此错过了他们的想法的微妙之处。问题往往在于皮亚杰不像孩子们那么有创造力。

样做。

那么民主呢？我们后面再谈这个问题，因为雷克斯认为我们的家庭应该是一个民主的家庭。现在，我只想说：民主不应该是将人们的自私偏好加起来的一种方式。选民应该具有公共精神。他们应该寻求促进共同利益——以及正义和公平这些重要的价值观——而不是单单追求他们自己的个人利益。别误会我的意思。我相信民主，即使它没有达到那种理想。但是我和伊恩一样认为，更多的人表现得自私，只是更多的自私——它不是做决定的好办法。

伊恩的妈妈被他的问题弄糊涂了。她不知道该怎么回答。我怀疑，大多数成年人也会遇到同样的困惑。小孩子常常质疑大人习以为常的事情。事实上，这是他们成为好哲学家的原因之一。"成年人必须培养做哲学所需要的天真"，马修斯说，但是"对儿童来说，这种天真是完全自然的"。[10]

至少，对特别小的孩子来说是这样。马修斯发现，"对哲学的自发探索"[11] 在 3—7 岁之间很常见。8—9 岁时孩子们似乎放慢了脚步[12]，无论是公开地还是私下地。我们很难说这是为什么。或许是他们的兴趣转移了，又或许是他们在同龄人或父母的压力下，不再提出幼稚的问题。不过，马修斯发现，很容易引发这个年龄段或更大的孩子之间的哲学对话——而且他对他们思考问题的聪明之处惊叹不已。事实上，马修斯认为，在某些方面，孩子是比成年人更好的哲学家。

☆ ☆ ☆

我想这听起来很奇怪。"儿童发展"的概念本身似乎预设了孩子们的心智是日渐成熟的——随着他们长大变得越来越复杂。但在马修斯看来，至少就某些技能而言，情况恰恰相反。*孩子们以一种"即使最具想象力的成年人也无法企及的新鲜感和创造力"[13]探索着哲学。这种新鲜感来自孩子们对这个令人困惑的世界的发现。几年前，心理学家米歇尔·乔伊纳德收听了一些幼儿和父母相处时的录音。[14]在短短200多个小时里，她听到了将近2.5万个问题。平均每分钟不下两个问题。其中大约四分之一的问题是要求得到解释的，孩子们想要弄清楚事情是**怎么样**的或者**为什么**是这样的。

孩子们还喜欢自己思考问题。另一项研究发现，如果没有得到**怎么样**或**为什么**问题的答案，孩子们就会自行想出解释。[15]即便得到了答案，他们也常常不甘心。他们会接着追问为什么，或者质疑给出的解释。

但是我们还没有提到，孩子们成为好哲学家的最关键的原因：他们不在乎是否显得愚蠢。他们还不知道严肃的人不会在一些问题上浪费时间。正如马修斯所解释的：

> 哲学家问："时间究竟是什么？"而其他成年人却不假思索地以为，他们早就不必再问这个问题了。他们或许更想知道他们有没有足够的时间来完成本周的购物，或者去取一份报纸。他们或许只关心现在几点了，却从未想过去问："时间是什么？"正如圣奥古斯丁所说的那样："那么，时间是什么呢？如果没有人问我，我倒是清楚。如果让我向提问的人解释，我就茫然不解了。"[16]

---

\* 正如我们将在第10章中看到的那样，许多发展心理学家现在同意马修斯的观点。孩子们的思想是截然不同的——既不更好，也不更差。

多年来，我都试图回答这样一个听起来同样愚蠢的问题：什么是法律？我是法学教授，你或许以为我应该知道（我在密歇根大学教书，同时在法学院和哲学系任职）。但是说实话，大多数律师和奥古斯丁一样：只要不被问，我们就都觉得自己知道法律是什么；一旦被问起，反而不知道了。

我的许多同事对自己的无知不以为意。他们有要紧的事要忙。我猜，他们觉得我因为纠结于这个问题而显得愚蠢。但我认为，我们偶尔也应该愚蠢一点。我们应该从实际事务中退一步，像小孩子一样想问题。这是一种重拾孩子对世界惊奇的方法——也是一种提醒我们自己对世界的认识有多么浅薄的方法。

☆ ☆ ☆

二年级开学的第一天，老师让雷克斯写下他长大后想做什么。老师把孩子们的职业志向清单寄回家，但她没有说哪个孩子想从事哪项职业。不过，从清单上找出雷克斯的志向并不难。有几个想当消防员的，几个想当医生的，一些想当老师的，还有多到让人意外的孩子想当工程师。但只有一个"数学哲学家"。

那天吃晚饭的时候，我问了雷克斯这个我自己也回答不了的问题："金德小姐说，你想当数学哲学家。那么，什么是哲学？"

雷克斯沉思了片刻。随后他说："哲学是思考的艺术。"

我给我父亲打了电话。"还记得我第一次从大学回家时，我们在那家烤鸡店吃晚饭吗？我对你说我想学哲学，你问它是什么。现在我知道了！"

他不记得了，也不太在乎。但雷克斯说得对。哲学是思考的艺术。哲学难题需要我们思考自己和世界,力求更好地理解两者。

大人和孩子以不同的风格来做哲学。成年人是更循规蹈矩的思考者。孩子们则更有创造力。成年人对世界了解很多。但是孩子们可以帮助他们看到,他们对世界的了解其实有多么不足。孩子们好奇而勇敢,成年人则往往谨慎而封闭。

在斯坦福大学任教的大卫·希尔斯说哲学是"用律师的方法来处理孩子们天生就会问的问题的笨拙尝试"[17]。这是对专业哲学的恰当描述。不过它预设了一种不必要的劳动分工。大人和小孩可以一起做哲学。

的确,他们应该一起做。大人和小孩之间的对话可以是合作的,因为每个人都能贡献不同的东西。[18] 而且他们也会玩得很开心。在某种程度上,哲学是一种游戏——观念的游戏。[19] 我们当然应该像小孩子一样思考。但我们也应该和他们**一起**思考。

☆ ☆ ☆

这本书虽然是由孩子们的问题所激发,但并不是写给他们的。事实上,孩子们是我的"特洛伊木马"\*。我不是写给小孩子的头脑的。我是写给你们的头脑的。

不管有没有你,孩子们都会探索哲学。我希望你能重新拾起这种方法。我希望帮你看到日常生活中潜藏的哲学议题,并向你传授一些相关的知识,从而让你放心地和孩子们探讨哲学。

---

\* 在古希腊神话中,英雄奥德修斯让士兵们藏在木马中,被特洛伊人当作战利品带回城中,以此攻破了特洛伊城。这个典故后来被用来比喻暗中进行某项活动,类似于中国的成语"明修栈道,暗度陈仓"。——译者注

我将和你分享一些故事，主要是关于雷克斯和汉克的。有些故事里，雷克斯和汉克做哲学。他们发现了某个难题，于是想办法解决它。另一些故事里，他们的言行会暗含哲学难题，不过他们自己没有注意到。还有一些故事只是关于我们糟糕的育儿方式的——哲学可以指出一些我们做错的地方。

有时我们跟两个男孩一起思考。有时我们对他们进行思考。有时我们采取自己的方式，对他们提出的问题进行一番成年人的思考。不过两个男孩永远不会离我们太远，因为他们有很多话要说。

雷克斯和汉克将带我们展开一趟当代哲学之旅。不过，就像那些最棒的旅行一样，这趟旅程是有些奇特的。我们遇到的某些问题是普遍的。这些问题在养育任何一个孩子的时候都会出现。我们可以把关于权威、惩罚和上帝的问题归在这个类别下。其他一些问题反映了雷克斯和汉克的个人兴趣，例如宇宙有多大。每个孩子都有自己感兴趣的事情。

家长们听说我的这个计划后，常常跟我分享他们孩子问的问题。有些问题**妙极了**。有一个小女孩连续几个星期都会在每天晚上睡觉前问她的妈妈：**为什么白天总是会到来？**[20] 她妈妈向她解释了地球的自转，但显然，她并不是对这种机制感兴趣。换作我，我可能会跟这个小女孩聊聊**持续创造**[21] 的观念——这种观念认为，上帝并非只是在起初创造世界，而是每时每刻都在创造世界。但是，我不知道这个答案是否能让她满意。说不定，这个小女孩的问题源于一个阴暗的角落——源于她对这个世界的焦虑，以及她被抛入的境况。*

我的孩子并不阴暗——至少目前是这样。但他们一直充满好

---

\* 这里的"焦虑""被抛"是海德格尔的概念，参见《存在与时间》第 29 节"在此——作为现身情态"。——译者注

奇心，所以本书涵盖的内容很广泛。这本书分为三大部分。第一部分叫作"理解道德"。在这一部分中，我们会问什么是权利，以及什么可以推翻这些权利。我们会问，我们应该如何应对不道德的行为。特别是，我们会思考复仇是否有时是正当的。我们也会思考惩罚——什么是惩罚，为什么要做出惩罚。接下来，我们会思考权威。我们会问，"因为我是这么说的"是否真的可以成为让孩子服从命令的理由。最后，我们会思考那些我们不应该说的话——语言中的坏家伙。（我要先提醒你，我偶尔会说一点儿脏话，可能还不止一点儿。不要苛责我。我会在第 5 章为自己辩解。）

在第二部分"理解自身"中，我们将转向关于身份认同的问题。我们会问性、性别、种族分别是什么。但我们也不会把道德抛在脑后。在思考性与性别的时候，我们会问它们在体育运动中应该扮演什么角色。而在思考种族的时候，我们会问它是不是某种责任的基础，以及奴隶制和种族隔离应不应该让人得到赔偿。

第三部分是"理解世界"。它从关于知识的问题开始。跟着雷克斯的思路，我们将思考我们有没有可能一辈子都在做梦。我们也会思考怀疑论——那种对于我们无法认识任何事物的担忧。接着，我们将探讨关于真理的问题，也将思考传说中的牙仙子。然后，我们把思绪转向我们的心智，因为我们想知道意识是什么。我们也将思考无限。在我们旅程的最后，我们会问上帝是否存在。

☆ ☆ ☆

我们的过程很迅速，至少对哲学家而言是如此。我们要讨论的任何一个话题，都足够你用一辈子来研究了。我们所能做的，就是抓住要点。不过，假如一切顺利，等你看完这本书，你就会有充分的准备去思考我们所遇到的难题——无论是与孩子一起还是独自思考。这正是我爱哲学的原因之一：在任何时候、任何地方，在跟人交流或者独自沉思时，你都可以做哲学。你只要把事情想透彻就可以。

为了达到这个目的，我希望你用一种不同于读其他书的方式来读这本书。大多数非虚构作品的作者都希望你相信他们书里说的话。他们希望你接受他们的权威，采纳他们思考世界的方式。

这完全不是我的目的。当然，我也想说服你接受我的看法。但事实上，我很乐意你有不同的想法——只要你把它们想透彻了。老实说，我建议你用怀疑的态度来看待我给出的论证。不要假定我就是对的。甚至，不妨假定我哪里出错了，再看你能不能找出问题所在。

但我也拜托你，不要只是反对。假如你认为我出错了，请给出你的理由。给出理由之后，再想想我可能会怎样回应你，你如何反驳我，我如何再次反驳你。如此你来我往，直到你觉得该考虑的都考虑到了。但是，可别这么快就打退堂鼓了；你走得越远，就懂得越多。

这就是哲学家（至少是成年的哲学家）的工作方式。我对我的学生说：当你对另一位哲学家的作品有反对意见时，你应该假定他们已经想到这一点——而且认为这种意见大错特错，甚至不值得一提。然后，你应该试图弄明白你错在哪里。如果你思来想去还是无法搞清自己错在哪里，那就是时候把它告诉别人了。这么做的目的是，养成像看待他人的想法那样批判地看待自己的想法的习惯。

这条建议也体现在我与男孩们交谈的方式中。在我们家，没有

"有权发表自己的意见"（像美国人挂在嘴边的那样）一说。你必须为自己的观点辩护。我向两个男孩提了很多问题。接着我质疑他们的回答，于是他们不得不批判性地反思自己的想法。这么做有时会让他们很不开心，但我认为这是养育孩子的重要一环。

我们都习惯于支持孩子的兴趣——并且帮助他们发现新的兴趣。我们让他们接触艺术、文学和音乐。我们鼓励他们尝试各种运动。我们和他们一起做饭。我们和他们一起跳舞。我们教他们科学知识，让他们拥抱大自然。但是有一项任务，很多父母都忽视了，因为他们没有把它当作一项单独的任务：支持孩子成为思考者。

在本书的旅程中，你将会学到很多做到这一点的方法。最简单的就是提出问题——然后质疑答案。但你用不着扮演老师的角色。其实，如果你不这样做，反而更好。

加纳·莫尔·洛内领导着华盛顿大学的儿童哲学中心。和马修斯一样，她前往校园，与孩子们谈论哲学。但她并不教他们哲学。[22] 相反，她与他们一起做哲学。这个区别很微妙，也很重要。孩子们已经能够做哲学了——在某些方面，甚至比你还要好。因此，请把他们当作合作者。认真对待他们的想法。试着与他们一起解决问题，而不是替他们解决问题。在谈论哲学的时候，与孩子合作不是什么难事，因为很可能，你也不知道答案。

这就引出了我的最后一项呼吁：把你成年人的感觉放在一边。大多数成年人都跟我的父亲一个样。他们对哲学家所思考的种种难题很不耐烦；那些难题跟实用沾不上边。担心世界不是它表面上的样子，不会让你把洗衣服的事情做完。但我希望我和两个男孩可以给出全新的视角，至少暂时如此。既然世界可能不是它看起来的那样，为什么还要去洗衣服呢？

☆ ☆ ☆

最近，雷克斯和汉克很好奇，为什么这本书叫作《脏兮兮、凶巴巴、矮墩墩》\*。你以前可能听过这个说法。它出自托马斯·霍布斯，霍布斯和洛克是几乎同时代的人。霍布斯很好奇没有任何政府的生活——一种哲学家称为"自然状态"的情况——是什么样的。他认为这种情况是糟糕的。事实上，他认为这种情况下会出现"一切人对一切人的战争"。[23] 在自然状态下，霍布斯说，生活将是"孤独、贫困、卑污、残忍而短寿的"[24]。

我不知道自然状态是什么样子。但"一切人对一切人的战争"很适合形容一幢住着小孩子的房屋。

我们是幸运的。我们的生活不孤独，也不贫困。但是我们的孩子是脏兮兮、凶巴巴、矮墩墩的。

他们也是可爱和善良的。事实上，我们在这一点上也是幸运的。雷克斯和汉克非常可爱和善良。不过所有孩子都有脏兮兮和凶巴巴的时候。正因为如此，我们在下文中将思考复仇，思考惩罚能否被用来锻造更好的生物。

孩子们乐意接受这种形容，至少乐意接受其中一部分。

"你是不是脏兮兮和凶巴巴的？"我问汉克。

"可以说我是脏兮兮的，"他说，"但我不是凶巴巴的†。"

雷克斯撺掇我换一个书名。他想把这本书叫作《不脏不凶，只是矮》。惨遭滑铁卢之后，他又请求用这个书名来写博客。所以你要小心了。他可能会活跃在你附近的互联网上。

---

\* 本书英文版的书名是 *Nasty, Brutish, and Short*。——编者注
† 原文是 British，是汉克的错误说法。——编者注

不过，到目前为止，他是本场演出的主角，他的弟弟汉克也是。他们是我认识的最优秀的哲学家。他们也是最好玩的、最有趣的。

第一部分

# 理解道德

MAKING SENSE OF MORALITY

# 第 1 章
# 权利

我喜欢放洗澡水，不过当然不是给自己。作为一个 20 世纪长大的直男，我既不喜欢泡澡，也不太擅长表达人类的丰富情感。但是我的孩子们要泡澡，总得有人给他们放水。大多数晚上，我都确保那个人是我。

为什么？因为浴室在**楼上**。而**楼下**是一片疯狂。孩子们越累，他们的动能就越大，自制力就越差。噪声堪比一场摇滚音乐会。有人在尖叫，因为该练钢琴了，或者因为没时间练钢琴。或者因为我们没有吃甜点，或者因为我们吃了甜点，但有人把甜点弄到衣服上了。又或者，仅仅因为必须尖叫。尖叫是宇宙常数\*。

所以我逃离了。"我去给汉克放水。"我说着，跳上楼梯，奔向我一天中最美好的时刻。我关上门，打开水龙头，调整水温。不能太烫，也不能太冷。我拧过来拧过去，仿佛能把水温调得刚刚好。不过，事情可不是你想的那样：孩子们要么嫌水太热，要么嫌水太

---

\* 宇宙常数是爱因斯坦在 1917 年提出的概念，按照他当时的理论，宇宙常数是维持宇宙存在的关键，它的数值无论是大一点还是小一点，或为零，宇宙都将不复存在。——译者注

冷。他们也可能既嫌热又嫌冷，因为他们拒绝不矛盾律\*。我总会败给他们。但我很淡定。因为放水的声音可以盖过尖叫声。在那里，我独自坐在铺着瓷砖的地板上，陪着我的思绪（我的**思绪**，其实就是**手机**），享受这份独处。

我的妻子看穿了我的心思，所以有时候她会先下手。"我去给汉克放水。"她的这句话，在我的心上重重一击。但她是成长于20世纪的直女，所以她浪费了这个机会。她打开水龙头，但是没有在等水满的过程中玩手机，而是去干一些实际的活儿，比如洗衣服。或者干一些匪夷所思的事，比如回到孩子们所在的房间……做回母亲？我知道，我应该对此感到难过。我确实感到难过，但不是因为应该惭愧而难过。孤独是我们负担得起的最奢侈的东西。总得有人享受它。最好是朱莉。但如果不是她，那肯定是我。

因此，我就在浴室的地板上坐着，但隐约感觉楼下的疯狂比平时更甚。（当时5岁的）汉克拼命地大哭，所以肯定发生了什么严重的事（我所说的**严重**的事，其实就是些**鸡毛蒜皮**的小事）。等到水已经满得不能再满，我就关掉了水龙头，结束了片刻的安宁。

"汉克，水放好了。"我对着楼下喊道。

没有人回答我。

"**汉克，水放好了**。"我的喊叫声比他的声音更响。

"**汉克，水放好了**。"雷克斯幸灾乐祸地传话。

"**汉克，水放好了**。"朱莉怒气冲冲地说。

接着，一阵抽泣声向我靠近。缓慢地，一，步，一，顿，地。最后汉克上来了，呼哧呼哧的，简直气坏了。

---

\* 不矛盾律，逻辑学的基本公理之一，两个互相矛盾的命题不能同时为真，即 A 不是非 A。——译者注

我试着安抚他。"汉克,"我小声地说,"怎么了?"他默不作声。"汉克,"我更小声地说,"谁惹你了?"他还是无法平静下来。我一边给他脱衣服,一边让他尽量平稳呼吸。等到他终于开始泡澡,我又试了一遍:"汉克,谁惹你了?"

"我没有……我没有……"

"你没有什么,汉克?"

"**我没有一点儿权利!**"汉克大哭起来,泪水又哗啦啦地流下来。

"汉克,"我轻声地说,一边希望安抚他,一边表示好奇,"什么是权利?"

"我不知道,"他哽咽着说,"但我一点儿也没有。"

☆ ☆ ☆

这一次,汉克确实需要一个哲学家了。幸运的是,他有一个。

"汉克,你是有权利的。"

这句话引起了他的注意。泪水也流得慢了一些。

"汉克,你是有权利的。很多权利。"

"我有?"汉克问,呼吸也变得平缓起来。

"是的,你有。你想不想了解它们?"

他点了点头。

"那么,我们来聊聊小虎\*吧。"对于汉克来说,小虎就像《卡尔文与跳跳虎》中的那只老虎——一只自他出生以来就一直陪着他的白色老虎玩偶。"别人可以把小虎从你身边拿走吗?"

---

\* 原文为 Tigey,来自 Tiger(老虎)。——译者注

"不可以。"他说。

"别人可以不经你同意就跟小虎玩吗？"

"不可以，"汉克说，"小虎是我的。"眼泪几乎消失了。

"没错，"我说，"小虎是你的。这意味着你对它拥有权利。除非你同意了，否则没人可以拿走它或者跟它玩。"

"可是别人**能够**带走小虎。"汉克反驳，泪水又一次在眼眶里打转。

"是的，"我说，"别人**能够**带走小虎。但这么做对吗？或者说这么做是错的？"

"这么做是错的。"他说。

"没错。这就是拥有权利的意思。如果别人带走小虎是错的，那么你就拥有不让别人带走它的权利。"

汉克顿时破涕为笑了。"我拥有我所有动物\*的权利！"他说。他把 n 与 m 弄颠倒了，这是他的错误发音中我特别喜欢的一个。

"没错！你有！这就是它们属于你的意思。"

"我拥有我所有玩具的权利。"汉克说。

"是的，你有！"

接着，他可爱的小脸蛋垮了下来。又哭了起来，湿漉漉的。

"汉克，你为什么难过？"

"**我没有拥有雷克斯的权利。**"

这才是楼下闹剧的源头。汉克想跟雷克斯一起玩。雷克斯想看书。而汉克事实上没有权利要求雷克斯。

我解释道："没错，你没有权利要求雷克斯。他可以决定要不要跟你玩。我们没有权利要求别人，除非他们答应我们。"

---

\* 原文为 aminals，为汉克的错误说法。——译者注

这么说有点过于简单了。有时候，即使他人没有向我们做出许诺，我们也会对他人提出诉求。但我决定把更详细的对话留到我的这位学生不那么烦恼的时候。我们讨论了当雷克斯想看书时，汉克自己可以做些什么。

☆ ☆ ☆

在泪水即将夺眶而出的时候，汉克对权利有了一个敏锐的发现。我先问他，别人可不可以不经他同意就拿走小虎。他说不可以。但是一眨眼间，他想得更清楚了。别人确实可以不经他同意就拿走小虎。事实上，汉克对雷克斯曾经就是这么做的。雷克斯的玩偶叫小鹿\*。（在你吐槽我的孩子取名字的习惯时，你要知道我比他们更没创意，我的玩伴就叫"猴子"和"长颈鹿"。）当汉克刚学会在地上爬，他每有机会就冲进雷克斯的房间，把小鹿夹在下巴下，然后以最快的速度溜走。雷克斯拥有对小鹿的权利，就像汉克拥有对小虎的权利。但是，汉克可以也确实拿走了小鹿。

这个故事和权利有什么关系？汉克拥有的关于小虎的权利保障了他对小虎的占有。但权利所提供的保障不是物理上的。小虎的周围没有一圈物理力场，可以防止别人带走它。与此相反，权利所提供的保障，用哲学家的话说，是**规范性的**。也就是说，它是由规范或标准产生的，这些规范或标准决定了什么是良好的行为。一个追求良好行为的人，不会在没有得到汉克允许的情况下（至少不会在没有一个非常好的理由的情况下——我们稍后会讨论这一点）就拿

---

\* 原文为 Giraffey，来自 Giraffe（长颈鹿）。——译者注

走小虎。但是并不是每个人都想要行为良好。权利提供的保护取决于别人是否愿意承认和尊重它。

☆ ☆ ☆

在进一步讨论之前,针对语言措辞,以及那些咬文嚼字的人,在此做一个简短的说明。我问汉克别人可不可以不经他的允许带走小虎,他说不可以。随后他有了不同的看法,回答说能够。第一个答案是对的,第二个也是对的。

等等,这是怎么回事?因为"**可以**"和"**能够**"这类词语的用法十分灵活。我讲一个小故事,你就明白我的意思了。

我在牛津大学读书的时候,有个朋友带我去了他们学院的酒吧。他点了两扎啤酒。

"抱歉,哥们儿,不可以。我们打烊了。"调酒师说。

我的朋友看了一眼手表。已经晚上 11∶01 了。酒吧 11 点关门。"拜托,两扎啤酒而已。"

"抱歉,不可以。这是规定。"

"哎呀,你**能——够——**"我的朋友说。

故事就讲到这里。我的朋友是不是想要指出那名调酒师不懂"**可以**"的意思?当然不是。他不可以卖酒给我们是一层含义。他能够卖酒给我们是另一层含义。我的朋友拖长"**能够**"是想把调酒师的注意力转移到第二层含义上。调酒师说卖酒给我们不是**受许可的**,而我的朋友指出卖酒是**有可能的**。没有人在场,所以他不会被抓包[*]。

---

[*] 卖酒在另一层含义上也是有可能的。调酒师有啤酒、杯子、健全的双手,所以有能力倒出两扎啤酒。这说明,"有可能"的含义在不同语境中也是变化的。

这一招很管用,虽然他不可以(**不受许可**),但他还是给了我们两扎啤酒,因为他能够(不会有什么后果)。

汉克在与我的对话中也发生了同样的变化。他认为我问的是别人是否可以(受许可)拿走小虎,所以他(正确地)回答不可以。但他随后担心别人能够(有可能)带走小虎,于是他的泪水又一次在眼眶里打转。

何必花时间来辨析这一点呢?确实不必,但这就是哲学家做的事,我们特别关注词语是如何起作用的。再者说了,你的生活中肯定也有下面这种揣着明白装糊涂的人。

你客气地问:"我能喝一杯咖啡吗?"

"我不知道啊——你能吗?"

这个人认为你应该说"我**可以**喝一杯咖啡吗?",他就是一个浑蛋。让他从你的生活中滚蛋。让他滚蛋的同时,跟他说他可以、有可能、应该[1]跟幼童学学英语,因为他的英语说得还不如幼童。

☆ ☆ ☆

但是我们还是回到权利的问题。权利到底是什么?很难说。汉克和我有一天聊到了这一点。那时他8岁,他花了一个下午的时间打扫他的房间。他叫我进去看他的成果。

"哇,看上去真棒。"我说。

"谢谢!我把所有东西都收拾好了。"

"你把你的权利收到哪里去了?"我问。

"你说的是什么?"

"你的权利,比如你对小虎的权利。去哪里了?"

"我没有把它收起来,"汉克,"它在我里面。"

"真的吗?在哪里?在你的肚子里吗?"

"不是,"汉克说,"它不在某个特定的地方。它只是在我里面而已。"

"你为什么不把它拿出来?这样它就不会给你造成负担了。"

"它不是那种你能拿出来的东西,"汉克说,"你甚至没法抓住它。"

"你打嗝能把它打出来吗?"我问。

"不能,"汉克说,"权利是**不能**打嗝打出来的。"接着他就跑开了。

所以我们从来没有弄清楚权利是什么,除了它们不能打嗝打出来。

不过,我可以完成这个任务。汉克说对了一半。权利不是那种你可以抓住的东西。但它也不在你的体内。权利是一种关系。

让我给你举个例子。假设你拥有让我偿还 1 000 美元的权利。你的权利就是对这笔钱的一个诉求。这个诉求适用于我,如果我是唯一欠你钱的人,那么只对我有效。但有时候你拥有的权利对几个人(可能朱莉和我都欠你钱)都有效。有时候你拥有的权利对所有人都有效。例如,你拥有不被打脸的权利。如果有**任何人**想揍你,你可以提醒他有义务不这么做。

正如上一句话所表明的,当你拥有某种权利时,他人就拥有某种义务。正因为如此,我才会说权利是关系。每项权利至少涉及两个人:权利的持有者和义务的承担者。权利和责任是相伴而行的。它们是从不同的角度描述的同一种关系。

那么,这种关系的本质是什么?在这一点上,我们可以求助于我一向最喜欢的哲学家朱迪丝·贾维斯·汤姆森。汤姆森是一位伦理学专家。她擅长设计思想实验,也就是哲学家用来检验各种观念的小故事。我们稍后会看到她的几个小故事。但是汤姆森也因她的权利理论[2]而闻名。

汤姆森说，当你拥有一项权利时，你就与拥有相应义务的人处于一种复杂的关系中。这种关系有诸多特点。我们举几个例子。假设我下周二应该还你1 000美元，如果我认为自己无法按时还钱，我应该提醒你。如果到时候我没有还钱，那么我应该道歉，想办法做出补偿。但最重要的一点是：不出意料的话，我应该在下周二还你1 000美元。

我说**不出意料**的时候，是什么意思？这是哲学家常用的说法，为了体现有时候会发生意外这一事实。我应该在下周二还你1 000美元。但是到了周二这天，我发现我需要这笔钱来付房租，不然我的家人就会流落街头。我应该还钱给你吗？或许应该还。如果我不还钱，你的日子可能更不好过。但是假如你没有燃眉之急，那么我应该先付房租，再向你道歉，并尽快补上这笔钱。

道德哲学中最紧迫的问题之一是：推翻一项权利需要发生多少事情？一个答案是：不用发生多少事。或许，只要忽视他人权利的后果好于尊重其权利的后果，我们就应该忽视其权利。按照这种观点，如果打我脸的好处大于坏处，你就应该打我。

这种观点在一些人看来是有道理的。但我们要注意的是，它使权利变得无关紧要了。我们不必在乎什么人拥有什么权利，我们只需要问一句：你盘算的行动会产生好结果还是坏结果？如果是好的，那就动手。如果是坏的，那就住手。权利不能决定你应该做什么。

这种观点有一个名称。它被称为**后果主义**[3]，因为它强调某种行为的道德地位取决于其后果。后果主义最著名的版本就是**功利主义**，功利主义认为应该以**福利**或**效用**的最大化为目标。效用是什么？阐述它的方式有很多。一种常见的观点是，效用是宇宙中的快乐与痛苦的平衡状态。假如你想知道你应不应该打我的脸，（某种类型的）功利主义者会鼓励你去问，人们因为打人而得到的快乐能否超过打人所带来的痛苦。权利根本就不在这个算式的考虑范围内。

罗纳德·德沃金（Ronald Dworkin）不喜欢这种思考道德的方式。事实上，他写了一本名为《认真对待权利》的书，他在书中论证，我们应该，嗯，认真对待权利。[4]（德沃金是一位法哲学家，可以说是过去几十年最具影响力的法哲学家。我在哲学方面的工作某种程度上是对他的工作的拓展。）德沃金从桥牌之类的纸牌游戏中借用了一个概念，来说明权利的意义。他说，在道德辩论中，权利要**优先于**对福利的考量。[5]

要了解德沃金的想法，我们可以考虑一下这个通常被称为《器官移植》的故事[6]。你在医院工作，面临一个困境。你有五个急需器官移植的病人。每个病人需要一个不同的器官。这五个病人如果不能马上获得需要的器官都会死。就在这时，一个男人走进了急诊室。他的手臂骨折了，没什么生命危险。但你突然想到：你要是杀了他，就可以摘掉他的器官，救下另外五个病人。你问他是否介意，他说他介意，非常介意。

你还是应该这样做吗？有理由认为，如果死的是一个人而不是五个人，整体福利有所提升。*但那又如何？这个男人有生命权。他的权利高于其他病人的福利。

---

\* 我之所以说"有理由认为"，是因为可能出现连带效应。如果人们开始担心有人会在急诊室杀害他们以便摘取器官，他们就会尽可能地避开急诊室。而这有可能导致整体福利下降。哲学家们试图通过给这种想象的情况增加一些特征，来限制这种连带效应。例如，在《器官移植》的故事中，我们可以假设，杀人可以暗中进行，无人知晓。这样做可以凸显我们所探讨的问题：如果杀人能提升整体福利，它是不是对的？

☆ ☆ ☆

但是他的权利真的优先吗？我们已经走到了当代哲学最著名的难题的门口。这个难题被称为电车难题。

为了考察这个难题，我们需要新的故事——事实上，我们需要汤姆森的故事。她把第一个故事叫作《开关边的旁观者》。[7]故事如下。一辆失控的电车正沿着轨道飞驰。它朝着五名工人驶去，他们在远处进行维修。电车如果继续前进，将会撞死所有人。但是好消息是：你站在一个开关附近，它可以让电车移到另一条轨道上。不幸的是，还有一个坏消息：那条轨道上也有一名工人——只有一人，但如果你让电车改道，他必死无疑。

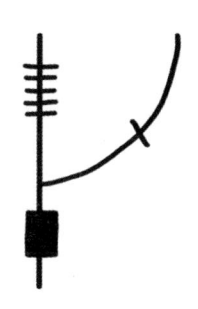

你会怎么办？

大部分人都说他们会转动开关，让电车撞死一个人而不是五个人。

但是等等！我们不是刚刚说过，《器官移植》中的那个男人拥有生命权，即使杀了他可以拯救五个人。为什么这个孤零零的电车工人没有同样的权利呢？

☆ ☆ ☆

我最近上了一堂关于电车难题的课。因为课是在我家里开的,所以我的男孩们也可以参与。他们用玩具火车套装摆出了《开关边的旁观者》的场景。当我们讨论这个故事的不同版本时,他们就调整模型。

他们最喜欢的版本出自汤姆森讲的另一个故事。这个故事叫作《胖子》[8](没错,这个名字不怎么样,但这个人的肥胖是关键)。故事是这样的。电车又失控了,沿着轨道朝五名工人冲去。但这一次你不在开关附近。你站在一座桥上,看着整件事在你脚下发生。这时你发现,就在你旁边,一个大个子男人正靠在栏杆上。你要是轻轻地推他一下,他就会掉下去,落在轨道上。他的体重可以拦下电车,救下工人。不过,他就算不摔死,也会被电车撞死。

你会怎么做?是推他去死,来救五个工人,还是让电车撞死那五个人?

大部分人都说他们**不会**推胖子。他们会让那五个人死。

但为什么呢?在我们考察的所有情况中,道德计算——死一个人还是死五个人——是相同的。在《开关边的旁观者》中,大部分人认为可以杀人。在《胖子》和《器官移植》中,大部分人认为不可以。

为什么?差别在哪里?**这正是电车难题。**

☆ ☆ ☆

电车难题要求我们重新思考我们在面对《器官移植》时所说的话。我们说,杀害病人是错的,因为他有生命权。但是轨道上的那名工人也有生命权,大部分人却心安理得地在《开关边的旁观者》中杀死他。看起来,当许多人性命不保时,生命权有时也要退居其次。因此,我们需要一番新的解释,来说明为什么在《器官移植》和《胖子》中,杀人是不允许的。

我们希望找到的,是一种在《器官移植》和《胖子》中受到侵犯,而在《开关边的旁观者》中没有被侵犯的权利。有这种权利吗?有可能。为了寻找灵感,有的人把目光投向了伊曼纽尔·康德。

康德生活在 18 世纪的德国。他与柏拉图和亚里士多德等人一起,位居史上最有影响力的哲学家之列。康德过着一成不变的生活;据说他的日程如此固定,以至邻居们根据他散步的时间来调他们的手表。康德强调,我们不应该把人**仅仅当作**实现目的的**手段**。[9] 相反,我们应该把人**当作人**来对待。这就要求我们承认和尊重他们的人性——将人与普通物品(它们被适当地作为实现目的的手段)区分开来的东西。将人与物区分开来的东西是什么?人有能力为自己设定目的,思考他们的目的应该是什么,并考虑如何追求这些目的,等等。为了把人**当作人**来对待,我们必须尊重这些能力。

有必要说一下:康德认为有时候把人当作实现目的的手段是可以的。当一名学生请我为她写推荐信时,她是在利用我作为实现目的的手段。她希望我写的信能帮她找到一份工作。但她并非**只是**在利用我,像利用电脑发申请表那样。在请我为她写推荐信时,她把我当作一个人来对待。她让我选择是否要把她的目的当作我的目的。电脑对此没有发言权,而我有。

康德可以帮助我们解决电车难题吗?有些人认为可以。他们认为,我们探讨的权利,正是被当作人而不是实现目的的手段的权利。

我们再看一下这个情况。在《器官移植》中,如果你杀了那个骨折的人，你显然侵犯了这项权利。你问他愿不愿意牺牲自己拯救他人，他说不愿意。如果你不管不顾地杀了他，你就是把他当作一堆身体零件，而不是一个有权做出自己的决定的人。

同样的道理也适用于《胖子》。如果你把他推下栏杆，你就是把他当作一个物，而不是一个人。你只在乎他的体重能解决问题。

那么《开关边的旁观者》呢？乍看上去，做法很恶劣，因为你没有获得岔道上那名工人的许可——没时间问他了。但是，你也没有把他当作实现目的的手段。他根本不在你的计划中。即使他不在那里，你照样会让电车改道。他的死，只是你让电车改道从而救下五个人的计划的一个不幸的副产品。[10] 如果他不知怎么地逃脱了，你高兴还来不及呢。

这就使得这个情况与《胖子》和《器官移植》截然不同。在那两个情况中，另一个人逃脱会破坏你的计划。因此，看上去我们可能——仅仅是可能——找到了电车难题的对策。

☆ ☆ ☆

也可能并没有找到。汤姆森当然知道康德的理论。她考虑过我们刚才提出的办法。[11] 但她拒绝了它。

为什么？原来，汤姆森还有一个故事要讲。

这个故事叫作《圆圈》。[12] 这个故事像《开关边的旁观者》一样，只不过这一次出现了一个转弯，或者说圆圈。电车朝着五名工人驶去。你如果转动开关，就能让它驶向只有一名工人的轨道。但那条轨道绕了一圈又回到第一条轨道上。如果没有那名工人，电车会绕一圈从另一头撞向这五名工人。那名工人的体重刚好足够拦下电车。

但是他会被撞死。

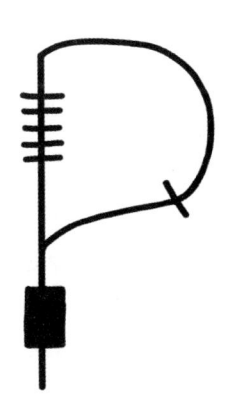

在《圆圈》中让电车改道是受许可的吗？请注意，这一次，你**正在**把这名工人当作实现目的的手段。如果他不在那儿（比方说，他设法逃跑了），你救下这五个人的计划就会落空。你又一次需要利用他的体重来拦下电车，否则这五名工人就会死。这使得《圆圈》看上去很像《胖子》。

但是，汤姆森认为，在《圆圈》中让电车改道**是**受许可的。她不明白在工人身后加上一小段轨道怎么会产生道德上的区别。在她看来，《圆圈》和《开关边的旁观者》是如出一辙的。那一小段轨道是无关紧要的。电车压根儿不会驶过那一小段轨道！

假如汤姆森是对的，那么康德的办法——基于被当作人而不是实现目的的手段的权利——并不能解决电车难题。

☆ ☆ ☆

一些哲学家认为汤姆森是对的。[13]雷克斯是其中之一。我们最近聊到了《圆圈》。

"你会转动开关吗?"我问道。

"会啊,跟第一个例子一样。"他说。他指的是《开关边的旁观者》。"轨道变长了,但是没有什么东西改变了。"

"呃,有东西改变了。"我说。接着我解释说,有了这个圆圈,就变成了用工人的身体来阻止电车,"这使得它跟《胖子》一样"。

"嗯,它有点儿像《胖子》,"雷克斯说,"但它不一样。"

"怎么不一样?"

他犹豫片刻说:"你利用了他,但又没有利用他。"

"你的意思是什么?"

"他本来就在轨道上。在《胖子》中,你得把他推下去。我觉得这是不一样的。"

雷克斯说得对。这是不一样的。问题在于:这个差别有意义吗?一些哲学家认为是有意义的。在《器官移植》和《胖子》中,你和你要杀的人有肢体上的接触。这起码是令人不适的。

但这一点在道德上有意义吗?为了检验这一想法,我们可以再试一个例子。我们把它叫作《被困的胖子》[4]。它的开头跟《胖子》一样:失控的电车、五个工人和一个桥上的胖子。但幸运的是,他正站在一个活门上,就在轨道的正上方。如果你拉动操纵杆,他就会掉到下方的轨道上,拦下电车,救下那五个人。当然,他也会死。不过你一点儿都没有碰到他。

这样做能否让这个故事天衣无缝?我认为不能。拉动操纵杆可能没有推他下去那么令人不适。但不管怎么说,你都把他置于死地了。具体怎么做并不重要。

关于电车难题的文献非常多*。其中涵盖了形形色色的情况。它们涉及雪崩、炸弹、第二辆电车、可以转动轨道的转盘†。

这个哲学的一角有时被称为电车学。[15] 这个名称多少带有一些贬义，它说明某些事情已经偏离正轨了。我们从严肃的道德问题开始——关于我们权利的范围和限度——却不知道为什么止步于关于电车的无休止的争论，而这些争论都是建立在不可能发生的故事上的。

在外人看来，这简直是疯了。实际上，我最喜欢的对电车学的批评是由一位名叫德里克·威尔逊（Derek Wilson）的火车工程师写的。他把下面这封信寄给了《环球邮报》[16]：

> 关于失控电车的道德困境，证明了哲学课堂上那种让人昏昏欲睡的无知状态。电车和火车不太可能失控，因为它们配备了一个"失能开关"，可以在司机失去行为能力时刹车。
>
> 潜在的救援人员没有"转动开关"的选择，因为改道的开关是被锁住的，以防止有人蓄意破坏。救援人员的对策取决于电车的速度。如果速度低于15千米/时，那么救援人员可以跳上电车，鸣笛示警，救下五条生命。如果速度低于30千米/时，那么救援人员（用开锁的钥匙）可以转动开关，只杀死支线上的一名工人。

---

\* 或许其中最令人惊讶的就是汤姆森关于这个话题的遗言了。在临终之际，她改变了观点。汤姆森认为，在《开关边的旁观者》中让电车改道同样是不受许可的。她开始认为这个例子跟《器官移植》和《胖子》如出一辙。如果汤姆森是对的，这就意味着根本没有什么电车难题需要解决，因为问题一直在于我们如何判断这些情况。不过，大部分人依然认为在《开关边的旁观者》中让电车改道是受许可的，从而保留了电车难题。

† 原文为 lazy Susan，指的是餐桌上的转盘。——译者注

如果电车的速度超过30千米/时，转动开关会使得电车脱轨，导致乘客或死或伤，但可以救下轨道上的工人。因此，更好的选择是让载客的电车从主轨道上驶过，遗憾地杀死五名工人。

　　我喜欢这封信有两个原因。首先，它提醒我们，现实世界从来不像哲学家设想的那样简单。

　　有时它更加简单。威尔逊就是这么认为的。他认为，但凡你略懂电车，你就会发现电车难题很好解决。

　　与此同时，威尔逊也向我们展示了，现实世界比哲学家们所讲的故事更加复杂。看看我们都忽视了什么：失能开关、电车的速度，还有开关可能被锁住这一关键事实。真实的电车难题根本不像电车难题！然而，哲学家们有充分的理由讲一些过于简单的故事。我们试图把某个难题单独拎出来，而现实世界的坏习惯是把多个问题同时抛出来。

　　我喜欢威尔逊的信的第二个原因是，即使他批评了哲学家，他也在做哲学。他的本能是功利主义的，即尽可能多救人，所以当电车的速度低于30千米/时，他就会转动开关杀死一名工人。但如果电车速度太快，他就会杀死五名工人，避免电车上（可能更多）的人因脱轨而死。

　　威尔逊认为，这明显是我们应该做的事，明显到不需要争论。但它远不是理所当然的。假如威尔逊在我的课堂上，我会问他如何看待《器官移植》。我想知道，如果（当电车以15—30千米/时的速度行驶时）威尔逊愿意用一名工人的命换五名工人的命，那么他在《器官移植》中也会要那个人的命吗？如果他说不，我们就会开始一场激烈的辩论，我们又要聊到那些让他厌烦的故事了。

☆☆☆

电车难题的答案是什么?汉克总是问个不停。他习惯了听我讲述我教的法律案例。

"爸爸,再给我讲一个案例吧。"他每次无聊时就这么说。

他知道,在我们就案例的结果争论了一番之后,我会告诉他法院的判决。所以,自从我第一次给他讲了电车难题,他就一直问:"法官是怎么判的?"我试图解释这个故事是虚构的,他完全不理会。他非常想知道答案。

我也想。但是在哲学中,没有标准答案。你只能尽力自己去思考。如果你给我一个下午的时间和一块白板,我会试着说服你,雷克斯对《圆圈》的看法是错的——汤姆森也是错的。我会主张,多出来的那一小段轨道确实有影响。我会在白板上画出新的情景。我会捍卫康德的观点——我们不可以牺牲一个人来拯救五个人。

说到这里,我就要讲一些惊人之语了。绕了一大圈,我们的一系列例子其实可以启发我们思考关于堕胎的争论。如果国家强迫一个女性继续怀孕直至分娩,那么就是利用她的身体作为一种手段。这是不允许的,即使一条小生命受到了威胁。(至少我是这么认为的。我说过,这需要很长时间才能说清楚。)

在阐述我的观点时,我将会结束电车难题的循环。电车难题是一位名叫菲利帕·富特的英国哲学家在一篇关于堕胎的论文中提出的。[17]汤姆森通过改进富特的故事并引入其他情景,使电车难题变得出名。但这个问题的重点从来不是要弄清德里克·威尔逊或者其他任何操作电车的人在失控时应该怎么做。

对哲学家来说,电车难题是思考道德结构的工具——思考我们有什么权利,以及这些权利何时会屈服于他人的需要。它们是思考严肃议题(包括堕胎和战争法等)的工具。

想象一下,如果你是哈里·杜鲁门,你要决定是否向长崎市扔下原子弹(名为"胖子")。这颗原子弹将杀死成千上万的人。但它会缩短战争,拯救更多的人。*

你什么时候可以杀死一些人来拯救其他人?这是一个重要的问题。而电车难题可以帮助我们思考它。如果外人觉得这很荒谬,那是因为电车难题在流行文化中出现时,没有探讨引发它的严肃问题。

电车难题或许无关紧要。但权利是重要的。

☆ ☆ ☆

尤其是当你和小孩子一起生活的时候。当汉克担心自己没有权利时,他根本不知道权利是什么。但他已经很擅长维护自己的权利了。每当汉克说"我的"来阻止其他孩子玩他的玩具时,他就是在对一个物品提出所有权,也是在排斥他人的权利,即使只是一小会儿。

当你第一次把一个婴儿从医院抱回家时,你的主要工作就是让孩子活下去。这是监护人的照料工作:喂奶、拍嗝、洗澡,以及不停地换尿布。一觉醒来,再来一遍,当然前提是你睡得着。一年多之后,下一项任务是让孩子融入社会。为此,你必须向孩子介绍权利和责任的观念,即使你没有用到这些词语。当汉克想抢走小鹿时,我会解释说他必须先问一声,因为小鹿是雷克斯的。我们还教汉克

---

\* 或者说,你认为它会拯救更多人。你的观点可能是错的,而这也引出了另一个道德问题:在不确定后果的情况下,你应该如何做决定?

哪些东西是他的，什么时候雷克斯需要征求他的同意。

除了最早的关于所有权的教育，很快又加上了关于承诺、隐私、私人空间的教育。我们有时候感觉像是给一群不知道自己有什么权利和责任的学生办了一所小小的法律学校。在契约课上，男孩们学会了遵守承诺。在侵权课上，他们学会了管好自己的手，以及看到门关着要先敲门。在刑法课上，他们学会了做错事要承担后果。

道德不仅仅是权利和责任。事实上，孩子能够学到的最重要的一课就是，你不应该总是坚持自己的权利。你应该分享你的东西，至少在某些时候，即使你有权排斥别人。这是善良和关爱，当孩子们具备了这些美德，权利就不那么重要了。但是，养育孩子的早期，主要还是关于道德，或多或少。这就是为什么我们从权利的问题开始我们的旅程——并且很快就会转向复仇、惩罚和权威，这些话题都以各自的方式与权利相关。

☆ ☆ ☆

男孩们了解权利之后，就变成了小律师——随时准备捍卫他们的权利，并且（正如我们将在第3章中看到的那样）在别人指控他们侵权时为自己辩护。事实上，汉克一旦知道权利是什么，就觉得权利无处不在。

一天晚上，我们带男孩们出去吃塔可。（当时6岁的）汉克看到冰柜里的芬达汽水，就一遍又一遍地问他能不能喝一瓶。我们说不行，接着坐下来吃饭。汉克闷闷不乐，他开始抗议。他甚至宣称，我们侵犯了他的权利。

"哪一项权利？"我问。

"决定喝什么的权利。"

"你有这个权利吗？"

"有！"他一口咬定。

"为什么？"这是我最喜欢的教育小窍门之一。

孩子们喜欢把"**为什么**"当作武器。通常他们是出于真正的好奇心而提问的，所以你最好能给他们一些解释。但是天衣无缝的解释是不存在的。每个解释都有很多遗漏的地方。这意味着孩子们总能接着问为什么。一遍又一遍，没完没了。

一开始，他们是为了好玩；他们想看看你能给出多少解释。但是，当他们长大一些，他们就开始意识到，一个恰当的"**为什么**"可以暴露出你的权威的基础是脆弱的，或者单纯地让你抓狂。

不过大人可以反客为主：反问"为什么"，让孩子来给出证明。

这就是我对汉克所做的事。我问他："为什么你有决定喝什么的权利？"

"我不知道，"他耸了耸肩说，"但我就是有。"

"不，这不行，"我说，"如果你说你有一个权利，你最好有一个理由。"

汉克的脑袋开始转动，不出所料，他给了我一个理由——老实说是两个理由。

"如果让你来决定我喝什么，"汉克说，"你可能会让我喝我不喜欢的东西。"我们把这一说法叫作"**自我认知证明**"。接下来他又说："既然**你**可以决定**你**喝什么，那么**我**也应该决定**我**喝什么。"我们把这一说法叫作"**平等证明**"。

这些论点有道理吗？一点也没有。

先从"自我认知证明"开始。我决定让汉克喝他不喜欢的东西的情况根本不存在。大多数晚上，汉克只有两个选择：牛奶或水。他喜欢喝牛奶，而至于喝水，他虽然谈不上喜欢，但也不讨厌。

此外，"自我认知证明"假定，汉克有没有喝到喜欢的东西是重要的。或许这确实是重要的。但其他事情更加重要。汉克需要健康的饮食。所以我们给他的是水和牛奶。含糖饮料让人感到特别享受。如果让汉克自己做主，他用不了一星期就会得糖尿病。

那么"平等证明"呢？当人们处于相似的情况时，"平等证明"才有说服力。但汉克和我不一样。我知道的比他多得多。例如，我知道糖尿病，知道他怎样会得糖尿病。我还拥有汉克所不具备的自制力。但最重要的是，我对他负有责任，而他不用对我负责。汉克总是要长大的，但我的任务是确保他成为一个成熟的成年人，而不是一个长不大的孩子。为了做到这一点，我需要设定一些限制，汉克能喝多少芬达只是其中之一。

以上是我认为汉克其实无权决定喝什么的所有理由。事实上，这些也是我认为我（或者朱莉和我，作为汉克的父母）有权决定他喝什么的理由。

我把一些理由解释给汉克听。我提醒他，等他长大了，他就可以做自己的选择。但现在，他只能听我们的。

不过我和孩子做了一笔交易。我想结束这场战争。

"如果你不再争论这件事，"我说，"那么周六晚上我们的朋友来的时候你就可以喝一瓶汽水。"

"你保证？"汉克问道。

"我保证。"

"好吧。"

周六到了，我们的朋友也如约而至。他们一进门，汉克就跑去拿汽水了。

  他一边起身一边说:"我有权喝一瓶乐啤露\*。"

---

\* 乐啤露,一种美国的根汁汽水,带有香草和其他植物的味道。——译者注

## 第 2 章

# 复仇

汉克这天不上学，我也不上班。我们玩起了他最喜欢的游戏之一。我把他按在床上翻来覆去，而他咯咯地傻笑着。

突然，汉克安静了下来。

"怎么了，汉克？没事吧？"

"昨天，"汉克说，"卡登叫我毛崽子\*，然后凯莉找我谈话了。"

关于这句话，你可以提出很多问题。其中一些问题很容易回答。卡登†是学校的梧桐屋‡的一个孩子，汉克最近刚上这所学校，离他的4岁生日还差几天。凯莉是班主任。我了解这一切，所以我问道："毛崽子是什么？"

"爸爸，这是坏话。"

"你确定吗？可能毛崽子很酷呢。我们要不要在谷歌上搜一下？"

"爸爸！毛崽子**不酷**。"

我们为此争论了一会儿，因为"毛崽子"读起来很好玩，听汉

---

\* 原文为 floofer doofer。floofer 和前面提到的 Fluffy 一样，指的是毛茸茸的东西；doofer 则是对不知道名字的东西的蔑称，类似于"家伙""玩意儿"。——译者注

† 在此说明一下，卡登不是他的真名。我改变了别人的孩子的名字，以保护他们。

‡ 原文为 Sycamore Room，应该是汉克就读的幼儿园的某间教室的名称。——译者注

克读这个词更好玩。不过,当然了,汉克说得对。即使没人知道毛崽子到底是什么,被叫作毛崽子也是糟糕的,还不如被叫作笨蛋*(一个有趣的事实是,没人知道笨蛋是什么,脏话就是这么奇怪)。

但不管怎样,汉克真正想说的是这个故事的第二部分,凯莉找他谈话的那部分。

"凯莉也找卡登谈话了吗?"

"没有,"汉克愤愤不平地说,"她只和我谈话了。"

"为什么?你有没有告诉她卡登叫你什么?"

"在之后才告诉的。"

"在什么之后?"

这时,这位目击证人沉默了。

"汉克,你是不是对卡登做了什么?"

沉默。

"汉克,你是不是对卡登做了什么?"

"凯莉找我谈话了。"

"找你谈了什么,汉克?"

目击证人不愿开口。我尊重他。所以我改变了策略。

"汉克,你觉得卡登对你说了坏话,你就可以对他做坏事吗?"

"**是的**,"汉克说,好像我很笨似的,"**他叫我毛崽子**。"

☆ ☆ ☆

这时,一个好父亲会教他的孩子摩城唱片的经典歌曲《错加错

---

\* 原文为 fuckface,但它的词义并不是 fuck 和 face 的组合,而是一句脏话。汉语中的脏话(比如"浑蛋")也有这一现象。——译者注

不等于对》(Two Wrongs Don't Make a Right)*，它在公告牌网站的说唱歌曲排行榜上只排在《黄金法则》(The Golden Rule)之后。

可惜，我不是一个好父亲。我是一个**超级棒**的父亲。因此，我们在接下来的 20 分钟跟着复仇歌曲摇滚狂欢，从詹姆斯·布朗 1973 年的放克幻想曲《偿还》开始。("我要报复，我很生气！得拿回来！要拿回来一些！偿还！")

其实，我也不是那么酷。至少，在现实生活中不是那么酷。所以我没有扮演詹姆斯·布朗**或者**教汉克"错加错不等于对"的道理。而且我后悔放了布朗的歌曲，因为我好多年后才知道孩子们觉得他的歌词很好笑。它们确实很好笑。("啊！""哈！""好极了！""真他妈好！")他们也喜欢他的乐曲。他们确实应该喜欢。(只是要小心你放什么歌，不然你会重复汉克和我关于性爱机器†的对话。)

但你知道我不后悔什么吗？我不后悔放弃教汉克"错加错不等于对"的道理。这是我最不喜欢的一种父母说教，因为冤冤相报**能够**让事情重回正轨。或者说，第二个错可以让事情重回正轨。当我们不说出这句话时，我们就是在欺骗我们的孩子，可能也是在欺骗我们自己。

☆ ☆ ☆

为什么我们这么快就拒绝了复仇？首先，复仇是有风险的。你如果试图伤害别人，就可能伤及自身。但更坏的情况是，复仇会招致报复，再复仇，再报复。于是，你可能会陷入无休止的暴力循环。

---

\* 我说的是实话。贝里·高迪和史摩基·罗宾逊写了一首叫《错加错不等于对》的歌，巴雷特·斯特朗和玛丽·威尔斯分别在 1961 年和 1963 年录制了这首歌。
† 指的是詹姆斯·布朗的歌曲《站起来，我就像一台性爱机器》。——译者注

但风险不是我们拒绝复仇的唯一原因。暴力在很多人看来是无意义的。参考《旧约》中**以眼还眼**的典故，我们把卡登对汉克的攻击升级一下。假设卡登挖掉了汉克的眼睛。汉克把卡登的眼睛也挖出来，到底有什么好处呢？汉克的眼睛不会失而复得。我们只不过多了一个必须学会靠一只眼睛活着的孩子。

如果复仇这般无意义，我们为何要寻求复仇？

一种可能是，当别人对我们做了错事时，我们只是本能地想要复仇。的确，有证据表明，小孩子尤其容易寻求报复。

在一项研究中，四到八岁的孩子被要求玩一个电脑游戏。在这个游戏中，（由研究人员控制的）其他玩家要么偷走他们的贴纸，要么把贴纸作为礼物送给他们[1]。孩子们一有机会，就对偷贴纸的人进行复仇——从他们那里偷贴纸的概率比从其他玩家偷贴纸的概率高得多。但是在收到善意时，他们却没有给出同样的善意。一个收到礼物的孩子，给送礼物的人和给任何其他人送礼物的概率都一样。看来，复仇比报恩来得更加自然。

关于复仇是人类天性的假说，还有更多的证据。科学家们说，侮辱会激起人们复仇的欲望，这是从字面意义上来说的。它激活了大脑的一个部位，即左前额叶皮质，这是人们在填饱肚子和满足其他欲望时会激活的部位[2]。因此，荷马说复仇是甜蜜的[3]，有一定道理。他可能还低估了这种甜蜜。我见过一件 T 恤衫，上面写着"复仇比性爱更棒"。约瑟夫·斯大林把这一点体现得淋漓尽致，坚持认为复仇是人生最大的乐趣。*

---

\* 西蒙·塞巴格·蒙蒂菲奥里转述了这个故事："晚餐时，酒过三巡，加米涅夫问在场的人什么事让他们觉得最开心……斯大林说：'对我而言，世上最甜蜜的事情莫过于识别敌人，巨细无遗地做好复仇计划，然后完美无瑕地执行，最后倒头大睡一觉。'"

我不知道这是不是真的。性爱也可以很美妙。但是复仇确实能带来满足感，而我们从中获得的快乐，很有可能是大脑深处的某种脑回路的功能。但即使我们是出于一种动物本能去寻求复仇，我们仍然可以问：复仇的目的是什么？在反思后，我们应该根据这种冲动行事还是应该压抑它？也就是说，我们可以问，复仇是不是真的像看上去那样无意义？

☆ ☆ ☆

威廉·伊恩·米勒是我最有趣的同事。他是世界上最权威的复仇专家，也是研究复仇文化的大师。他本人和他的研究听上去一样有趣，不仅是由于他知道的各种故事，而且是由于他看待世界的方式。米勒曾经告诉我，他**故意**买了很少的人寿保险。"虽然我不希望家人在我死后一贫如洗，"他解释说，"但我想确保他们会想念我。"他问我有没有买足够的保险，我说还可以。他告诉我要留个心眼。（我们聊这件事时雷克斯还在蹒跚学步。）

米勒不能忍受那些**认为复仇不理性**的人。卡登的眼睛本身对汉克是没用的。但是挖掉它无疑是有用的。别人如果预料到汉克会反击，在动手之前就会三思而后行。有仇必报的名声就是一张保单；它可以保护你免受伤害。它甚至比普通的保险更好，因为它完全阻止了伤害的发生，而不是用钱来帮你应付伤害。

因此，复仇可以是理性的。但是冷静的计算无法解释人们从中获得的快乐，也无法解释为什么人们愿意超越理性的界限去追求复仇。这种快乐，似乎是一种幸灾乐祸（schadenfreude）——一种建立在他人，尤其是伤害你的人的痛苦之上的快乐。

但为什么要以此为乐呢？一个常见的答案是：这是他应得的。的确，有些人认为有一种特殊形式的正义，即**报复性正义**，它要求那些（错误地）伤害他人的人自己也应该受苦。除非施加这种痛苦，否则某种宇宙的账目就不平衡了。在这种观点看来，复仇的快乐，就是目睹正义得到伸张的快乐。

不过，这听上去有点无情。寻求复仇的人想要亲手施加痛苦，而不只是目睹痛苦。这不是一种宇宙的账目不平衡。这是一种人与人之间的账目不平衡。到了**还债的时候**了，我们常说，**他必须为他所做的事情付出代价**。这些都是会计式的隐喻，但它们是相互抵触的，因为它们调换了债务人和债权人的角色[4]。但是这无关紧要。关键是：账目不平衡了，所以是时候**扯平**了。

☆ ☆ ☆

我们应该认真对待这种观点吗？在人类历史的长河里，许多人，也许甚至是大多数人都这样做过。所以我不愿意说我们不应该这样做。然而，我又有很大的保留。我不知道宇宙的账本保存在哪里，也不知道我们为什么要在乎里面的内容。如果它属于上帝，上帝肯定会把账算清（主说，申冤在我[5]）。而且我认为，光凭一个比喻，无法证明我们挖掉眼睛是合理的。

一些哲学家反对报复性正义的观念。他们认为，此观念除了错误的隐喻之外一无是处，我们最好抛弃它。我认为这一观念还有补救的余地。不过我们到下一章讨论惩罚时再展开讨论。现在，我想关注一种不同的正义。事实上，我需要介绍两种正义。

很久之前，亚里士多德就区分了**分配正义**和**矫正正义**。[6]我们在担心不平等的时候，担心的是分配正义。我们得到了一个馅饼，正在争论如何分它。如果你的那份比我的大，我可能会抱怨分配不均。现在假设我们每个人都有自己的一份，无论大小。而你偷了我的那份。我想拿回来。亚里士多德说，**矫正正义**要求你把它还给我。它要求你赔偿我的损失。

复仇是实现矫正正义的一种方式吗？它似乎是。**以眼还眼**与**把我的馅饼还给我**差不多。如果汉克挖掉了卡登的眼睛，他就拿回了他失去的东西——一只眼睛。但是他没有拿回他失去的那一只，这是至关重要的。卡登的眼睛对汉克来说没什么用，因为汉克用这只眼睛也看不见。

尽管如此，米勒依然认为以眼还眼是实现矫正正义的一种方式，而且是一种绝妙的方式。[7] 关键是要看到，赔偿并不总是要以同样的方式支付。有时候你把馅饼还给我，有时候你赔钱给我。眼睛的例子也是同样的道理。

米勒说，以眼还眼的目的不是挖掉更多眼睛。相反，**血偿法则**（以眼还眼法则的趣称）让受害者在加害者面前有了筹码。如果卡登和汉克生活在《圣经》的时代（并且已经成年），那么在卡登挖掉汉克眼睛的那一刻，根据血偿法则，汉克就成为卡登眼睛的所有者了。只要他想，他就能挖掉它。而且他肯定希望卡登认为他会挖掉它。不过，很有可能汉克不会挖掉卡登的眼睛，因为卡登会从汉克那里**买回来**。卡登为了保住自己眼睛所付出的代价，将是对汉克损失的赔偿。

换句话说，担心失去自己的眼睛会促使卡登满足矫正正义的要求，为了自己的眼睛而赔偿汉克。从一个有趣的角度来看，血偿法则完全是关于同理心（empathy）的。它是一种迫使你感受他人痛苦的方式。如果你伤害了某人,你将遭受与你所施加的伤害一样的伤害。这样你就有理由在伤害他人之前想象自己将遭受的伤害。希望这能让你退缩,这样就没有人受伤了。但如果威慑无效,那么血偿法则让你有理由去补偿你所造成的伤害,因为你不付钱,你很快就会遭受同样的伤害。

☆ ☆ ☆

"嘿,雷克斯,我能给你讲一个复仇的故事吗?"有一天午饭时,我问道。当时雷克斯 10 岁。

"会不会很恶心?"他问。

"不会。"我向他保证。

"好吧。"

"嗯,可能有一点儿。"我承认。

"你非得给我讲吗?"

"是的,我真的想讲。"

"你在写关于复仇的东西,对吧?"

这孩子真聪明。"是的,我在写。"

"好吧,你说吧。"

我给雷克斯讲的故事来自一部冰岛传奇——《贤人古德蒙传》[8]。

"有一个叫斯卡林的人,"我开始说,"他在港口跟几个挪威商人做生意。生意没谈成,挪威人砍掉了他的一只手。"

"爸爸!好恶心。恶心极了。"

"好吧,确实。但这是唯一恶心的部分。我保证。你想不想知道接下来发生了什么?"

"想。"雷克斯说。

"斯卡林去找他的一个亲戚——一个叫古德蒙的人求助。古德蒙召集了一群人,他们骑马到港口与挪威人对峙。你觉得这群人到达后会怎么办?"

"杀了他们。"

"不是。古德蒙到那里后,要求挪威人赔偿斯卡林的手。你知道这是什么意思吗?"

"不知道。"

"意思是他希望挪威人付钱给斯卡林,让失去手的斯卡林好受一些。"

"这样啊,那他们付钱了吗?"

"他们说,只要古德蒙的价格合理,他们就付钱。但古德蒙给出的价格很高。简直是天价。"

"有多高?"

"3 000。"

"这算多吗?"

"传奇中是这么说的。它说这是人们预期杀死一个像斯卡林这样的人——而不是砍掉他的手——所要付的钱。"

"他们付钱了吗?"

"没有。他们被古德蒙惹恼了。他们认为古德蒙是狮子大开口。"

"古德蒙怎么办?"

"你猜。"

"他杀了他们。"雷克斯严肃地说。

"不是。"

"他砍掉了他们的手!"现在他开始领悟到血偿法则的精髓了。

"不是，但你猜得八九不离十了。古德蒙很聪明。你觉得他在动手砍人之前会做什么？"

"他会告诉他们，如果他们不付钱，他就会动手！"

"没错！古德蒙说他会自己付 3 000 给斯卡林。然后他会挑一个挪威人，将其手砍掉。他说挪威人可以随便赔偿那个人。"

"这有用吗？"雷克斯问。

"你觉得呢？"

"我打赌他们付钱了。"他说。

"没错——他们付了 3 000。"

"古德蒙很**聪明**。"雷克斯说。

☆ ☆ ☆

古德蒙很聪明。血偿法则也很聪明。挪威人之所以付钱，是因为古德蒙重新定义了这笔钱的意义。它不再是买下斯卡林的手的价格，它是保住他们自己的手的价格。正如米勒所观察到的，大部分人"愿意花更多的钱保住自己的手，而不是夺走别人的手"[9]。这是有道理的。手在原主人身上，才更加有用。

从另一个角度看，古德蒙也很聪明。他不仅让挪威人赔钱，还在过程中羞辱了他们，暗示他们很小气。他们为了显得自己很大方，让古德蒙为斯卡林的手定价。可是他们一听到他定的价钱，就犹豫不决，使得古德蒙主动提出自己给斯卡林天价赔偿，凸显了自己的阔绰。最后，古德蒙还把挪威人说成是懦夫，因为他们一看自己的手有危险，就从不肯付钱变成肯付钱了。

通过这一切，古德蒙德提高了他的荣誉。但是什么是荣誉呢？

为什么它如此重要？荣誉无法轻易地定义。它是一种抽象的品质，决定了一个人在社会等级中的地位。在像冰岛传奇这样的社会里，它是至关重要的。正如米勒解释的：

> 荣誉是你有价值的基础，是你被倾听的基础，是别人在夺走你的土地，或者强奸你或你的女儿之前要三思的基础。荣誉甚至决定了你说话的方式、声音、频率、对象和时机，以及你说话时是否被注意；它影响了你挺起肩膀的方式，你站立的高度——字面上的，而不是比喻的——以及你能看着某人多久，甚至敢不敢看他。[10]

简而言之，荣誉是衡量你在他人眼里的价值的尺度。稍后我会更详细地说明这一点。但在结束古德蒙的故事之前，我们还要比较一下他解决斯卡林的索赔和现在法院处理索赔的方式有什么不同。

☆ ☆ ☆

如今我们已经不再遵循血偿法则了。但法院依然试图实现矫正正义。如果你受到伤害，你可以起诉造成伤害的人。如果你能证明伤害是由于对方的过错造成的，法院就会判决赔偿。

依据法规，法院在确定赔偿金额时不会考虑情感、同理心或其他因素。陪审员被要求为胜诉的原告所受的伤害确定公平合理的赔偿金额。然而，实际上，原告律师会博取陪审员对其委托人的同情。他们用悲惨的细节描述原告受到的伤害，以提高赔偿金额。

但同情往往没有同理心那么强大。我教过学生一个关于凯·肯顿的案例[11]。当时肯顿在某家凯悦酒店的大堂里，两条重达15吨的设计不当的空中走廊砸向了下面的顾客。超过100人丧生。肯顿幸免于难。但她遭受了毁灭性的伤害：颈椎骨折；全身失去知觉；呼吸道、膀胱和肠道功能受损；还有巨大的疼痛和心理创伤，以及其他许多问题。

陪审团判给肯顿400万美元。听起来很多。至少，在你想到这笔钱要支付哪些项目之前。肯顿的医疗费用估计在100万美元以上。事故发生时，她正在法学院读书。证据表明，她今后无法从事任何工作，更不用说当律师了。她的整个职业生涯的工资损失约为200万美元。最后，陪审团被要求为肯顿的疼痛和折磨定一个价；减去上面的金额，可以看出他们的定价在100万美元左右。

这样一算，这笔赔偿就显得没那么慷慨了（而且它比看起来的还要小气，因为她的律师可能拿走其中的四分之一，甚至更多）。如果某人同意为你的费用买单，再额外为你的疼痛和折磨付100万，你愿意遭受肯顿所受的伤害吗？我不愿意。门儿都没有。

然而，凯悦酒店竟然有脸请求法院将赔偿金额减半，声称金额过高。法院驳回了这一请求。但要问问：凯悦酒店愿意付多少钱让它的高管人员免于肯顿所受的伤害？假如我们遵守血偿法则，那么肯顿有权让空中走廊（或等重的物品）砸到凯悦酒店CEO（首席执行官）的身上。公司会付多少钱来阻止她这么做？

如果你猜不止400万，我觉得是说得通的。我可以想象他们愿意付4 000万，或者更高的金额。可能比这高**得多**。这就是同理心的力量。血偿法则的力量源于它能运用同理心。

我相信陪审团为肯顿感到难过——同情她的遭遇。但我怀疑他们能不能对她的痛苦感同身受。凯悦酒店的主管们如果担心自己遭受同样的痛苦,肯定能感同身受。

☆ ☆ ☆

同理心并不是以眼还眼的唯一可取之处。它还设定了复仇的限度,因为它同时也意味着**顶多**以眼还眼。

进化似乎赋予了我们复仇的欲望。但欲望有时会失去控制。你不妨想想你有多少次吃多了。(也许我就是一个例子。雷克斯说"**我吃得太多了**"是赫什维茨家的口头禅。)

有些人想要的不只是一只眼还一只眼。他们往往高估了自己,或者低估了别人,或者对微不足道的冒犯就发狂。

复仇文化容不下这些人,因为他们的存在让和平几乎没有可能。以眼还眼可以规定合理赔偿,以约束他们。[12] 被称为**和事佬**(oddman)的人物的作用也一样,他们会在人们无法自行和解时出面解决争端。他们之所以是**和事的**(odd),是因为他们属于争端的第三方。正如米勒所说:"你需要和事佬来调解,否则你将永远处在不和中(at odds)。"[13]

陪审团是和事佬的继承者。他们干的是一样的事。他们代表社区来确定合理的赔偿,但他们确定赔偿的方式不同于和事佬。和事佬遵循以眼还眼的法则。他们不会像陪审团那样廉价卖掉身体部位。

我猜,这个说法听上去有点不成立。在一般人的想象中,美国的陪审团是得理不饶人的——他们判的赔偿金额太高,而不是太低。但我不这么看。如果你提前询问,你会发现法院通常把赔偿金额定得远远低于受害者能接受的程度。

我有时会问法学院的学生,他们得到什么回报才愿意遭受肯顿所受的伤害。大部分人说再多钱也不愿意。少数人说几亿美元或许会考虑一下；他们愿意为家人牺牲自己。但从没有一个学生说自己愿意为了肯顿拿到的区区 400 万美元而受此等伤害。

我们总喜欢认为，我们比那些视复仇为生活常态的人更加优雅。在我们的想象中，生命"对于那些野蛮人而言是廉价、卑污和残忍的"[14]。但是米勒说，这是错的。事实上，生命在遵守血偿法则的社会中是贵重的。你拿走一条命，就用自己的命来还。我们才是不重视生命和肢体的人。*

话虽如此，但我想按照血偿法则来生活，还没有机会呢。现代生活的很多方面之所以可能，就是因为我们允许陪审团以低廉的价格出售身体。正如米勒所指出的，如果"每一起交通死亡案件都赋予受害者亲属杀人的权利"[15]，那么我们就用不着开车了。我们不得不放弃的不光是汽车，还包括现代生活的一切机械：飞机、火车、卡车、电动工具——几乎所有装了发动机的事物。这一切之所以可能，都是因为我们愿意放弃以眼还眼，接受更微薄的补偿。

但是现代生活的便利并不是我们拒绝复仇文化的唯一理由。我在前文中提出，卡登可以付钱给汉克以保住自己的眼睛。但他需要钱来实现这一点。他要是没钱，就不得不放弃他的眼睛了，或者让汉克拿走他在乎的东西（比如卡登的劳动），成为一个债务奴隶[16]，直到还清眼睛的费用。因此，以眼还眼不是真正的平等之道。

---

* 至少在法庭上——在回答如何应对加害行为这一问题时——我们不够重视生命。正如米勒所指出的，我们将大把的钱花在医疗上，尤其是在生命垂危时。但这种做法"体现了我们的缺陷而不是美德，说明我们缺乏人的尊严而不是重视人的尊严。我们如此畏惧痛苦和死亡，以至我们宁愿掏空孙辈的钱在生命的最后时光虚度几年，而不是好好利用这段时光"。我认为米勒关于钱的说法有些夸大：我们的孙辈不会因为医保破产。但是值得我们思考的是，他所做的对比能否改善我们的价值观。

而奴役他人也不是以眼还眼的社会唯一糟糕的地方。荣誉的观念本身也是有问题的。你应该记得，我在前文中说过，古德蒙为斯卡林的手所定的价格，大约是人们预期中杀死斯卡林这样的一个人的价格。人的价值——及其身体部位的价值——与他们的荣誉挂钩。有些人（妇女、仆人、奴隶）一文不值，或者只是因为隶属于某个大人物才值钱。而所有有地位的人都在不断地竞争，以提高他们的荣誉，或者防止他们的荣誉被别人夺走。

这听起来就很累人。我们应该庆幸生活在一个人的价值取决于一些有价值的东西（比如她最新脸书帖子获得的点赞数）的社会中。

哦，等等。我想说的是，我们应该庆幸生活在一个平等地看待每个人的社会中。

该死。这还是不对。我是想说，我们应该庆幸生活在一个**声称**平等地看待每个人的社会中。

这才是我想说的。我们没有实现这一理想。但至少我们把它视为理想。这本身就是一种道德上的成就，因为很少有社会有这样的抱负。当然，如果我们真的建成一个平等地看待每个人的社会，那就再好不过了。

但现在的重点仅仅是：我们可以拒绝复仇文化，同时也承认以眼还眼在其特定时代是一种伸张正义的天才方式。

☆ ☆ ☆

可是，小孩子并不知道这种方式的天才之处，他们仍然会寻求复仇。为什么？汉克说不清为什么。当我追问他的时候，他反复提到一个明摆着的事实，就是卡登叫他毛崽子，好像这就足以说明一切了。

这当然不够。但是汉克报仇的原因并不复杂。他是站出来维护自己。但这是什么意思？为什么汉克需要这么做？根据我们在前文中给出的理由，汉克必须确保其他孩子不把他视为软柿子。也就是说，他必须树立有仇必报的名声。当然，汉克说不清这个道理。但他可能有这种感觉。事实上，如果我们满腔怒火地想要复仇，这可能就是原因所在。

但我认为，原因不止于此——除了未来的安全之外，汉克还有别的东西值得冒险。在这里，我们可以求助于一位影响了我对这些问题的思考的哲学家。帕梅拉·希罗尼米是电视剧《善地》的顾问；事实上，她在最后一集中还客串了一下。希罗尼米对我们的道德生活有着犀利的观察。她对我们对不义行为的反应感兴趣。她尤其关注不义行为所传递的信息和我们回应它们的理由。

假设卡登推了汉克。汉克可能会受伤，也可能不会。但推人无论如何都是可恶的，因为它传递了一个信息：汉克是卡登可以随意摆布的孩子。

汉克有理由反驳这一信息。事实上，希罗尼米会认为汉克的**自尊**受到了威胁。[17]汉克不想把自己视为任人摆布的孩子。更重要的是，**他的社会地位**也受到了威胁。汉克不想别人把他视为能任人摆布的孩子。

为了捍卫他的社会地位并找回他的自尊，汉克必须对卡登做出回应。如果他放任不管，而且没有人做出回应，那么他有被人们认为受卡登摆布的风险。事实上，他可能自己也会这么认为。人们往往习惯于受虐待，以至开始把它视为必须忍受的——更糟的是，把它视为应得的。

汉克应该怎么回应呢？希罗尼米认为，他应该感到愤怒和怨恨。[18] 这些情绪不受人欢迎,很多人会本能地反对它们。但希罗尼米遵循了一个悠久的哲学传统,即认为怨恨是自尊的表现。[19] 怨恨是对不道德行为所隐含的信息的抗议。汉克如果怨恨卡登,就会(哪怕只是暗自地)坚持认为卡登不能随意摆布他。[20]

但是怨恨只是第一步。下一步是公开抗议。你站出来维护自己,就是在公开抗议。汉克可以通过多种方式做到这一点。首先,他可以单纯地对卡登说,**你不能推我**。但仅仅说出来可能不够。如果卡登没有因为推汉克而受到惩罚,他可能继续认为他可以摆布汉克,不管汉克有什么意见。其他孩子也可能有同样的印象。

因此汉克有理由让卡登承担后果。怎么做呢?他可以推回去。这种做法相当于在说,**你不能欺负我**。但它的含义不止于此,它还相当于在说,我和你是平等的。**你能够推我,我也能够推你**。

卡登没有推汉克。他叫汉克毛崽子。但这不过说明了他的信息更加明确。卡登说出了汉克在他眼里低人一等的地位。汉克是一个毛崽子,或者说,至少是一个可以被这么称呼的人。卡登把这一信息传递给汉克,以及每个听到这句脏话的孩子。

我不知道汉克是怎么回应的。结果应该不算糟糕,因为我们没有接到一份伤情报告。让我猜的话,汉克可能骂回去了,用毛崽子或其他可笑的词语来称呼卡登。但汉克不管怎么做,都是站了出来维护自己——告诉卡登和其他孩子,**我不是你可以随便叫毛崽子的那种孩子**。

☆ ☆ ☆

假设这场冲突就在你面前发生,你会把汉克拉到一边,对他说错加错不等于对吗？我不会。事实上，我对这个孩子感到高兴——可以想见他能够在这个世上立足。

在本章开头，我说冤冤相报能够让事情重回正轨，我坚信这一点。前后两种错误行为的象征意义截然不同。卡登叫汉克毛崽子，是为了证明他高汉克一等。汉克回击卡登的冒犯，是为了证明他与汉克是平等的。

事实上，如果说错加错不等于对的说法有什么问题，那就是第二个错误根本不是错误，只要你没有变本加厉。一个行为的道德性质部分取决于它所传递的信息。为自己挺身而出和贬低他人有着天壤之别，即使你说的是同样的话。

☆ ☆ ☆

"你有没有复仇过？"我最近问两个男孩。（汉克已经不记得毛崽子事件了。）

"有啊，"雷克斯说，"汉克打我的屁股，我就打回去。"

"我也是，"汉克超级大声地说，"雷克斯打我的屁股，我就打回去。"

"这样做可不可以？"我问。

"可以啊，我们是兄弟——我们可以碰对方的屁股。"汉克搞错了重点。

"你有没有在学校报过仇？"我问。

"没有，"雷克斯说，"错加错不等于对。"

"为什么这样说？"

"如果别人冒犯你，你又冒犯回去，那么你就和他一样坏了。"

雷克斯说。

"你确定吗?"

"确定。"

"如果第一个人是欺负人,而第二个人是站出来维护自己呢?"

"哦,我懂了,"雷克斯说,"我觉得第二个人的行为不是一样坏了。只是不好而已。"

"为什么这样说?"

"嗯,你总有其他办法可以用。"

这句话说得对。你不是非要打回去才能维护自己。你可以**动口不动手**,就像我们告诉小孩子的那样。而且你可以请他人站出来维护你。例如,凯莉可以明确地告诉卡登,他不能叫汉克毛崽子。如果汉克当时向她求助,她可能就这么做了。

但我不像雷克斯那么乐观,认为总有其他办法。汉克也许能够指望凯莉来纠正卡登。但老师不是每次都能救你。而且求助别人有时会让你显得软弱。假如你依赖凯莉的保护,她不在场的时候怎么办?我不希望我的孩子伤害他人。但我真的希望他有能力站出来维护自己,至少在面对日常的侮辱和屈辱的时候。

我也希望,我的孩子为别人挺身而出。怨恨和复仇是受害者抵制加害行为暗含的信息的方式。但在拒绝这些信息时,旁观者也能出手相助。当他们这样做的时候,他们帮受害者减轻了负担——并且让受害者相信,不是每个人都像加害者那样看待他们。一天晚上,还在上幼儿园的汉克告诉我们,他再也不和几个朋友玩了,因为他们在操场上欺负另一个男孩。汉克不想与他们为伍。而且他想知道怎样才能阻止他们。我们很高兴,他尽其所能地站出来维护他的朋友,而且他知道他的朋友需要寻求帮助。

☆☆☆

成年人在面对加害行为时也需要帮助。他们不能像孩子那样向父母和老师求助。但是他们可以向法院求助。我前面说过，法庭试图在应对不义时实现正义的矫正。但至少在亚里士多德的意义上，这种做法并不太成功。凯悦酒店夺走了肯顿的很多东西——工作的能力、独立生活的能力、无病痛的生活等等。判给她的钱也许能养活她，但是不能归还她所失去的。复仇也不能让这一切失而复得。伤害一名凯悦酒店的高管并不会减轻她遭受的伤害。

但是，还有一种思考矫正正义的方式。很多时候，我们无法修复伤害。但我们可以纠正不义行为所传递的信息。[21]当肯顿走上法庭时，她呼吁这个社会反对凯悦酒店的不当行为所隐含的信息。在她的要求下，法庭明确表示，凯悦酒店有责任保护她的安全——以及所有顾客的安全。法庭还明确表示，凯悦酒店未能保护肯顿这件事是不容忽视的——而且是不被容忍的。

我认为，这正是许多人在法庭上所寻求的东西：申冤和赔偿一样重要。他们希望法庭确认他们蒙受了冤屈——他们有权不被这样对待。他们希望法庭明确表示他们受到的伤害是不容忽视的。

我在向学生阐述这一观点时，讲了一个关于泰勒·斯威夫特的故事。[22] 2013年，一个名叫大卫·米勒的电台主持人在他们合影时摸了她的屁股。她抱怨了这件事，他就丢了工作。米勒控告她诽谤，说自己没有摸过她。斯威夫特反诉他人身侵犯。她要求1美元的赔偿，结果她胜诉了。

这里的关键是什么？斯威夫特不差这1美元。但钱不是她诉讼的目的。她起诉，是为了表明她的身体不是男人想摸就摸的公共财产。换句话说,她要求法庭反对米勒的骚扰所传递的信息。这份判决告诉米勒以及所有听到此判决的男人,她身体的权利专属于她自己。而且由于法庭运用了人身侵犯罪的一般原则,它也传递了一条关于所有人的屁股的信息:别碰。

没人喜欢打官司。但是法庭给了我们一个机会,以呼吁我们的社会拒绝不义行为传递的信息。**这就是矫正正义。**它是复仇的最好替代品。

☆ ☆ ☆

如果不提一下公告牌网站说教歌曲排行榜上的另一首家长口吻的歌,那我就太失职了:"棍棒和石头可以打断我的骨头,流言蜚语却不能伤我分毫。"

我母亲很喜欢这句话。每当有小孩对我说了什么坏话,她就会拿出这句话来——并试图说服我也这样认为。但即使在我还是个孩子的时候,我也知道这不是真的。话语是会伤人的,比打断骨头更伤人。

我不会教我的孩子"棍棒和石头"这句俗语,因为我希望他们知道话语会伤人。不过我也认为这句话有一些值得学习的地方。它最好的一面是,"棍棒和石头"是一种巧妙的虚张声势。话语可能会伤人,但有时候你最好表现得好像它们不会。

一个孩子叫你毛崽子,无非是想让你发火。所以最好不要理他,即使你被他说的话惹恼了。更好的是,你让他知道,他说什么都不能侮辱你。这是一种扭转局面的方法。你无视他,就是向他表明,他是如此无关紧要,你根本不在乎他说什么。这很难做到。但如果你能做到，这就是让他闭嘴的最好办法。

有天晚上聊到一个说坏话的孩子时，我教了汉克这一招。我告诉他，我要教他一个他可能用得上的最有力的句子。

"准备好了吗？"我问。

"准备好了。"

"你确定吗？这个句子真的很厉害。"

"我准备好了。"他斩钉截铁地说。

"当别人说你坏话时，你可以说，**我不在乎你的想法**。"

"爸爸不在乎我的想法！"汉克大喊道，想让妈妈听到。

"不是的，傻孩子。我在乎你的想法。这句话是别人说你坏话时用的。你要不要练习一下？"

"好的。"

"你真矮，连蚂蚁都鄙视你。"

他咯咯大笑起来。然后他说："我不在乎你的想法。"

"那是你的眉毛吗，还是毛毛虫趴在你的脸上了？"

又一阵大笑。"我不在乎你的想法。"

"你刷牙了吗？你的口气闻起来就像你的脸放了个屁。"

他笑得不行。随后他说："我不在乎你的想法。"

我们又练习了几轮，但我已经没有适合小孩子的坏话了。所以我们就停了下来，互道晚安。

我像往常一样说道："晚安，汉克。我爱你。"

"我不在乎你的想法。"

毛崽子。

# 第 3 章

# 惩罚

"啊啊啊——"

"安静点,雷克斯,该吃饭了。"

"啊啊啊——"

雷克斯还不到两岁,他刚学着说话,或者说,他刚发现自己的声音有多大。他根本停不下来。

朱莉终于忍不住了。"你必须消停一会儿。"她说着,把雷克斯从儿童餐椅上抱下来,带到客厅里。这是他第一次被罚坐淘气凳(Time-out)\*。但不可能让他自己一个人待着,所以朱莉让雷克斯坐在她的腿上。"我们休息一下,因为你的声音太大了。"她说。

"为什么要休息一下?"雷克斯问。

"我们休息一下,是因为你的声音太大了。"朱莉重复了一遍。

"我们休息喽!"雷克斯说,一副兴高采烈的样子,完全不像一个受罚的孩子。

我作为社会工作者的妻子会告诉你,罚坐淘气凳的时间应该和

---

\* Time-out 是美国心理学家亚瑟·斯塔茨提出的一种教育方法,可翻译成暂时隔离法。当孩子做出不适当的举动时,大人使其暂时远离闯祸的情境,比如让他坐淘气凳,安静下来反思自己的错误。——译者注

孩子的年龄一样。所以两分钟后,她就带着雷克斯回到了餐桌。

"我还想要休息一下。"雷克斯在被塞回餐椅时说道。

"该吃饭了,雷克斯。"

"我还想要休息一下。"

"不行,雷克斯,该吃饭了。"

"啊啊啊——"

☆ ☆ ☆

这么做并不管用,原因也不难想象。惩罚按理说是不好受的。雷克斯却觉得被罚很好玩儿;这只是让他短暂地脱离日常生活,而且他当然不介意坐在妈妈的腿上。真想惩罚雷克斯的话,我们得更严厉一些。

但是,等等,我们为什么要严厉地惩罚一个孩子?或者说,更好的问题是:我们为什么要严厉地惩罚**任何一个人**?惩罚的理由究竟是什么?

一个标准答案是**报复心**。这就是我们在第 2 章所讨论的观点——有些人犯了错,惩罚是他们应得的。可是为什么呢?这个问题很难回答,而且很多支持报复的人也懒得回答。在他们看来,道德败坏的人为他们的罪行而受惩罚,这是理所当然的事。其他人则给出了一些比喻,就像我们在第 2 章中看到的那样。他们说,犯错的人欠了社会的债。[1] 他们必须为他们所做的事情付出代价。

正如我在前面说过的,我们需要的不仅仅是一个比喻,来解释我们为什么要给任何人,即使是那些做错事的人,带来痛苦。我们当然需要的也不仅仅是一种强烈的感觉,认为我们应该这样做。我们必须知道这么做能带来什么（有什么好处），从而证明惩罚所造成的明显伤害是合理的。

稍后，我将为报复心辩护，解释为什么对某些人施加痛苦是有道理的。但我们先把这个问题放在一边，因为我们可以确定的是，**报复心无法**解释我们为什么严厉地惩罚一个两岁的孩子。也许，我们可以理解一些成年人受到惩罚是应得的。但是我们很难想象它是一个孩子应得的——尤其是像雷克斯这么小的孩子。

那么罚坐淘气凳的目的是什么？老实说，是因为我们迫切地希望雷克斯停止尖叫，然后去吃午饭。但最主要的是，我们希望他停止尖叫，让我们可以好好吃饭。罚坐淘气凳的直接目的是，让他知道尖叫对他而言没有好处，从而让他闭上嘴巴。

我们试图做的事，用文绉绉的话来说就是**威慑**。这和报复他人时的想法一样。人们会对各种刺激措施做出回应，孩子们也不例外。雷克斯觉得挺起胸膛尖叫很有趣。我们如果想阻止他，就必须把这件事变得**无趣**。对我们来说，很不幸，雷克斯觉得坐淘气凳比原来更有趣，于是变本加厉地尖叫起来。

对于两岁的孩子来说，转移注意力可能比威慑更管用。如果这么做也不管用，那么无视他的尖叫可能比惩罚他能更快地让他消停下来。至少，从我们带小狗贝莉去咨询的驯犬师那里，我们学到的道理就是这样。贝莉是一只小小的金德利犬，它也喜欢叫。它还会扑到人身上，咬他们的手。驯犬师教我们一个叫作"隐形狗"的游戏。这个游戏简单得很。每当贝莉扑向人或咬人，我们就完全无视它——表现得仿佛它完全不存在。它消停下来的那一刻，游戏立马结束。然后我们会毫不吝啬地表扬它、奖励它。这么做的目的是让它知道，它只要不扑人或不咬人，就会得到表扬或奖励。换句话说，我们是通过正面的激励,而不是负面的激励来教育它的。

这么做是管用的。可以说,这么做令人震惊地有效。就像,如果能够重新来过,我会给小雷克斯系上绳子,带到训练员那里。训练员清楚自己在做什么,比我们做得好多了。而且不光她如此。驯兽师都很擅长消除坏习惯,鼓励好习惯。而且大部分情况下,他们都不用惩罚。至少他们知道自己在做什么的时候是这样的。

☆ ☆ ☆

那么,我们为什么要惩罚人呢?我们为什么不像训练动物那样,来训练他们呢?这是个好问题。2006 年,《纽约时报》刊登了埃米·萨瑟兰的一篇文章。她当时正在写一本关于驯兽师学校的书。[2] 她观察了他们的工作方法,突然灵光一闪:她可以训练她的丈夫。

她丈夫的名字正好也是斯科特。而且至少当时,他有许多坏习惯。他会把衣服随手扔在地板上。他还经常把钥匙弄丢。更糟糕的是,他一弄丢钥匙就心烦意乱。这些事情我从来没有做过,至少就当时而言,在过去的一两天没有做过。因此,当我妻子读到萨瑟兰的文章时,它对我来说完全不是问题。

但事实上,这是一个大问题,我一看到它就意识到了。我把那份报纸藏了起来,并决定闭口不谈我看过的内容。可惜我没法把互联网藏起来,朱莉最终还是看到了萨瑟兰的文章。那篇文章叫作《虎鲸沙姆教我如何拥有幸福的婚姻》。萨瑟兰在文中说,在展开这项研究之前,她总是对丈夫的各种缺点发牢骚。这么做不管用。事实上,这让事情变得更糟。驯兽师教给了她一个好办法。

"我从野生动物的训练员们那里学到的最重要的一课,"萨瑟兰说,"就是我应该奖励那些我喜欢的行为,忽略那些我不喜欢的行为。毕竟,对一头海狮发牢骚,没法让它把球顶在鼻尖上。"[4] 在海洋乐园,一名海豚训练员给萨瑟兰讲解了**非强化综合征**(least reinforcing syndrome)。如果海豚犯了错,训练员就完全不理它。她甚至看都不看海豚一眼,因为得不到回应的行为往往会不了了之。萨瑟兰还学会了一种技巧,叫作**逼近法**——对方朝着我们想要鼓励的行为迈出的每一小步,我们都要给予奖励。这一小步之后,是下一小步。然后又是一小步。一直这样,直到海狮把球顶在鼻尖上。

在家里,萨瑟兰把她学到的新技能加以运用。如果丈夫把衣服丢到脏衣篓里,她会表示感谢。而那些到处乱丢的衣服,她会选择无视。果不其然,丈夫堆成小山的衣服越来越少了。没过多久,她的"海狮"就可以把球顶在鼻尖上了。

很快,我就发现朱莉也展开了同样的实验。突然,她不再抱怨我的脏衣服。如果我收拾了一些衣服,她还会感谢我,客气得有些过头。当我把脏盘子放进洗碗机而不是堆在水槽时,同样的场景会在厨房里上演。我开始进行一些小测试,果然,朝着正确方向迈出的每一小步,都产生了积极的强化作用。

"你在沙姆[*]我吗?"我问道。

"该死,"她说,"你看到那篇文章了?"

"所有人都看到了,"我说,"这是有史以来被转发得最多的文章之一。"

她笑着说:"好吧,它的确管用。"但笑容马上从她脸上消失了。她突然意识到她可能也有问题。"你是不是在沙姆我?"她问道。

---

[*] 此处作者把"沙姆"用作动词,意为像训练沙姆一样训练人。——译者注

我当时不置可否，现在也是。

我们笑了，因为我们都试图隐瞒这篇文章。接着，我们达成了停火协议。我们都同意不再沙姆对方。但事实上，朱莉仍然在沙姆我。我完全不予理会。仔细想想，这其实是一种很厉害的沙姆柔术。如果她停止训练，我会给她一个奖励的。

☆ ☆ ☆

这种场景会让你不安吗？我奖励朱莉，以引导她的良好行为？你应该不安。反过来也一样。这是伴侣之间相处的一种糟糕的方式。事实上，这也是**人与人**相处的一种糟糕的方式。明白这一点，会帮助我们掌握一种不同的思考惩罚的方式。

彼得·斯特劳森是牛津大学韦恩弗利特形而上学哲学教授。他撰写了20世纪哲学最有影响力的论文之一。它叫作《自由与怨恨》。[5] 在这篇论文中，斯特劳森描述了看待人的两种不同方式。我们可以把人视作受因果律支配的客体——我们可以操纵或控制的东西。以这种方式看待人，就像你看待你家里的电器一样。你调节温控器，是为了得到你想要的温度。你改变微波炉的设置，是为了让它在加热食物的同时不会烧焦食物。你更换暖气的滤网，是为了让它更有效地发挥作用。在所有这些情况下，你调节输入，都是为了改变输出。这正是萨瑟兰对待她丈夫的方式。

斯特劳森说，把人视作物，就是把他们视作"需要管理、处置、治疗或训练"[6]的东西。萨瑟兰并不羞于这样看待她的丈夫。在解释她的实验时，她说她希望"把他推向完美"，"把他塑造成我可能不那么讨厌的伴侣"[7]。注意这里的动词：她希望把他**推向**新的方向，把他**塑造**成更好的样子。在任何意义上，她丈夫都是她的计划的对象——一个可以用她新获得的技能来操纵的东西。

斯特劳森称，萨瑟兰对她丈夫的态度是**客观的**（因为它意味着她把丈夫视作一个客体）。他把这种态度与我们在日常的人际关系中表现出来的态度对比，后者被他称为**反应性**态度。这种态度包括愤怒、怨恨和感激。当我们与他人建立关系时，无论是作为伴侣、同事、朋友，还是仅仅作为人类同胞，我们就对他人的行为产生了某种期望。起码，我们期望他人能以善意对待我们。如果他们做到了，我们会心怀感激。但如果他们没做到，就是当他们恶劣地对待我们时，我们会感到愤怒和怨恨。[8]

斯特劳森说，反应性态度是把他人**当作人**而非物的关键。人要为所做的事情负责，而物不用。温控器坏了，我不会生气。或者说，我哪怕生气，也不是对温控器生气。我气的可能是造温控器的人或装温控器的人，甚至气的是我自己没有买到更好的温控器。愤怒只有在针对一个能负责（或者至少也许能负责）的人时才有意义。这是因为愤怒传达了一个判断——那个人本可以做得更好。

我知道，你可能会说，你有时候会对无生命的物生气。我也一样。我不止一次因为电脑宕机而破口大骂。但是，在对一个物品生气时，我们是在把它拟人化。我们把它当作一个能为其行为负责的人，尽管我们知道它不是。

萨瑟兰则是反其道而行之——把人当作物来对待。事实上，这种做法的内涵更深刻，因为人**也是**客体，也受人操纵和控制。但我们**不只是**客体。我们也对我们所做的事情负责。至少我们可以。而反应性态度，比如愤怒，就是我们互相承担责任的一种方式。

☆ ☆ ☆

"惩罚是什么?"有一天晚饭时,我问我的两个儿子。

"是一种坏事。"汉克说。接着又说:"我们能不能别在吃饭时聊这个?"汉克吃饭的时候不想聊任何不开心的事,或者说不想聊任何事。

但是雷克斯接过了话茬。"惩罚是别人对你做坏事,"他说,"或者他们让你做你不想做的事情。"

"所以,如果你想在外面玩,而我说你必须练钢琴,这就是惩罚你吗?"

"不是。"雷克斯说。

"为什么不是?"

"因为我没做错什么。"

"所以说惩罚是对错误行为的回应?"

"是的,"雷克斯说,"就是别人**因为**你做了坏事而对你做坏事。"

"我们能不能别在吃饭时聊这个?"

☆ ☆ ☆

汉克提前终止了这场对话。不过雷克斯还是对惩罚给出了一个很好的解释。在乔尔·范伯格(Joel Feinberg)之前,人们通常都像雷克斯那样定义惩罚:由权威施加的、针对错误行为的严厉措施。(或者,用雷克斯的话说就是,别人因为你做了坏事而对你做坏事。)

范伯格在亚利桑那大学教哲学。他的一个学生克拉克·沃尔夫是我的第一位哲学教授。另一个学生朱尔斯·科尔曼是我读法学院时的导师。所以就哲学而言，范伯格算我的祖师爷。他也是一位重要的刑法思想家——关于刑法的适当范围和目标的许多权威图书出自他手。

范伯格发现了标准的惩罚概念的一个问题。[9] 我们如果考虑一下橄榄球比赛中对干扰传球行为的处罚（penalty），就能看到这一问题。对干扰传球行为的处罚——对方在犯规地点获得一次首攻——是严厉的。有时比赛的成败就在此一举。而且这一处罚是由一个权威（裁判）针对错误行为（干扰传球）做出的。因此，假如雷克斯的定义是对的，这一处罚就是惩罚。但哪里似乎出了问题。干扰传球当然会受到处罚。但我们并没有为此**惩罚**球员。

再举一个例子。你在大雪天忘了挪车，结果车被拖车队拖走了。这也是一种严厉的处理。你不得不大老远地跑到拖车场，花钱取回你的车。但是，同样的，你似乎受到了处罚而不是惩罚。事实上，要是罚款只包括拖车和存车的钱，甚至很难说你受到了处罚；你只是被要求为你的错误付钱。

在范伯格看来，雷克斯的定义忽视了惩罚的象征意义。惩罚表达了一种反应性态度，比如怨恨和义愤。当国家把某人定为罪犯，把他关进监狱，它就是在谴责他的所作所为。范伯格解释说，"罪犯感受到了狱警和外界赤裸裸的敌意，而且这种敌意还是理直气壮的"[10]，因为它被视为对罪犯的错误行为的合理回应。

如果惩罚是范伯格说的这么回事——一种表达反应性态度的方式——那么我们可以得出两个结论。第一，朱莉让雷克斯坐淘气凳不是真的惩罚他。她只是想让他不再尖叫。她不是真的想谴责他的行为。站在范伯格的角度，朱莉处罚了雷克斯（而且没多少处罚力度）。因此，可能我们关于体育的比喻一直都错了。我们不应该让孩子们坐淘气凳；我们应该让他们坐受罚席。

第二个更重要的结论是，惩罚表达的是反应性态度，所以我们可以正当地惩罚的人是有限的。我们在前文看到了，反应性态度是一种让人们为自己的行为负责的方式。所以我们只应惩罚那些能为自己的行为负责的人。正因为如此，刑法中包含了许多旨在确定被告能否为其行为负责的条款。我们（至少在官方层面上）*不会惩罚精神错乱或失能的人。我们不会惩罚被胁迫犯罪的人。我们只惩罚我们认为本应表现得更好的人。

☆ ☆ ☆

为什么人要为自己的行为负责？这是一个很难回答的问题，我无法在此给出一个全面的答案。但我可以给出一个简单的答案。人有能力认识和回应**理由**，这是单纯的物体——甚至是高级的动物——所不能做到的。我们的驯犬师说，贝莉会不惜一切代价获得它想要的东西。如果咬人能让它获得它想要的关注，它就会死缠烂打。如果不能，它就会停下来，尝试别的办法。当然，它也能克制自己的冲动，至少有那么一会儿。它学会了坐下来等待零食。但是，只有在克制冲动对它有利的时候，它才会这么做。

人与狗有何不同？的确，你会遇到一些你觉得与狗无异的人。我们都认识一些人，他们只会凭着当下的欲望行事。但人们也可以依理由而行事。理由是什么？这又是一个复杂的问题，我只能给一个很简略的答案。但大致上说，理由是**应当**，而不是**想要**。你饿了

---

\* 括号里的内容是为了指出，我们现实中的刑法实践在这一点上并不成功。监狱里有许多人患有严重的精神疾病，他们能否承担道德责任是存疑的。

是我给你东西吃的理由，即使我想看你挨饿。**你痛了**是我从你的脚上挪开的理由，即使我想继续站在上面。**我答应了**是我说到做到的理由，即使我想做别的事情。*

有些人否认这里有什么区别。英国启蒙运动的主要哲学家大卫·休谟说："理性是，也只应该是，情感的奴隶。除了服务和服从情感之外，它永远不能假装有其他的职能。"[11] 这种观点认为，我们与贝莉的相似性比表面上看起来的更大。当然，我可以从你的脚上挪开，即使我想站在上面。但是休谟认为，我这样做，只是服从了另一种欲望——比如不想被你打脸。理性，在休谟看来，帮助我们找出满足我们欲望的方法。理性并不与欲望竞争。

休谟有他的拥护者，但我不是其中之一。我认为理性和欲望是独立运作的。我们的欲望并不总能给出理由（希特勒想要消灭犹太人**不是**他这么做的理由），而且我们的理由往往——甚至一向——不以欲望为基础。（即使我不想还债，我也应该还——这不仅仅是因为我不还债会遭殃。）事实上，我想进一步说，人之所以为人，部分是因为我们能够区分应该做什么和想要做什么。

你没法跟贝莉讲道理。**塑造**其行为的唯一方式是调整对它的刺激措施。但我们可以彼此讲道理。反应性态度就是讲道理的一种方式。你对某人生气，就等于告诉他，他本应该表现得更好。你这样做，他不会觉得愉快。但至少，你是把他当作为其行为负责的人，而不是一个物品或动物。

---

\* 说这些是理由，不等于说它们是**决定性的**理由。虽然汉克饿了是我喂他东西吃的理由，但正如他经常发现的那样，对立的理由也可能成立。例如，如果晚饭快做好了，我们会让汉克等一下，因为我们认为尽量一起吃饭是值得的。

☆ ☆ ☆

现在我们可以看到，萨瑟兰的实验为什么令人不安了。她开始训练她的丈夫后，就不再把他看作一个人，而是把他当作一个她有权操纵和控制的物品。（我希望你在此回想起第 1 章中康德的观点——我们应该把人**当作人**，而不是物来对待。）她不再跟他**讲道理**，而是开始**塑造**他。或者至少在试图训练他时，她是在塑造他。我相信，在其他方面和其他时候，萨瑟兰还是把她的丈夫当作一个人。而且我也不想苛责她。在后文中，我会建议我们有时应该以客观的态度对待人，哪怕是所爱之人。但我依然坚持认为，你不应该沙姆你的伴侣。

☆ ☆ ☆

那你的孩子呢？你应该沙姆他们吗？当然了。每时每刻。至少在他们还小的时候。因为小孩子还**不是人**。至少在我们的意义上还不是人。你没法跟一个两岁的孩子讲道理，讲是非。有时候，你说一句，他们回一句。看上去确实很像在跟他们讲道理。但我敢说，你不是在讲道理，因为他们还不理解想要做的事和应该做的事有什么区别。

我数不清跟我的孩子有过多少次这种对话：

我：你为什么这么做（拿那个东西 / 打他 / 当众脱裤子）?
孩子：因为我想。
我：是啊，但是你为什么想？

孩子：我就是想。

我：是啊，但是**为什么**？你想达到什么目的？

孩子：我就是想。

我：我要告诉你多少次？欲望不是行动的理由。

孩子：得了吧，婴儿潮老人。*我读过休谟。

我：什么？我根本不是婴儿潮一代。我是 X 世代†。

孩子：理性是情感的奴隶。X 世代老人。

我是在开玩笑。不用当真。但是这包含了一个严肃的观点：小孩子没法为他们的行为负责。他们不能可靠地辨别对错。就算可以，他们也往往无法约束自己的行为。他们没有相应的能力。而且这不是他们的错。他们就是这样的。

结果就是，你不能对一个孩子生气。当然了，你还是会生气。雷克斯刚生下来从医院抱回家时，我就对他生过气。一开始他根本不睡觉。朱莉分娩很艰难，所以连着几晚我包揽了喂奶之外的所有事情。抱着哭个不停的雷克斯，我的心中交织着各种情绪，包括**对他的愤怒**。但这股怒火是暂时的，因为这不是他的错，也不可能是他的错。雷克斯不是我们可以生气的对象，因为他无法为自己的行为负责。

你必须对小孩子采取一种客观的态度。他们作为"小"孩子的时间，比你想象的更长，至少持续到 4 岁或 5 岁。但实际上，他们

---

\* 原文为 Ok, Boomer。这是 2019 年开始流行于网络上的一句口头禅，用来嘲讽 1946—1964 年出生的这批老人。——译者注

† X 世代，指 1965—1980 年出生的一代人，形容他们缺乏身份认同，面对着前景不明的未来。——译者注

在六七岁才成为真正的人。在那之前,他们是动物。这种动物可爱极了。他们看上去像人,听起来也有点像人。但他们绝对不是人。小孩子是"需要管理、处置、治疗或训练"[12]的东西。

☆ ☆ ☆

请正确地训练他们。当汉克才一两岁时,我常带他去参加美国体育馆的学前游戏项目。他喜欢一条通往波波池子的跑道。汉克会全速前进,然后突然停下,小心翼翼地跳进池子里。(赫什维茨家的孩子都很谨慎。)汉克不是唯一喜欢这条跑道的孩子,所以一开始就一片混乱,孩子们争先恐后地排队。但是规则很严:前面的孩子爬出池子之前,你不能在跑道上前进。

有一次,我趴在边上,帮两个孩子爬出来。在旁边,有一个(三四岁的)小男孩懒得排队,一次又一次地往池子里跳。有几次差点在半空中撞到往下跳的孩子。但不止一次,他落在了正要爬出来的孩子身上。我示意他的母亲来帮忙。她耸了耸肩说:"他就是这副德行。他是一只小野兽。"

没错,他确实是。我当然没有说出这句话:"但是你的职责是把他变得不一样——变得更好。"

对于成年人,我们有时会说**改造**(rehabilitation)是惩罚的目的之一。对于孩子来说,这个词不合适。那个男孩需要的是**塑造**(habilitated)——让他能够和我们其他人和平相处——这是他首先需要的。

他的母亲应该怎么做呢?首先,她应该阻止他乱跑。**阻遏**(incapacitation,又可译为"剥夺行为自由")是惩罚的另一个目的。

把一个纵火犯关进监狱的好处是，他在里面就不能再放火了。如果那是我家的男孩，我会扯着他的衣服把他拽回来，免得他伤到别的孩子。接着我会蹲到他的高度，看着他的眼睛，然后……把他当作人看。

我是认真的。我前面说，小孩子不是人。但是你必须把他们当作人来对待。你必须告诉他们理由，哪怕他们很难按照理由行事。你必须向他们解释："你不能跳进池子里，**那样会伤到别人。**"而且你必须表现出一种反应性态度。生气是不合适的，因为孩子没有冒犯你。相反，你需要告诉孩子你很失望——你为他所做的事感到难过。如果在这一切之后，孩子还往池子里跳，就该让他罚站了。或者干脆提前结束游戏时间。

就惩罚而言，父母的主要任务是培养一个不会招其他人怨恨的孩子。我对那个男孩感到恼火，担心他会伤害另一个孩子。但我并不生他的气。他这么做不是他的错，因为他还不是那种能够认识理由并依理由行事的生物。他父母的职责就是让他成为这种生物。为此，他们必须让他知道：理由和反应性态度是什么。

☆ ☆ ☆

说到这里，我要提醒你们一点。孩子们是需要体验反应性态度的。但是这事儿也容易做过头。如果你生气了——真的生气了——那你就该"坐淘气凳"缓一缓了。

朱莉和我常常让对方缓一缓。朱莉听到我嚷嚷，就知道我真的生气了，于是立马把我打发走。"行了，你去休息吧。"她说。然后，她心平气和地跟孩子说他到底做错了什么。我也会这样帮她，不过她帮我多得多。与一位社会工作者一起养孩子，真是赚大了。

不过，即使有了正确的心态，你还是必须注意你说的话。你不想让孩子们感到羞耻——让他们觉得自己是差劲的。老生常谈的建议是评价孩子们的行为而不是性格。但这也不太对。当孩子做了好事，你应该表扬他们的行为是他们的性格的体现。你应该说："哇，你愿意分享玩具，真懂事，你是一个好孩子，心里想着每个人。"当孩子做了坏事，你应该批评他们的行为与他们的性格不符。你应该说："独占玩具是不对的。这让我很难过，因为你是一个爱分享的好孩子。"关键在于帮助孩子培养一种积极的自我认知。你要让他们认为好的行为是出自他们的本性——而坏的行为是例外，是可以改正的。

我们在孩子们小的时候，就碰巧用了这些策略，一半是朱莉的社会工作经验，一半是运气。我后来发现，这些策略是有科学依据的[13]。如果你赞扬孩子们的积极品格，把他们当成有责任心的人，那么你很可能会培养出有责任心的孩子。你不能完全控制你孩子的性格。但在一定程度上，你可以塑造他们的性格。这就是为什么沙姆他们是值得的。

☆ ☆ ☆

小孩子长成负责任的大人，不是一蹴而就的。随着他们逐渐获得新的认知能力，这一切都在缓慢发生。一开始——想想我把雷克斯从医院抱回家的第一个晚上——你只是客观地看待你的孩子。但是随着他们的成长，你开始把他们当作人来对待，你会对他们的行为感到愤怒、怨恨和感激等。第一天，你故意装出这些情绪——假装生气,却又忍不住笑。第二天,你真的生气了,因为你觉得孩子本可以做得更好。[14] 如此循环往复,因为孩子的成长是一条回环的线。

汉克刚学会走路的时候,雷克斯的成长突飞猛进。雷克斯当时4岁,肆无忌惮地在家里跑来跑去。汉克不会走路时倒没什么问题,因为雷克斯很容易避开汉克。但汉克会走路之后,雷克斯就会把汉克撞倒,大部分时候是不小心的。雷克斯朝着汉克撞来。汉克号啕大哭。雷克斯就立刻开始法庭辩护。

"我不是故意的。"如果我们俩有人看到了,他就会这样说。

他以为这样就可以完全洗清罪名。但是他很快就明白了,这只是对他可能面临的最严重指控——故意伤害罪——的辩护。于是,我向他介绍了过失(negligence)的概念。我解释说他必须小心点儿对待汉克。我还告诉他我从法学院的同事玛尔戈·施兰格那里学来的话:"我很高兴你不是故意这样做,但是你应该故意不这么做。"

这是一个微妙的道理,但雷克斯很快就学会了。他还是会撞倒汉克。汉克依然会号啕大哭。但是雷克斯有了一个新的说法。

"我已经努力小心了。"他说。

于是我教了他更多关于过失的知识。关于侵权的法律不关心你是否努力小心行事。它只关心你是否小心行事。法律关心的是你的行为,而不是你的心理状态。这样做有很多原因,其中一个就是,人们很容易假装已经小心了,而实际上并没有,就像雷克斯经常做的那样。

"我很高兴你努力了,"我说,"但光努力是不够的,你必须小心行事。"然后我让雷克斯坐了淘气凳。

这应该是雷克斯第一次受到严肃的惩罚——无论是对我们而言,还是对他而言。对我们来说,这是严肃的惩罚,不是闹着玩的。我们是要批评他做的事情——并指出他应该做得更好。但它的意义不仅如此。我们觉得我们必须保护汉克——并明确地告诉雷克斯他要照顾汉克。

对雷克斯来说,坐淘气凳也是严肃的,因为他发现我们是真的很生气。他看到我们期望他做得更好,因此感到抱歉。有时他受不了我们严厉的指责,索性赖在地上不起来。

在维护汉克让雷克斯小心地对待他的权利时,我们实现了一部分矫正性正义。雷克斯的行为,表现得好像他不用在乎汉克一样。我们明确地指出,他需要在乎汉克。而且我们不是说说而已。我们让他为自己的疏忽付出了代价。

我们也实现了一部分报复性正义。

报复性正义是什么?我们已经把这个问题搁置了一段时间,现在终于可以说了——并且看看为什么有时施加痛苦是有道理的。如果说矫正性正义是为受害者申冤,那么报复性正义就是对加害者的谴责。它要求我们暂时降低他们的社会地位,作为对他们所做的事情的反对。惩罚是一种信号,表明你已经失去了地位,因为你受到了你通常有权免受的严厉对待。[15]

这一点在成年人的例子中更容易看出来。我们想一想布罗克·特纳在斯坦福大学的派对上性侵香奈儿·米勒一案的判决。[16] 检察官要求 6 年的刑期,但法官只判处了 6 个月。这一判决激起了众怒[17],而且是理所当然的。但我想问:它错在哪里?是因为它没有平衡某种宇宙的账本吗?如果是的话,施加多少痛苦才能让账本收支平衡?我们又如何把它转化为具体的刑期?

我认为,这一判决之所以有缺陷,有更实际的理由。它给米勒和特纳传递了错误的信息。这么短的刑期,不足以为米勒申冤。它似乎暗示发生在她身上的事是无关紧要的——或者更糟糕，**她**是无关紧要的。（在加利福尼亚州，你可以因为轻微的盗窃——偷窃少于950美元的东西——而被判入狱6个月。[18]）这一判决是矫正性正义的失败。并且，它也没有实现报复性正义。它暗示特纳的行为并没有多么恶劣——他应该在短暂"坐过淘气凳"之后被社会重新接纳。

我们国家在监狱中服刑的人比例之高令人震惊——比任何其他国家都高[19]。我们应该少监禁一些人。但我不支持完全废除监狱。当人们虐待他人时，我们应该追究其责任，监禁就是一种恰当的方式。把某人关进监狱表明他暂时不适合与我们一起生活。这意味着我们不信任他，我们需要让他面壁思过。针对某些罪行，这是一种恰当的惩罚。

或者说，假如我们的监狱没有这么糟糕的话，这本该是一种恰当的惩罚。有时候，我们有正当的理由把某些人从社区中分离出来。但我们没理由把他们塞进人满为患的监狱，他们在其中面临着来自囚犯和看守的严重暴力风险，他们的健康需求被无视，并且受到非人的对待。一个人做了坏事，哪怕罪大恶极，依然是一个人。我们不尊重犯错者的人性，就是不尊重我们自己的人性，因为我们暗示人性是很容易丧失的。

再说，我们别忘了，在几乎所有案件中，我们都将再次和我们关押的人一起生活。惩罚应当保留我们和谐共处的可能性；事实上，它应该加强这种可能性。如果我们以非人的方式对待他人，那么当他们以牙还牙时，我们不应该感到意外。但反之亦然，如果我们以尊重的态度对待他人，他们更有可能对我们投桃报李。有时候，惩罚是必要的，甚至是严厉的惩罚——与亲友分离。但是，我们也可以谴责他们，而不是让他们在监狱里过着危险和凄惨的生活。

不过，你可能会想：如果我们所传达的信息才是重点所在，并且如果监狱往往是恶劣的地方，那么我们为什么不单凭语言来谴责犯错者？我们为什么必须把他们送进监狱？答案是，语言无法传达所有信息。正如我们常说的，行动胜于雄辩。你会相信一个口口声声说爱你，却从未表现出他爱你的人吗？我对此表示怀疑。而**斥责**（disapproval）起到了同样的作用。你可以说你对某人的行为生气，但只要这不影响你对待他们的方式，他们就不会认真对待你。

我们为什么要施加惩罚？我们已经看到了许多理由：威慑、改造、阻遏。但首要的理由**是**报复。我们施加惩罚，是为了表达一种谴责。当某人理应被谴责时，报复性正义就要求这种惩罚。

☆ ☆ ☆

这并不意味着我们总得这么做。有时候，我们可以把正义搁置一旁。事实上，有时候，我们应该这么做。

我曾经担任露丝·巴德·金斯伯格的法律助理。我从她那里学到了很多法律知识，也学到了很多人生道理。大法官和她的丈夫马蒂有一段尽人皆知的成功婚姻。因此，人们经常向她寻求感情方面的建议。她会传授她婚礼前夕婆婆给她的嘱咐。"在所有幸福的婚姻中，"她的婆婆说，"有时装聋作哑是有帮助的。"[20]

她的意思是：你用不着认真对待每一件鸡毛蒜皮的小事。事实上，如果你忽略一些，你的生活会更好。切换到客观的视角是有帮助的。在沙姆丈夫时，萨瑟兰发现了这一点。"我以前从个人情感角度看待他的错误，"她解释道，"他把脏衣服丢在地上是跟我作对，表明他不够在乎我。"[21]但当她用客观的眼光看待他时，她意识到这种行为其实与她无关。有些习惯，她开始明白，只是"太根深蒂固，太本能，无法通过训练去改变"[22]。

客观的态度帮助萨瑟兰释放了她的怨恨，这一点斯特劳森不会感到意外。总是以客观的态度对待他人是危险的；它会威胁到他们的人性——以及你自己的人性。你如果不把他人看作负责任的，就不能把自己看作权利的拥有者，因为它们是同一枚硬币的两面。但是，即使斯特劳森也认为，客观态度有时候是有用的。他说，我们可以接受这种态度，"把它作为逃避卷入压力的避难所，作为政策的辅助手段，或者仅仅出于理智的好奇心"[23]。

我依然坚持在前文中说的话：你不应该沙姆你的伴侣。但是，某些时候采取客观态度是有好处的。我们不是完全理性的生物。我们可以分辨出理由并依理由行事。但我们无法分辨出所有理由，甚至也无法依照分辨出的所有理由行事。我们应该尽力为彼此性格中根深蒂固、难以改变的部分留出空间——并寻找宽恕。

这一点对孩子来说其实不是问题，因为他们的性格还没定型。但是疲惫、饥饿和压力也会损害我们对理由做出反应的能力。这对成年人来说是真的。（当朱莉饿得发慌的时候，千万别惹她。）对孩子们来说，更是如此。他们在累或饿的时候表现得最差。这种情况在我们家引发了一些争执。朱莉常常对这些坏行为轻描淡写。她会说："让他睡觉去吧。"而我想要做出回应，免得孩子觉得疲惫是一个万能的借口。回想起来，我认为我俩都是对的。或者，更确切地说，金斯伯格大法官是对的。有时候，你可以对孩子们宽容一点。

我们可以把这些观察放大。我们的社会是惩罚过度的。我们监禁了许多在疲惫、饥饿或压力下犯下轻罪的人。我们需要改善监狱外的世界，让更少的人沦落到监狱里。但在我们做这些的同时，我们应该记住：我们没必要谴责我们看到的所有错误。有时候，事实上，放过一些事情可以是一种不同的、更深刻的正义。

☆ ☆ ☆

我们俩有时会和孩子们挤在一张床上，一起进行睡前阅读。汉克8岁的一天晚上，他正在看一本关于视频游戏《我的世界》的书。到了关灯的时候，他却不想停下来。

"汉克，该把你的书收起来了。"朱莉在警告几次后说道。

"不要。"汉克坚决地说。

"我不是在问你，汉克。时间不早了，该睡觉了。"

"我不要停。"他说着，又翻了一页。

"如果你不停下来，明天就不能玩《我的世界》了。"

这可是个严厉的威慑——当时正值疫情期间，《我的世界》是汉克的主要社交方式。

"你不能叫我停止阅读，"汉克说，"我不用听你的。"

"你必须听，"朱莉伸手从他手里拿走了书，"而且你最好别再这样跟我说话。"

"我想怎样说话就怎样说话。"汉克说。

这句话简直是不识时务。第二天，《我的世界》很快就没得玩了。

朱莉给汉克盖好被子，几分钟后，我走进他的房间跟他说晚安。他委屈巴巴地缩成一团，对着墙壁哭。

我坐在他身边。"看样子你今天晚上不够懂事。"

"是的，"他哭着说，"但我不敢相信你们因为这个批评我。"

"但是，你不懂事。"我说。

"我知道，但你们批评我是不公平的。**我的日子不好过**。"

我忍住不笑。汉克可真是个好律师，一个劲儿地找借口。不过，这个理由不能让我信服。他闯了大祸，尽管他的日子确实不好过。

但我还是给了他一个拥抱。我告诉他我爱他。我说了几个冷笑话，把他逗笑了。

汉克收到了"《我的世界》没得玩了"这一信息。他知道自己表现很差。但我不希望他最终只收到了这一条信息。他是我们家的一分子，而且永远都是，无论表现得多差。

# 第 4 章
# 权威

"你管不着我。"雷克斯说。

"我管得着。"

"不,你不能。"

"去你的。"

☆ ☆ ☆

就是这样,这就是全部故事。只是我没说"去你的"。我只在心里和梦里说了。因为**没有什么**比一个不肯穿鞋子的孩子更让人火大了,尤其是在要出门的时候。

"把你的鞋子穿上。"

沉默。

"把你的鞋子穿上。"

令人抓狂的沉默。

"雷克斯,你得穿鞋。"

"不穿。"

"雷克斯,你必须穿鞋。把它们穿上。"

"不穿。"

"**把你的鞋子穿上。**"

"为什么?"

因为它们能保护你的双脚。因为它们能让你保持干净。因为全世界都有个标志,上面写着:不穿鞋子,恕不接待。

还有一个理由:**因为我是这么说的**。

"不穿。"

"好吧。等到了那儿再穿。"

这段对话是什么时候发生的?我不知道。什么时候没发生过?

雷克斯在幼儿园就学会了"**你管不着我**"。当时他 3 岁或 4 岁。但比这时候更早,他就已经活出了"**你管不着我**"的信念。这是小孩子的信念。

他们也许会听你的话。但只是在合他们意的时候。

☆ ☆ ☆

我管得着雷克斯吗?要看"管得着"是什么意思。

我确实对雷克斯管这管那,也就是让他听我的。但从上面的故事可以看出,我常常是白费力气。

哲学家们区分了权力和权威。[1] 权力是按照自己的意志改变世界的能力——让世界变成你想要的样子。你对一个人有权力,就是你能让他做你想让他做的事。

我对雷克斯有权力。必要的时候,我可以直接给他穿上鞋子。我也这样做过。但我还有其他的办法达到我的目的。我可以不给雷克斯他想要的东西,直到他听我的话。或者给他一个奖励。或者说服他（尽管不大可能）。更好的办法是哄骗他（在很长一段时间里，**"你想干什么都行，只要别穿鞋子就行"** 这句话是让他穿上鞋子的最快方法）。

雷克斯也对我有权力。老实说，如果你算一笔账，很难说我们俩谁更成功地让对方服从于自己的意志。雷克斯推不动我。但他可以躺在地上，瘫成一团，或者在大多数情况下只是表示抗议，直到他得到他想要的。他也可以装作可爱的样子，以此拿捏我。这一招常常管用。这说明了一个道理：即使在最不对等的关系中，权力也很少是单方面的。

但权威通常是。雷克斯和我在不同程度上对彼此有权力。但只有我对他有权威。什么是权威？它是一种权力。但它不是对一个人的权力，至少不是直接的。**权威**是对一个人的权利和责任的权力。[2] 你对另一个人有权威，就是你能光靠命令就让他**有义务**做某件事。这并不意味着他会做。人们并不总是做他们有义务做的事。但权威意味着，如果他不做，他就违背了他的责任。

当我让雷克斯穿鞋或者最近让他洗碗的时候，我就让做这些事成了他的责任。在我告诉他洗碗之前，洗碗不是他的责任。如果他洗了，那太棒了！但如果他不洗，我也没资格生气。一旦我告诉他洗碗，情况就变了。他洗碗不再是什么了不起的事，而是理所当然的事。如果他不洗，我就会生气。

哲学家们用抢劫来说明权力和权威的区别。[3] 你走在街上，一个人拿着枪让你把钱全交出来。他对你有权力吗？当然有，你必须掏钱。他有权威吗？没有。在他提出要求之前，你没有义务给他钱；在他提出要求之后，你也没有义务给他钱。事实上，你完全有权利让他滚蛋（不过我不建议这样做）。

把抢劫和每年的税收账单对比一下。政府也让你交钱。如果它得不到它想要的，它会把你关进监狱。所以它有权力。它有权威吗？嗯，它当然说它有。在政府看来，你有义务纳税。但你真的有义务吗？在民主国家，很多人会说，是的，你有义务缴纳政府说你该缴的税。

☆ ☆ ☆

然而，罗伯特·保罗·沃尔夫并不认同这种观点。他认为政府不能单方面强制你去做任何事情。实际上，他甚至怀疑任何人能否仅凭说你必须做某事，就让你有义务做这件事。

沃尔夫的学术生涯始于20世纪60年代，其间他曾任教于哈佛大学、芝加哥大学、哥伦比亚大学和马萨诸塞州立大学——对于一个公开的无政府主义者来说，这是一组令人印象深刻的院校。那是因为沃尔夫不是那种在街上捣乱和搞破坏的无政府主义者（至少，在我眼里不是）。相反，沃尔夫是一个**哲学上的无政府主义者**，这是一种别致的说法，意思是他对所有的权威主张都持怀疑态度。

为什么？沃尔夫认为，我们理性思考的能力让我们为自己的行为负责。不仅如此，我们有义务把自己的行为想透彻，从而为其**负责**[4]。在沃尔夫看来，一个负责任的人旨在——根据他自己深思熟虑后做出的决定——**自主地**行动[5]。这个负责任的人不会认为自己可以随心所欲；他会意识到自己对他人负有责任[6]。但是他坚持认为，他自己，也只有他自己是这些责任的仲裁者。

沃尔夫认为，自主和权威是不相容的。[7]要想自主，你必须做出自己的决定，而不是服从别人的。但服从正是权威所要求的。沃尔夫说，按照别人告诉你的去做也许没什么不好。但你永远不应该只是因为别人告诉你，就去做。你只应该在你认为那是正确的事情时，才去做。

☆ ☆ ☆

沃尔夫的结论比看上去更激进。他不仅说你在服从权威的命令之前应该思考，他还说那些命令无关紧要——没有人能够仅仅凭借说你应该做某事，就强迫你去做——不管是警察、父母、教练、老板，还是谁。*

这让人惊讶。不久，哲学家们就指出了沃尔夫的论证存在的问题。最主要的批评者是一个名叫约瑟夫·拉兹的人，他长期担任牛津大学的法哲学教授。

拉兹认为，沃尔夫忽视了理性的运作方式的一些重要方面。有时候，当你思考你应该做什么时，你会发现你有理由听从别人[8]——有理由按照他们的指示去做，而不是自己决定。

要理解拉兹的意思，可以假设你想学习烘焙，所以报了一门课程。你的老师是个烘焙能手。现在他正在发号施令。**量一量，搅一搅。揉面团。别揉过头**。你应该按他的命令去做吗？

沃尔夫会让你对每条命令都打问号。他每次都会让你问自己：这**真**的是我应该做的吗？可是**你**怎么可能答得出这个问题？你对烘焙一无所知。这不就是你来上课的原因吗！你的无知正是你听他的理由。

---

\* 至少，在你成年之后，谁也不能这样做。沃尔夫说，孩子所承担的责任与他们理性思考的能力成正比。

而且，你这样做也不等于失去了自主性。当然，这时你是在照别人说的去做。但这仅仅是因为**你**认为应该服从他的判断。[9]当然，你要是经常这样做，你的自主性就会受损。但是，偶尔的服从——当你认为这是正确的事情时——与自我掌控的原则并不相悖。

☆ ☆ ☆

我父亲总是被雷克斯和汉克挑战我的权威的方式逗得哈哈大笑，因为他觉得这是我应得的报应。

我的母亲十分独断专行。她喜欢立规矩。而我不喜欢守规矩。从我小时候起，我们就在"争斗"中。

她一下命令，我就立刻追问"为什么"。

"因为我是这么说的。"她说。

"**这不是理由**。"我断然回应。我那时候就是个4岁的哲学无政府主义者。

"这就是你能得到的唯一理由。"她说。而且她很固执。所以她永远是对的。

每当我望着父亲求助，他都会说："听妈妈的话。"这句话和**"因为我是这么说的"**一样让我恼火。

"我们为什么要生活在这个女人的暴政之下？"我心里想。当然，不是4岁的时候。但14岁的时候肯定是这样想的。

现在轮到我成了那个说**"因为我是这么说的"**的人。

我不喜欢说这句话。而且通常我会避免首先使用这一招。当孩子们问为什么时，我更愿意解释我的想法。但我并非总有时间。我也不总是有心情跟他们长篇大论——部分原因是他们总是揪着旧事不放。

另一方面的原因是,即使我解释了,他们也未必能认同我的看法。这没什么大不了的。他们可以尝试说服我。有时候他们做到了。但如果他们失败了,我的意见就会占上风。这就意味着,"**因为我是这么说的**"往往是我给出的最后一个理由,即使不是第一个。

☆ ☆ ☆

但是,老实说,"**因为我是这么说的**"不算**真正的**理由。这只是父母在没有真正的理由,或者不想给出理由时,说的一句话。4岁时我反驳母亲的话是对的。

也不全对。拉兹让人们看到,"**因为我是这么说的**"在某种程度上也可以是一个理由——甚至是一个决定性的理由。在适当的情况下,一个人**可以**光靠命令就决定另一个人应该做什么。

什么时候呢?拉兹用诸如烘焙课的案例说明,你有义务遵从别人的命令,只要这样做能帮助你更好地完成你应该做的事情。[10]如果你在烘焙,身边又有一位烘焙专家,你就应该听他的话;否则你的蛋糕就不会做得那么好。如果你在打篮球,你的教练制定了一套战术,你就应该按照战术的要求去做;否则你就会和队友不协调。

在拉兹看来,权威的意义在于为其服从者提供服务。他把他的观点称为**服务性权威观**[11]。他说,一个权威应该考虑其服从者拥有的所有理由。然后,他应该发布命令,帮助他们完成这些理由所要求的事情。如果服从命令比起自己做决定能更好地完成任务,那么,命令就是有约束力的,是服从者有义务遵守的。

一个权威可能有很多种方式来提供这样的服务,我们已经看到了两种方式。

第一，权威可能比其服从者知道得更多[12]。也就是说，他可能拥有更多的专业知识。你的那位出色的烘焙老师就是因此获得权威的。同样，资深的外科医生告诉新医生该怎么做，也是如此。他的经验意味着他能做出更好的判断，知道需要做什么。

第二，权威或许能够帮助集体实现一个个人无法实现的目标。通常，一个权威通过使集体保持一致来做到这一点。哲学家把这些情况称作**协调问题**[13]。一个典型的例子出现在我们开车时。我们必须和其他人开在同一边的道路上；否则我们就会相撞。但是我们开在左边还是右边并不重要；我们只需要选一边。通过制定交通规则，一个交通权威协调了每个人的行为，帮助我们避免了人人按自己决定行事将会出现的混乱。

在道路的哪一边行驶，这是个**单纯的协调问题**，因为答案无关紧要，我们只需要达成一致。但并不是所有协调问题都如此单纯，因为有时候有些解决方案比其他的更好。再次以篮球为例。球队采取什么战术是很重要的，因为有些战术比其他战术更有可能成功。但更重要的是，每个球员都采用同一套战术，哪怕可能有更好的战术。

让球员们步调一致，是树立篮球教练权威的理由之一。如果他能让他的球员同心协力，那么"**因为我是这么说的**"就是球员照他说的去做的理由。比赛结束后，他们可能对教练的安排有异议。但如果他们在比赛中不遵从他的指示，肯定会比在服从他的时候打得更烂。

但重要的是要明白，"**因为我是这么说的**"是球员们的理由，而不是教练的理由[14]。教练应该能够解释他为什么做出这样的选择。他的权威并不意味着他可以随心所欲。他应该努力制定出最好的战术。他的工作是帮助他的球员做**他们**有理由做的事——想必就是赢得比赛。而他的权威取决于他把这件事做好的能力。*

拉兹认为父母也是一样的。如果他们有权管自己的孩子，那是因为他们可以帮助孩子比孩子独立完成任务时做得更好。作为决策者，父母有很多优势。首先，他们知道孩子不知道的事情。例如，我知道孩子需要多少睡眠，我也很清楚他们睡不好会发生什么（其后果堪比恐怖片）。所以，我给孩子定的睡觉时间，比他们自己定的要好。

不过，知识并不是父母能比孩子做出更好决定的唯一理由。大多数父母比小孩子有更强的自制力。的确，比孩子的自制力更弱，那可不容易。孩子们往往只关心现在、立刻、马上发生的事。而父母能从长远的角度考虑，这往往对孩子有利。

另外，父母能帮孩子们解决协调问题。例如，我们可以制定一个练钢琴的时间表，确保两个男孩在睡觉前都能轮到。或者，我们可以让汉克把洗碗机清空，这样等到雷克斯洗碗的时候里面就是空的。当然，事情从来没有这么顺利。但原则上，是可以的。所以我们一直在努力。

通过这样或那样的方式，父母可以帮助孩子比他们独立完成任务时做得更好。这就意味着**"因为我是这么说的"**对孩子而言可以作为一个理由。当然，这个理由背后总是隐藏着更多理由——父母做出他们决定的理由。这些理由才是我小时候特别想听到的。我想

---

\* 他当然有可能犯错。每个教练都可能会有失误。在拉兹看来，问题在于他的命令能否在整体上帮助球员比他们自己时做得更好。偶尔的一个失误没什么问题。但屡次失误就有问题了。

让妈妈告诉我她为什么做这个决定,这样我就可以和她争论了。

她可不会这样做。我稍微宽容一些。我希望,我的孩子们学会做决定。这样我就不用一直为他们做决定了。我也希望,他们成为那种能把问题想透彻的人。所以我尽可能多地分享我的想法。但是,我仍然有充分的理由说"**因为我是这么说的**"。这句话可以结束一场没完没了的对话,或者在对话开始前就阻止它。

这是一个微妙的平衡,我并不总是能做到。当孩子不听你的话,而事情又需要马上做好的时候,真是让人抓狂。有时候,我听到,我妈妈的那些话也从我的嘴里蹦出来。"你不需要问为什么。你只要听着就行了。"但我还是努力地提醒自己,他们有理由想知道为什么。的确,他们应该得到解释,如果不是现在,那就是以后。但同时,我也希望他们学会:有时候,我们必须承认他人拥有解决某个问题的权威。

☆☆☆

拉兹或许是世界上研究权威的最权威学者。他提出的权威应该为其服从者服务的观点吸引了很多人。而且他的影响远不止于此。他还塑造了几代哲学家思考法律和道德的方式。但是,拉兹对我人生最大的影响不是来自他的作品,而是来自他的一次善举。

我是靠罗德奖学金去牛津大学的。获得奖学金后,你必须申请那里的一个专业。我向哲学系提交了申请,但很快被拒绝了。他们认为我应该学政治。我对政治不太感兴趣,于是申请了法学院,想着先学点法律知识,也许将来能成为一名坐着飞机全球跑的律师。

但我放不下哲学。到了牛津大学,在法学课之余,我开始去听哲学课。我喜欢上拉兹的课。他很严厉。但他的主题和我的兴趣相合。他讲的是法哲学。而且我发现，在牛津，你可以获得这个专业的博士学位。于是，我去询问能不能转专业。有些人说不能。太晚了。我不符合条件。这些都是事实。但后来我问了拉兹。他说可以。更棒的是，他收了我做他的学生。这简直是大发慈悲——这会给他添不少麻烦——我至今仍心怀感激。

我是怎么报答拉兹的呢？嗯，还记得我小时候的那股反叛劲儿吗？这种性子延续到了我的学术生涯。我一成为拉兹的学生，就立志要证明他关于权威的理论是错的。[15] 而且这不是小修小补就行的小错，而是需要彻底推翻重来的大错。

拉兹并不介意。或者说，即使他介意，他也没告诉我。而我不相信他会介意，因为哲学就是这样运作的。你说了一些东西，然后世人就会设法证明你错了。这可能会令人沮丧，但人们无视你的作品就更惨了。你要是没写过值得批评的作品，就等于没写过有价值的作品。

戈登·拉姆齐——那位出了名的脾气暴躁的主厨——可以让我们看出拉兹对权威的论述有何缺陷。多年前，他主持了一档叫《厨房噩梦》的节目。在每一期节目中，拉姆齐都尝试拯救一家濒临倒闭的餐厅。有时候，他待在厨房里，看着那几个可怜的家伙把饭菜做得一团糟。拉姆齐的脸越来越红，等到怒不可遏的时候，他就开始大声地发号施令，告诉他们怎么做才对。整个过程非常令人不安，因为没有必要那么刻薄。但它也非常令人满意，因为拉姆齐在某种意义上，是在为你在那些不在乎做得好不好的餐厅吃过的每一顿饭而发泄。

那些厨房里的厨师有没有义务听从拉姆齐的命令呢？拉姆齐曾

经经营过米其林星级餐厅,所以我们有把握认为他是一位靠谱的厨师。当然,你会期待他比那些经营失败的餐厅的厨师更有天赋。所以,假如拉兹说得对,那些厨师就应该照拉姆齐说的去做。事实上,如果他们不这样做,他们就违背了自己的职责。

现在,我想稍微改变一下故事。忘了这个节目。想象一下,拉姆齐和他的家人出去吃饭,作为一家普通餐厅的普通顾客,身边没有摄影机跟着。他点的汤上来了,他尝了一口,觉得很难喝。他立马站起身,冲进厨房大声地发号施令,就像在节目中那样。厨师们一头雾水。但其中一人认出了拉姆齐。

"他是戈登·拉姆齐。"他小声地告诉疑惑的同事们。

这下大家都知道了:这个大声发号施令的人并**不是**疯子。事实上,他是这间厨房里最好的厨师。大家是有义务按照他说的去做呢?还是可以对他说"滚出去,戈登"?

我是"滚出去,戈登"一派的。拉姆齐做得更好的事实并没有给他指挥别人的权力。在《厨房噩梦》里,厨师们同意参加节目,所以他们可能有义务配合节目的设定。他们有义务,如果有的话,是因为他们同意参与,而不是因为拉姆齐比他们做得更好。拉姆齐的才华并没有给他随时闯进厨房发号施令的权力。*

这说明拉兹是错的;一个人能帮助你做得比你自己时更好,并不意味着他有权指挥你 16。当然,听他的话可能是明智的,因为那样你会做得更好。但你没有**义务**听他的。在生活中的很多方面,你有自由犯自己的错误。如果你想在你的厨房里做一碗难喝的汤,那是你的事。戈登·拉姆齐没有资格要求你照他说的去做。

---

\* 如果拉姆齐随意地冲进厨房,他的行为可能会被视为"非法侵入",但我认为他不拥有权威的原因不在此。他如果坐在餐厅的柜台前对着备菜的厨师发号施令,也是越界的。

☆☆☆

所以我们需要一种新的权威观,而像往常一样,汉克可以帮到我们。他与政治哲学的第一次交集,发生在他 7 岁那年,当时我们刚看了迪士尼改编的《长发公主》音乐剧。他想弄明白国王为什么能随心所欲地指挥别人。

"光凭你叫**国王**,并不能表示你说了算。"他冒出一句。

"在很多国家,"我解释说,"就是国王说了算。但是人民不喜欢这样,所以一些国家废除了国王制度。有些国家保留了国王,但他们已经没有实权了。"

"可是**国王**这个词本身没有什么意义,"汉克坚持说,"光凭别人叫你**国王**,你无权去指使任何人。这只是个词而已。"

"没错,"我说,"国王只是一个词语。在有些国家,他们用其他的词来称呼最高统治者,比如**皇帝**或**沙皇**。"

"但人们怎么称呼你并不重要,"汉克说,"你的名字不能代表你说了算。"

"你说得对,但**国王**不是一个人的名字。它是一份工作的名称。拥有这份工作才让你说了算。"

"国王是一份工作?"汉克问。

"是的。这就像当教练一样。布丽奇特教练管你们足球队,是因为她的名字叫布丽奇特,还是因为她是教练?"

"因为她是教练,"汉克说,"教练有各种各样的名字。"

"是的。国王也一样。重要的是做什么工作,而不是人们怎么称呼他们。"

☆ ☆ ☆

在那段对话中，我和汉克开始了对更好的权威理论的探索。有些工作让人们具有权威的地位。这些工作很容易罗列出来：老板、父母、教练、老师、交警等等。担任这些角色的人都声称他们光靠命令他人就能让他人（至少是某些人）有义务采取行动。要判断他们是否有这种权力，我们应该问这些角色是否有价值——我们是否希望这些角色出现在我们的生活中，人们是否应该拥有与这些角色相匹配的权力。但我们不应该孤立地考虑这种权力。我们应该将其与角色的其他因素联系起来考虑。[17]

让我举个例子说明我的意思。做父母就是扮演一种角色，此角色有诸多特征。你如果要向某人解释这一角色，很自然地，你会从父母的责任开始。你要喂饱你的孩子，保护他的安全，等等。你有义务确保孩子成为一个合格的成年人。这意味着你要教会孩子在各种情况下该如何思考和行动。

如果没有对孩子提出要求的权利，你就很难做到这一切。例如，我们要求孩子做家务，以便他们将来能够照顾自己。我们也希望他们将参与集体项目，比如保持屋子的整洁，视为自己的责任。此外，我们还规定了孩子睡觉的时间，以便他们能够得到充足的睡眠。

为什么父母对他们的孩子有权威？因为他们对孩子负有责任。父母的权利和责任是"一揽子交易"。我们可以用不同的方式来照顾孩子。我们可以让村庄来代替父母。在某种程度上，我们就是这样做的。但是，让父母承担主要责任是有充分理由的，特别是因为他们很可能对自己的孩子有特殊的感情。

你可能听说过"彼得·帕克原则"*：**能力越大，责任越大**。¹⁸我要告诉你的是"帕克·彼得原则"：**责任越大，能力越大**。这个说法不总是对的。但它适用于父母的权威。你有资格管你的孩子，因为照顾他们是你的工作。

请注意这个故事与拉兹的故事的不同之处。对拉兹而言，父母之所以有权威，是因为管孩子他们很在行。但是还有很多人可以称职地管孩子。当我孩子还小的时候，他们遇到的几乎每个成年人都能帮助他们做出更好的决定。（回想一下，雷克斯甚至不愿意穿鞋。）但这些成年人没有一个有管我孩子的权威，†除非他们扮演了某种针对我孩子的权威角色¹⁹。

这里的道理在于，权威依附于角色，而不是人。我可以给我的孩子定规矩，是因为我是他们的父亲，而不是因为我定规矩很在行。话虽如此，假如我真的很不擅长这项工作，我照样应该放弃它。能力很重要，但它并不赋予我们权威。能力是做父母这桩"一揽子交易"的一部分。

---

\*  彼得·帕克是著名漫画人物"蜘蛛侠"的真名，这句话出自彼得·帕克的叔叔本杰明·帕克。——译者注

†  这种说法有点太简化了。可以管我孩子的人大多扮演了某种针对我孩子的权威角色，比如教练、老师或保姆。当我的孩子去另一个孩子的家时，在场的父母确实有权管我的孩子。他们有一部分权威是基于地点的：房子的所有者有资格决定在其中可以做什么。（所有者是一种权威角色，他的权威针对的是某项财产及他人与该财产的关系。）但是，他们还有一部分权威是由于他们在某一时刻代替了我们的角色——临时占据了本应由我们来扮演的角色〔法学上认为，他们代行父母之责（loco parentis）〕。我一出场，这一部分权威就回到我手上了。

☆☆☆

那么其他权威呢？关于这些权威，我们可以讲出类似的故事吗？也许可以，不过我们应该预料到不同的角色有不同的故事。例如，老师对孩子的责任比父母更加有限，这就限制了他们的权威范围。他们要负责学生在校期间的安全和更广泛范围的教育。他们可以发出命令来履行这些职责。但他们无法决定孩子在家吃零食的次数，或者看电子屏幕的时间。他们如果对这些问题有意见，只能给父母提建议；他们不能发号施令。

但并不是所有的权威都以责任为基础。工人们大部分都是成年人。雇主不是父母。那么，老板为什么可以管身边的人？老板确实担负着责任——对他们自己的老板、对客户、对股东等人的责任——而且等级明确的决策有助于履行这些责任。在某些方面，老板类似于篮球教练，他帮助协调行为，使团体能够完成个人无法独立完成的事情。由老板来管身边的人是有用的，但这一事实并不能解释为什么他有资格这样做。毕竟，老板不能管身边的所有人；他只能管他的员工。

为什么是员工？因为他们签了工作合同。这一点似乎是重要的。而且他们如果愿意也可以放弃这份工作。这一点似乎也是重要的。我们可以总结说，员工同意老板管他们。被管是他们的选择，大概是因为他们喜欢随之而来的报酬。

这个故事的问题是，它几乎纯属扯淡。大多数工人是出于经济需求而工作的。他们需要支付食物、住房和一大堆必需品的费用。这意味着他们**不能**自由地辞去工作，至少在找到另一份工作之前不能。顶多，他们可以选择他们的老板。但他们不能选择摆脱所有老板的束缚。而在工作机会稀缺的时候，他们连选择老板的自由都没有。

更糟糕的是，在美国，我们赋予老板近乎独裁的权力。大多数员工都可以随意被解雇——出于任何理由，或者根本毫无理由。[*]这使得雇主对员工的生活几乎有无限的控制。你的老板可以因为你在草坪上放了一个政治标志而解雇你[20]，或者因为你的发型不是他喜欢的样子而解雇你[21]，又或者因为你表现太好抢了他的风头而解雇你。

如果上面的话让你觉得我认为这种行为是糟糕的，那么你说对了。作为一名终身教授，我是为数不多的不怕老板一时冲动的美国人之一。除非有充分的理由，否则我不能被解雇，所以我才可以想说什么就说什么。我也不必担心明年会不会被续聘。我的工作一直是我的，除非我不想干了。

有的人认为我不应该得到这种保障；他们希望废除终身制。为什么教授能得到这么好的待遇，而美国的其他人却要忍受经济的不安全呢？我认为，更好的做法是，把问题反过来问：为什么我们要允许这么多的美国人生活在经济的不安全，以及这种不安全给他们的雇主带来的权力中呢？

如果你对这个问题感兴趣——我希望你感兴趣，无论你是老板还是员工，或者既是老板又是员工——我有一位哲学家要向你推荐。我在密歇根大学的同事伊丽莎白·安德森是当今世界最重要的思想家之一。她力求让人们认识到，大多数人所接触的最具压迫性的政府，并不是任何政治权威——而是他们的雇主。[22]

零售店经常在没有任何凭证[23]，甚至没有任何理由怀疑员工有错的情况下搜查其私人物品。它们会随时安排员工轮班[24]。它们还规定

---

[*] 唯一的例外是反歧视法。它规定你不能因为一个人的种族、宗教、性别等而解雇他。

了员工的发型和仪容[25]。仓库和工厂里的工人时刻受到监视[26]；连他们上厕所的次数都有规定[27]。如果你足够幸运成了一名白领，那么你或许不用受这些压榨。但你同样随时可能被解雇。这会让你感到很没有安全感。

安德森的《私人政府：雇主如何统治我们的生活（以及我们为何不谈论这种统治）》一书考察了我们是如何接受这种状况的，以及我们能做些什么来改变它。改变并不容易，但有很多办法可以让事情变得更好。我们可以限制任意解雇的制度。我们可以让工人参与工作场所的管理，使他们的利益得到考虑。我们还可以通过保障基本收入和医疗保险来改变我们的工作环境，这样就没有人感觉自己被迫为一个虐待性的雇主工作。

不知道为什么，很多美国人都相信政府的"救济"会损害自由。但事实上，满足人们的基本需求可以增进自由。它使得人们有可能对欺负他们的老板说不。

还有些人担心，我提议的改革会削弱美国经济的活力。我对此表示怀疑。但值得一问的是，这种活力对谁有利？如果企业利润是通过维持工人的不安全感而增加的，这是我们愿意做的交易吗？

美国人总是喜欢谈论自由。我们热爱我们的宪制权利。但如果你真的在乎自由，美国的工作场所应该让你感到严重不安。政府是强大的。但你的雇主也是。就目前的情况而言，你在这种关系中几乎没有任何权利。

澄清一下，我不是说你在工作中应该违抗命令。服从往往是对你有利的。如果这项工作很重要——打个比方，如果事关人们的健康和安全——你甚至有义务在工作中服从命令。

但我不会为雇主和雇员的角色辩护，至少不会为这种关系的现况辩护。对于身处经济阶梯最底层的人来说，这些角色之间是权力关系，而不是合法的权威。但我们可以改变这一点，而且应该改变它。

☆ ☆ ☆

如果你认为限制雇主的权力听起来很激进，那么我们不妨回顾一下，有限政府曾经也是如此。在不久的过去，国王和女王还声称拥有绝对的权威（当然，独裁者现在仍然这样做）。他们得到了一些杰出的哲学家的支持，包括与有史以来最伟大的漫画老虎\*同名的霍布斯。

我们在导言中已经见过霍布斯了。他生活在一个动荡的世纪，经历了英国内战等多场冲突。他甚至在法国流亡了多年。当时的政治动乱可能促使霍布斯对政治稳定的条件和缺乏稳定的代价产生了兴趣。

正如我们在前文中所看到的，霍布斯认为，如果没有任何政府，社会就会陷入"一切人对一切人的战争"[28]。为什么呢？在霍布斯看来，我们大部分人在大部分时候都是自私的。所以我们注定会发生冲突，特别是在资源稀缺的时候。在自然状态下，没有人能感到一丝安全，哪怕是我们当中最强的人，因为每个人在其他人面前都是脆弱的。霍布斯说："最弱的人运用密谋或者与其他处在同一种危险下的人联合起来，就能具有足够的力量来杀死最强的人。"[29]

我们相互为战，所以我们也会变得贫困。我们不愿多劳动，因为我们不指望我们的劳动会有成果。机器、建筑、文化、知识都不复存在。[30] 在自然状态下，生活将是"孤独、贫困、卑污、残忍而短

---

\* 此处指的是漫画《卡尔文与跳跳虎》中的角色。——译者注

寿的"。[31]

但是霍布斯看到了一条出路。[32] 他主张每个人都应该同意服从一个主权者,比如国王,他能提供保护。为了实现这一点,人们必须将他们所有的权利都交给主权者。由此一来,主权者将拥有绝对的权威。没有人能反对他的行为。他也没有任何限制。任何试图约束主权者的企图,霍布斯认为,都会导致权力的冲突。而冲突就意味着战争(正是霍布斯经历过的那种战争)。这是必须避免的事情。

历史已经证明霍布斯错了,至少在最后一点上。

对于人们应该建立什么样的政府来摆脱自然状态,约翰·洛克也有话要说。但他认为绝对君主制是不必要的,甚至是不可取的。他主张权力分立(不是我们实行的立法、行政和司法三分,但很接近)。[33] 他还支持(至少是一些)民众在立法机构中的代表权。[34]

洛克的思想帮助塑造了世界上许多宪政民主国家。美国宪法的制定者将政府的权力分配给了三个部门,认为这是最好的制衡方式。他们还通过了《权利法案》,限制了政府的权力,并赋予人们切实可行的权利来反对它。这一模式为世界上许多宪政民主国家所效仿。虽然它们远非完美,但它们的成功表明,我们可以在不给任何个人绝对权力的情况下,摆脱自然状态。

☆ ☆ ☆

"每个孩子都想要民主,"雷克斯喜欢说,"但每个大人都想要独裁。"

当然,他说的是家庭的事。雷克斯希望实行一人一票制度,就在我们的餐桌上。我不知道他有没有设想过 2 : 2 的情况。

"民主好在哪里?"我在一次对话中问他。当时他 10 岁。

"如果很多人有发言权，"他说，"你就能做出更好的决定。"

"如果人们一无所知，或者干脆错了呢？"

"那你就会做出坏的决定。"他说。

"所以我们可能做出好的决定或坏的决定。想要民主还有其他理由吗？"

"这个嘛，假如某件事可能影响到你，那么你就应该有发言权。"雷克斯说。他用了一个复杂的故事来证明他的观点：一家公用事业公司想在我们的院子里铺设一条电线。"难道你不想有发言权吗？"他问我。

"当然想。"我说。

"而且，民主就是公平，"雷克斯补充道，"它是人人平等的。每个人都一样重要。"

这是一个相当精辟的为民主辩护的理由。民主让人们有机会参与重要的决策。而且民主把他们当作平等的人。的确，民主通过创造一种平等的感觉（一人一票）把人们**建构成**平等的。

但我们的家庭**不是**一个民主制的，无论雷克斯要求多少次，它都不会是。理由我已经告诉你们了。我们对我们的孩子负有责任，为了做好我们的工作，我们常常必须做出他们不喜欢的决定。我们**不是**平等的，至少目前还不是。采取一人一票，实行让我们成为平等的程序，将是严重的错误——无论是对我们而言还是对他们而言。

但我尽量记住，做一个整天被大人说你该怎么做的孩子是很难的。这会让你感觉失去了控制。因此，当孩子们寻求控制时，我会试着\*保持耐心。但这是远远不够的。

---

\* 但大多数时候都失败了。

☆ ☆ ☆

"我要宣布独立。"汉克表示。

当时他 7 岁。我们在公园里散步。或者,更确切地说,我在散步。他被拖着走在一条小路上,抗议我们应该做些运动的想法。

"那好,"我说,"你打算住在哪里?"

"住在家里。"

"谁的家?"

"我们的家。"

"你没有家。"

他困惑地看着我。

"我有家",他说,"我们住的地方呀。"

"不,汉克,我有家。雷克斯和妈妈也有家。但你刚才宣布独立了。恐怕已经没有家了。"

顿时沉默。

"好吧,我没有家。"他气呼呼地说。

"你可以付房租。"我说。

"要多少钱?"

"你能出多少钱?"

"一块钱。"

"行。我们让你留下。"*

---

\* 我没有收他钱。回到家后,我给了汉克冰激凌,他割让了他的独立性。这是皆大欢喜的。他一个人撑不了多久。

# 第 5 章

# 语言

雷克斯独自一人待在房间里，读尼尔·德格拉斯·泰森的《给忙碌者的天体物理学》。这不同于我们长期以来的睡前仪式，以前我和妻子会有一个人蜷在被窝里与雷克斯一起读书。他刚参加了人生中第一次过夜夏令营，已经9岁的他开始要求一些独立性。但我无法放弃这个仪式。所以我也在读书——我一个人，在我们的客房里。

接着雷克斯闯了进来，一脸兴奋的样子。

"书上说我们可以做一个实验。我们要试试吗？"

"没问题。"我说。

他大声地读出书上的内容："为了简单地证明引力的持续牵引，只需合上这本书，将它从离得最近的桌子上抬起几英寸[*]，然后放手。这时引力就起作用了。（如果你的书没有掉下去，请找到离你最近的天体物理学家，宣布宇宙进入紧急状态。）"[1]

雷克斯合上书，把它抬起来。"三、二、一。"

书掉到了地板上。

"妈的！"雷克斯说着摇了摇拳头。

---

[*] 1英寸等于2.54厘米。——编者注

然后他看着我，露出了一个调皮的笑容。他为自己感到骄傲。我也为他感到骄傲。

☆ ☆ ☆

从夏令营回来后，雷克斯感到困惑且稍稍有些反感——他的室友们经常说脏话。

出门在外时，雷克斯一直表现得无比守规矩。在去夏令营之前，他已经学会了几句脏话，偶尔会问我们这些词的意思。但我们很少听到他用这些词。

我小时候，跟雷克斯很像——一直表现良好，至少在外人面前。但是在我家里，脏话是习以为常的交流方式。事实上，我最早的记忆很可能是我父亲在尝试组装一组家具时说的那一串脏话："他妈的婊子养的。"4岁的时候，我以为这是一个单词。

当朱莉怀上雷克斯时，我担心我会给他同样的教育。但他一出生，我就按下了关闭按钮，再也不说脏话了，至少不在他身边说。朱莉比我更难以做到。但她在雷克斯会说话之前就有了对策，那就是让孩子们在学校学脏话。

或者在夏令营学。我们把雷克斯接回来，想听一些冒险的故事。但他首先想讨论一下脏话。

"有的小朋友说了那么多脏话，但领队不在乎。"他报告说。

"那你呢？"

"我说了一点。但没有别的小朋友那么多。"

"没关系，"我说，"在夏令营里你可以那样做。"

"有的小朋友一直在说。"雷克斯说。

"这就是小朋友在夏令营里做的事。你只要记住，分清时候和地点。在夏令营里,这么做可以。在学校,这么做不可以。"

"在家里呢?"雷克斯问。

"可以说一点,但只要你不是用无礼或刻薄的方式说出来。"

几天后,雷克斯说了人生中第一次"妈的",感叹自己没有酿成宇宙的灾难。这个"妈的"说得好,时机正好。就像前面说的,我很骄傲。

☆ ☆ ☆

为什么有些词是坏的?小时候,"词语可能是坏的"这个念头困扰着我。词语是一串声音。声音怎么会是坏的?

可是,毫无疑问,词语并非**仅仅**是一串声音。它们是被我们附加了意义的一串声音。让词语变坏的也不是词语的含义。考虑这一串词语:poop、crap、manure、dung、feces、stool。它们指的都是屎(shit)。但是只有 shit 是我们不应该说的。

为什么?我怎么知道。

每种语言中都有禁忌词——不同的地方有不同的禁忌词。但是存在一些共同的主题。有些主题与禁忌的话题有关,例如性、排便或疾病。还有一些是越界的亵渎。但是我们不说脏话就可以谈论这些话题,所以为什么某些话不该说就成了一个疑问。

丽贝卡·罗奇(Rebecca Roache)提出,这可能与脏话的声音有关。她(除了其他身份之外)是一位语言哲学家,研究的是脏话。她观察到,脏话往往是刺耳的,就像它们所表达的情绪一样让人不舒服。她认为这不是偶然的。像 whiffy(恶臭)和 slush(污秽)这样听起来柔和的词语无法表达愤怒。她说,用这些词语骂人就像

"试图砰地关上一扇装有液压缓冲铰链的门"[2]。

不过罗奇说声音不能说明一切。她说得对。有很多短促、刺耳的词不会让人觉得被冒犯，比如 cat（猫）、cut（切割）、kit（工具箱）。有些脏话的同义词可以光明正大地说出口，比如 prick、cock、dick。（我在这里看到了禁忌词的主题之一。）并且冒犯人的词语会随着时间发生变化，这说明我们需要一种社会性的解释。

罗奇指出，脏话是通过她所谓的**冒犯升级**（offense escalation）的过程产生的。[3] 如果人们出于某种原因不喜欢 shit 这个词，那么人们就会讨厌别人说这个词。如果这种讨厌变得普遍和众所周知，那么说 shit 就显得不礼貌了。随着这个循环不断重复，这种冒犯也逐渐升级。一旦人们认定某个词有冒犯性，那么说出这个词就格外有冒犯性。

但是冒犯升级不能说明一切，因为人们讨厌各种各样的词语。我反感"菱形"这个词。现在你知道这一点了，因此，如果你反复对我说"菱形"，我会发火的。但"菱形"几乎肯定不会成为脏话，因为这种偏好是我独有的。

罗奇认为，脏话往往与禁忌的话题有关，因为我们知道这些话题会引起不适，尤其是以不受欢迎的方式讨论它们时。打个比方，哪怕我没见过你，我也知道叫你"浑蛋"可以惹怒你。而说你"穷兮兮"或"假惺惺"也可能会惹怒你。但是要想知道会不会，我必须对你有所了解。这些词语或许会惹怒你，也或许不会。但是"浑蛋"一词呢？几乎肯定会。

罗奇的解释没有解决下面的问题：某些词语当初是怎么就开始被人讨厌了，为什么被人讨厌？为什么是 shit 而不是其他与粪便有关的词？这背后肯定是有故事的。但不是哲学家们讲的那类故事。[4]（历史学家们已经尝试过了。）我想问的问题是，说脏话真的有错吗？

☆ ☆ ☆

我最近向雷克斯提出了这个问题。当时我们在散步。

"可以说脏话吗？"我问。

"有时候可以。"他说。

"哦，你不应该对人不礼貌。"

这是一个很好的起点。雷克斯担心，脏话常被用来表达不好的意思，他有这种担心当然是合理的。就像罗奇告诉我们的，脏话就是用来干这个的。实际上，如果她关于冒犯升级的说法是对的，那么，脏话之所以是脏话，正是因为它们常被用来表达不好的意思。

但脏话不是表达不好的意思的唯一方式。如果你的话是贬低侮辱性的，那我认为，你用的词是通常用来侮辱人的，还是你为此量身打造的，都没有差别。你的错误在于侮辱本身，而不在于侮辱人的那些词语。

"不带恶意的时候可以说脏话吗？"我问雷克斯，"如果你只是说了脏话，但不针对任何人，那又如何？"

"有时候可以，有时候不可以。"雷克斯说。

"什么时候可以呢？"

"在文明的场所你不应该说脏话。"

"什么场所算是文明的？"我问道。

他迟疑了片刻。"我不太知道**文明**是什么意思。它只是听上去像个不错的说法。"

"我觉得你知道它是什么意思，"我说，"学校是文明的吗？"

"是的，总体上是的。"

"夏令营呢？"

"肯定不是。"

"我们家呢？"

"有时候是。但是，汉克和我脱掉衣服跳舞的时候就不是了。"

这是实话。我有视频为证。在最好的那段视频中，不满 4 岁的汉克几乎一丝不挂地问我："看到我可爱的屁股在摇晃吗？"（确实很可爱。）在另一段视频中，他像骑马一样骑着雷克斯，唱着"活下去吧"。这两段视频都是在朱莉出差时拍摄的。她不在的时候，我们非常不文明。*

回到雷克斯以及他的回答上。为什么在文明场所说脏话是错的？

你可以蔑视一个地方，就像蔑视一个人一样。

你如果在教堂里说脏话，就是蔑视这个地方以及里面的人。但里面的人会生气，因为这不是说脏话的地方。在酒吧里，他们可能跟你一起说脏话。但教堂不一样。

事实上，不同场所的规则使得场所各不相同。如果孩子们必须像在教堂那样行动，那么夏令营就不会是现在的样子。如果孩子们被允许像在夏令营那样行动，教堂就也不会是现在的样子。我们希望这两种场所都出现在我们的生活中。所以雷克斯说得对——在某些场所可以说脏话，但在其他场所不可以。

这里隐含了一个关于道德的重要道理。有的错误就是错误，不

---

\* 我允许孩子们在那场舞会上玩到了很晚。汉克一直大喊："妈妈不在，不用睡觉！"他说错了，他对于我一个人带他的新鲜劲儿很快就过去了。我把他放到床上时，他说："我想要她回来。"

管人们如何看待它们。例如,谋杀和强奸之所以是错的,不是因为我们认为它们错了。它们之所以是错的,是因为它们极度蔑视人的尊严。但有的错误**之所以是**错误,是因为我们认为它们是错的。在教堂里说脏话就是这一类错误。*

罗纳德·德沃金(我们在前文中提到过他)称之为**习俗性道德**(conventional morality)。[5] 他讨论了你在教堂里可以穿什么,从而解释这个概念。在很多地方,进入宗教场所时脱帽是一种习俗。戴帽子被看作一种不敬。正因为它被如此看待,所以它才是一种不敬,至少在某人明知他人如何看待戴帽子的情况下。但习俗各有各的不同。事实上,去犹太会堂时,我要把头顶遮住,因为这是我们犹太人表达尊重的方式。

习俗性道德常常带有任意的成分。你把头遮住还是露出来以示尊重都不重要。重要的是群体有一个公认的表达尊重的符号。事实上,如果没有规则来限制人们在某场所可以做哪些事,就不会有正式的场所,更不用说神圣的场所了。正是这些规则把这些场所区分开来,让人感觉它是正式或神圣的。

规则不总是任意的。在图书馆里,如果非要说话,你应该小声地说。这有助于使图书馆成为学习的好地方。但有些规则除了将某个场所与我们生活中的其他场所区分开来,没有其他作用。关于你在教堂里要不要遮住头顶的规则——或者关于你在教堂里可以说什么的规则——就属于这一类。它们标志着我们身处某个特殊的场所。

在大多数情况下,我们应该遵守这些规则,这样我们才能有特殊的场所。随着非正式的气氛蔓延到越来越多的场所,我们的社会

---

\* 或者,至少在教堂里说某些脏话(那些张口闭口就是粪便的话)是错误的。亵渎的脏话之所以可能是错的,是因为它们对上帝不敬。

变得十分松懈。有时候它是好事——穿着舒适的衣服坐飞机，总比回到以前盛装出行的时代要好。但通常它是不好的，因为提升我们所处场所的档次时，我们也提升了自己。

☆ ☆ ☆

话是这么说没错，我们需要提升自我，但我们也不应该时时刻刻提升；我们也需要缓冲时间。这就为说脏话留下了很大的余地。雷克斯第一次说出"妈的"不是在蔑视哪个人或哪个地方，而是为了好玩儿。大量脏话都是这种情况。**这**一类脏话是错的吗？很多父母对孩子语言的监督程度表明，这就是错的。但我认为这些父母犯了一个错误。

脏话的问题不在于词语本身，而在于它们所传递的信号。因此，如果在某些情况下它们没有传递不好的信号，那我们就没有理由不说。这就是为什么我们为雷克斯制定了这样的规则：不要不礼貌或不尊重，不管是对哪个人还是对哪个地方。但是，除此之外，偶尔说点脏话是可以的。

为什么只能偶尔说？我猜，你可能担心，如果你不尊重某个场所，那么你自己也可能会堕落。如果你粗鲁地行事，你可能会变成粗鲁的人——彻头彻尾地。但我不担心我的孩子会这样。他们很擅长进行语码转换（code switching）——在不同的语境下做出不同的行为。我经常看到他们这样做。

但我确实有一个实际的担忧。很多人把说脏话看得很严重，哪怕没发生什么大不了的事情。小时候，这种反应会让我抓狂。现在仍然如此。但是想要跟这个世界打交道，你就必须知道别人会有什么反应,即使你认为这种反应毫无必要。就我们的社会而言,很多人一旦认为你老是说脏话,就不会欣赏你。

但是等等:人们认为说脏话是错的,它就是错的吗?习俗性道德不就是这么回事吗?并非如此。人们关于对错的观点要想成立,就必须给出一些让我们认真对待它的理由。在教堂的例子中,维护一个神圣空间的价值,赋予了人们将这个空间奉为神圣场所的权力,这部分地是通过规定人们在这个空间里可以说什么和做什么来实现的。相比之下,某些好事之徒可能会关心孩子在夏令营和街上说什么,但这并没有赋予他们为这些孩子的言论制定标准的权力,因为在这些地方管控言论没什么价值。

父母是一个特例。正如我们在第4章中看到的,他们有权为其孩子制定标准,至少在合理的范围内。但他们不该用这种权力来禁止说脏话,至少不该完全禁止。说脏话是有好处的。事实上,这是所有孩子都应该掌握的一项技能。*

☆ ☆ ☆

"说脏话有什么好处?"我在那次散步时问雷克斯。

"感觉很好。"他说。

"你的意思是什么?"

"当你生气时,这会让你感觉好一点。"

"你生气的时候会说脏话?"我问道。我从没听他说过脏话。

"是的,悄悄地说,自言自语。"

---

\* 这只是作者个人的观点,读者还请注意甄辨,去其糟粕。——编者注

雷克斯好样的！他应该说得响一点。在一项著名的研究中，理查德·史蒂文斯让本科生们将一只手浸在一桶冰水中。这个动作做两次。第一次，他们被允许说脏话；第二次，他们不被允许。可以说脏话时，他们的手可以在水中多浸泡约 50% 的时间——而且他们感觉不那么疼。[6]不仅如此，进一步研究表明，脏话越重（比如说"妈的"而不是"屎"），越能带来实质性的缓解。[7]我敢打赌，大声地说脏话也能达到这一效果，至少在某种程度上。

更重要的是，说脏话不仅能缓解身体上的痛苦。迈克尔·菲利普和劳拉·隆巴尔多证明，说脏话也有助于缓解社会排斥造成的痛苦。[8]他们让人们回忆某个感到被排挤的时刻。一些人被告知可以说脏话；另一些人则说普通的话。说脏话的人所讲述的社会痛苦，远远少于不说脏话的人。这就是雷克斯——以及每个别的孩子——靠自己发现的道理。

我在埃玛·伯恩的《说脏话对你有好处：关于脏话的趣味科学》中遇到了这些研究。这门科学**确实是**有趣的。（学习手语的黑猩猩发明了自己的脏话。我没骗你。）[9]关于为什么说脏话会让我们感觉更好伯恩提出了一些意见；它与处理情绪化语言的那部分大脑有关[10]。不过这门科学还处于发展阶段，细节无关紧要。对我们来说重要的是，说脏话是一种很好的减压方式。

但是等等，不仅如此！正如伯恩解释的那样，说脏话"有利于团队建设"[11]。她考察了关于促进社交的轻松玩笑话的研究。她讲述了人们通过说脏话获得社会认可的故事。她还说明了脏话帮助人们有效沟通的许多方式。这项研究很酷。但我不相信你要读这本书才能明白她的意思。随便找个相处融洽的团队，你很有可能能在其中听到一些脏话。

说脏话的社会维度，是我希望我的孩子们掌握这项技能的原因。光知道在何时何地可以说脏话是不够的。说脏话是一件你可以精通的事。这并不容易。开始时，你必须学习使用单词的新方法。fuck 可能是英语中最万能的词。它无疑是个有趣的词，因为它可以让你做到其他词语几乎都做不到的事。但是用它作为脏话时，我们要掌握的并非只是语法。正如伯恩所解释的那样，你需要一个关于他人情绪的复杂模型，以预测他们对你说脏话的反应[12]。其中包含了很多微妙的差别。你可以用一种会让友情破裂的方式说出 fuck off（滚蛋），你也可以用一种增进友情的方式说出这个短语。你可以用闹着玩儿的方式说出 fuck off，你也可以用一种完全不同的方式说出。

这关乎语境、时间和语气。有些规则决定着哪些脏话是可以接受的，它们始终都在变化，因为人们会共同整理这些规则。因此，我甚至不打算教我的孩子什么是可以接受的脏话。他们会通过试错和观察，自己学会这些规则，就像我们其他人一样。但是我会给他们练习的空间。总有一天他们会感谢我的。

☆ ☆ ☆

自从说出第一个 fuck 后，雷克斯长大了很多。仅仅一年后，他就成了一个精通说脏话的人。在教汉克第一句脏话的那个晚上，我发现了这一点。

当时我在给男孩们讲我外公外婆的故事。他们不算什么好人，既刻薄又自私。男孩们得知我的外公不喜欢孩子时很惊讶。他们想不通这一点。为了帮助他们理解，我告诉他们，我只记得有一次外公陪我玩。当时我 5 岁，外公外婆来我家待了几个晚上。他坐在地上教我掷色子。为什么呢？我不知道。这不是小孩子用得上的技能。但这可能是我们有过的最好互动了。

故事说到这里，我停了一下，因为我意识到我将要说一个汉克不知道的词。我告诉他我要说脏话。他两眼发光。因此我继续说了下去。

下一次见到外公外婆时，我们要出去吃晚饭。我想再玩一次色子。所以我问："回家后我们能玩那个狗屎（shit）玩意儿吗？"

他很生气。既是对我生气，也是对我的父母生气。我的父母正笑个不停。他抱怨了好几天我说脏话这件事。但他还是小看我了。shit 在我知道的脏话里是小菜一碟。他从来没有听到我喊出我父亲的口头禅："他妈的婊子养的。"如果他能了解我，我想他会爱上我的。*

但他其实不可能了解。而这正是我想传达给孩子们的。结果，汉克现在知道了 shit 这个词，我需要解释一下。我们告诉他这个词与 poop 是同义的，与 crap 也是同义的。我们告诉他，说这个词可以，但要遵守我们给雷克斯定的同一套规则。

接着，朱莉建议汉克试一试。"你发现不好的事时，就可以说，'该死！'（Oh shit!）。"她说，"你想不想试一试？"

汉克看起来有点犹豫。然后他说："该死。"声音轻得几乎听不到。

我们笑了，他躲到桌子底下，有点不好意思。随后他又钻了出

---

\* 在你过于严厉地评判我或我的父母之前，我想说，我不是什么不正常的孩子。很多孩子三四岁就说脏话了，有的甚至更早。研究表明，在五六岁之前，孩子们已经学会了大量脏话，包括许多最忌讳的词语。**我的**孩子反而是不正常的；我们对自己的约束太有效了，尽可能少说脏话，以至他们花了比正常人更长的时间学会脏话。这实际上让我有点担心他们——正如我所说的，我希望我的孩子能够应付许多社交场合，包括那些需要说脏话的场合。但正如我讲的故事所表明的那样，我的担心是多余的。

来，鼓起了勇气，声音也大了一点："该死。"

这次我们真的大笑起来，他也进入了状态："该死！该死！"

与此同时，雷克斯却快要崩溃了。多年来，他一直防止他的弟弟说脏话。脏话是把他和汉克区分开来的一部分因素，可以让他看起来更像大人。

但朱莉和我也加入了进来。我们三个人齐声喊道："该死！该死！该死！"

接着朱莉让雷克斯加入我们。"来吧，雷克斯，大家都在说。"

雷克斯脸色通红，躲到桌子底下。他在那里坐了一会儿。接着，在我们的和声达到高潮的时候，他跳出来喊道：**"我他妈的不可能说'该死'！"**

☆ ☆ ☆

朱莉从来没有笑得这么厉害过。我也印象深刻。部分原因是其中的好笑之处以我们稍后将谈到的一种区分为基础。

雷克斯说他不会说"该死"。但在这么说的过程中，他已经说了"该死"。至少，"该死"从他嘴里说出来了。

哲学家将使用一个词与提到一个词区分开来。以这两句话为例：

1. I'm going to the store.（我要去商铺。）
2. *Store* rhymes with *snore*.（"**商铺**"与"**打呼**"押韵。）

第一句话用"商铺"一词来指代你要去的地方。第二句话提到了"商铺"一词，但没有使用它。它让人想到的是这个词本身，而不是这个词所指代的地方。

再举一个例子：

1. Shit, I spilled the milk.（狗屎，我打翻了牛奶。）
2. You shouldn't say *shit* around the kids.（你不应该在孩子们面前说"狗屎"。）

第一句话使用了"狗屎"一词。但它并不指代屎，而是用这个词来表达一种情绪。相比之下，第二句根本就没有使用"狗屎"一词。它只是提到这个词。

使用一个词和提到一个词的区分对哲学而言是根本性的。哲学家感兴趣的是这个世界，**以及我们用来描述它的词语**。因此他们需要一种方式来让人分清他们在说什么。标准的做法是，把你只是提到的词放在引号中，例如：

"Shit"这个词有四个字母。

但这看上去有点丑，尤其是在你必须反复提到它的时候。我也可以用斜体来表示它们。当然斜体也用于强调，所以这里有混淆的风险。\*但我猜你已经可以把它们区分开来了。

雷克斯的好笑之处体现了"使用"与"提到"的区分。他说："**我他妈的不可能说'该死'！**"他说的话在某种意义上是错的，因为他的话里确实有"该死"。但这句话在某种意义上也是对的，因为他

---

\*　为了尊重汉字的排版习惯，以及避免混淆的风险，对于只是"提到"的词语，中译本仍采用加双引号的做法。——译者注

没有使用它；他只是提到了它。这种矛盾和张力是导致雷克斯的话好笑的一部分原因，而另一部分原因则是，他话里的其他部分（"他妈的不可能"），要比他只是提到的"该死"过分多了。

这是一种高级的幽默感。而且它是我爱目前的雷克斯的一大原因。

☆ ☆ ☆

我比雷克斯大得多，但人们依然在监督我说话。我的编辑认为我的 fuck 说得太多了。我不是说这是写这一章的原因。但也不是说**不是**这个原因。

为什么我说这么多脏话？有两个原因。第一，这是一种建立亲密关系的方式。不同的关系有不同的规则。我在你身边说 fuck，就表明了在我看来我们关系的规则是什么。我们更像是夏令营的朋友，而不是同事或陌生人。

第二，我说脏话是因为我想表达某种关于哲学的看法。你可以用一种烦琐而正式的方式来表达它。你也可以用一种有趣的方式来表达它。我选择了有趣的方式。

但这种有趣是为了提出一个严肃的观点。哲学应该处理我们生活的方方面面——神圣的、世俗的，甚至平平无奇的。[13] 我写这本书的部分原因就是这种信念。我想让你看到，哲学问题存在于最平凡的体验中。我想让你知道，哲学是如此重要，不能让哲学家独享。我还想让你觉得哲学是有趣的。如果我们应用得当的话，哲学可以是有趣的，应该是有趣的，的确是有趣的。

我不是唯一认为日常事物是哲学对象的哲学家。哈里·法兰克福的《论扯淡》(On Bullshit)是一本出人意料的畅销书。这本薄薄的书旨在解释什么是扯淡——以及我们为什么热衷于扯淡。这本书很好玩儿。*但我更喜欢另一本畅销书,就是亚伦·詹姆斯的《浑蛋理论》。顾名思义,这本书试图解释什么是浑蛋,以及我们为什么讨厌他们。我认为,这是我们这个时代的必读书。

有些哲学家是老学究。我听到好多人抱怨法兰克福、詹姆斯和我。他们说我们搞哲学只是哗众取宠。但事实并非如此。我当然认为哲学应该是有趣和好玩的。但我也认为它应该帮助我们理解自身。我们既是神圣的又是世俗的。哲学同样如此。

☆ ☆ ☆

因此我支持说脏话,至少在某些情况下。但有些词**确实是**我们不该说的。在我们的社会中,蔑称是真正的禁忌词。一方面,我们扬言要禁止那个以 F 开头的词——随后却依然使用它。这是因为那个以 F 开头的词不再困扰我们了。我们假装抗议,但我们并不觉得受到侮辱。另一方面,那个以 N 开头的词†,则是一种侮辱。[14]

蔑称是一个时髦的研究话题。哲学家(以及语言学家)只在语言层面争论蔑称是如何起作用的。例如,我们不清楚某个蔑称**意味着**什么。以这个句子为例:

---

\* 但是我必须提醒你,这本书是扯淡。法兰克福声称要解释扯淡的本质。但他所描述的那种扯淡——不在乎说的话是不是真的——只是其中一种。还有很多种扯淡:足球比赛中的"假摔"是扯淡;裁判的"黑哨"是扯淡;大多数会议是扯淡。即使我们只把言论纳入考察范围,也有许多扯淡来自那些炫耀自己不说实话的人。他们在你面前扯淡,而你必须听他们扯淡这件事本身更是扯淡。有空请我喝杯啤酒,我们可以想出一套更好的扯淡理论。

† 这指的是 Negro(黑鬼)。——译者注

A kike wrote this book.（一个犹太佬写了这本书。）

　　这句话是真的吗？ Kike 是形容犹太人的贬义词。而我是犹太人。对此，一些哲学家会说，这句话是真的——但这句话不该说，因为选择这个词而不是更友好的词表达了一种蔑视。另一些哲学家会说，这句话是假的，因为不存在所谓的 kike。但这就引发了一个问题：Kike 是什么，如果不是犹太人的话？ [15]

　　我不想参与这些争论，因为我感兴趣的其实是一个道德问题：如果可以的话，什么时候可以说蔑称？但事实上，语言学问题和道德问题是相通的。如果你看不出蔑称（在语言层面上）是如何起作用的，你就无法回答道德问题。

　　我从密歇根大学的同事埃里克·斯旺森那里学会了这个道理。他是一位哲学教授和语言学教授——还是一位皮划艇高手。在斯旺森看来，理解蔑称的关键是理解它们与意识形态的关系。[16] **意识形态**是一套相互交织的观念、概念和态度，决定了我们与世界或世界的某些部分的互动方式[17]。

　　有的意识形态与经济体系有关，比如资本主义和社会主义。有的意识形态与政治光谱上的不同立场有关，比如自由主义和保守主义。有的意识形态与活动有关，比如体育（"胜利不是一切；胜利就是一切"）和戏剧（"戏必须演下去"）。还有些意识形态与压迫有关，比如种族主义、性别歧视、反犹主义等等。

　　正如这份清单所表明的，意识形态这一观念并无好坏之分。事实上，反种族主义本身就是一种由各种观念、概念和态度构成的意识形态，用来理解世界（我们可以想到白人至上论、特权、大规模监禁）。但有的意识形态**确实是**坏的。美国的种族主义导致了奴隶制

第 5 章 语言　　　*111*

度、种族隔离和滥用私刑,以及许多其他罪恶。确实,如果没有某种支撑它的意识形态——一种认为黑人低人一等,理应受到这种待遇的意识形态——我们就无法想象这些罪恶。

斯旺森说,蔑称是对意识形态的**提示**[18]——它让人们想起某种意识形态,让人们容易按照这种意识形态去思考和行动。"一个犹太人写了这本书"和"一个犹太佬写了这本书"的区别在于,第二种说法是对反犹主义意识形态的提示。它促使我们用那些词语去思考并接受这样一种观念,即犹太人是肮脏和敛财的生物,意图控制世界。因为这就是"犹太佬"一词所代表的意识形态。

在使用"犹太佬"这样的蔑称时,你不光是想到了这些观念,你还暗示这个词是可以用的——运用这种意识形态是可以的[19]。你邀请其他人用反犹主义的方式看待世界。这种看待世界的方式是有害的。它导致了犹太人大屠杀和反犹暴动,并且至今仍是许多仇恨犯罪的根源。

有些意识形态应该是禁区。谁都不应该提示这些意识形态,至少不应该提示它们是可接受的。这意味着有些词根本就不该说。

☆ ☆ ☆

除非你真的有充分的理由。有时候你确实有。如果不提示某种意识形态,你就无法批判它——或者反抗它。"黑鬼"一词出现于詹姆斯·鲍德温在《下一次将是烈火》中写给他侄子的书信[20]、马丁·路德·金的《伯明翰监狱来信》[21],以及塔那西斯·科茨在《在世界与我之间》中写给他儿子的书信[22]。在上述每个例子中,这个词都被用来传达它所代表的充满仇恨的意识形态的全部力量。说得不那么直白会削弱其中的信息。

但是我要澄清一下：我不是说，只要你旨在批判或反抗蔑称所反映的种族主义意识形态，你就可以说这种蔑称。可以还是不可以，部分取决于你是谁。

有些人觉得这很奇怪，其实不然。作为犹太人，我可以说"犹太佬"。在这么说的时候，我提示了某种反犹主义的意识形态。但是没人会认为我接受了这种意识形态，或鼓励他人接受这种意识形态。说"犹太佬"的非犹太人或许也不认可这种意识形态。但别人是很难分辨出来的。因此，非犹太人至少要尽可能地避免用这个词，这是有道理的。

这意味着我可以说"犹太佬"，而你不可以（除非你也是犹太人，或者有充分的理由，比如在教授反犹主义的历史时）。但是，我可以说"犹太佬"不意味着我应该说"犹太佬"，因为不管我喜欢与否，它都是对反犹主义意识形态的提示。

即使人们有时候用蔑称来表达爱意，它也是对意识形态的提示。受压迫的群体常常改造（reclaim）蔑称。"酷儿"（queer）是最成功的例子。许多曾经被这个词攻击过的人接受，甚至偏爱这个词。对大多数人来说，它不再是对反同意识形态的提示，而是恰恰相反。

但是很多其他改造计划就有限得多。叫女性朋友"婊子"的女性，无法想象男性也这么做的那一天。在可预见的未来，男性说这个词的时候仍然会提示一种性别歧视的意识形态，这意味着女性说它时也仍然会提示这种意识形态，即便那样做的时候也提示了这种意识形态的反面。"黑鬼"也一样。在黑人当中，它通常是一种昵称，但它提示了种族主义意识形态及其反面，尤其是在冷漠的白人在场的情况下。

这不意味着改造词语是错误的。受压迫的群体有充分的理由改造与压迫有关的词语。这种改造削弱了这些词语的力量。蔑称往往被转化为昵称，这不是偶然的。一个女性叫亲密的朋友"婊子"恰恰说明了她们是多么亲密；她们是如此亲密，以至可以改变词语的含义。

这种改造的代价是不是超过了它的好处？我没有资格来回答。我在大部分情况下是这些群体的局外人，所以我不能很好地评估所有的代价和好处（除了涉及犹太人的时候）。这个问题应该由受影响最大的人来回答。我只想让你看到，为什么即使在目标群体中这个问题也经常引起争议。

☆ ☆ ☆

有些人认为，白人可以说"黑鬼"的余地，应该比我所认为的更多一些。（澄清一下，我认为白人没有说这个词的余地，或几乎没有。）他们指出了我们在前文中说过的"使用"与"提到"的区分。他们的观点是，你不应该**使用**蔑称来指代某人，但仅仅**提到**它是可以的。

长期以来，我都认为这是一条合理的分界线，而且我仍然认为它在道德上是有意义的。当你使用一个蔑称时，你就认可了一种压迫性的意识形态，并贬低了它所针对的任何人。而当你仅仅提到这个蔑称时，你就并没有这样做。这种区分很重要。使用一个蔑称可能是严重的错误。但提到一个蔑称很少是严重的错误。*

---

\* 斯旺森认为，一个蔑称在道德上的严重程度，取决于相关的意识形态所造成的伤害。正因为如此，那个以 N 开头的词，比指代白人的贬义词 honky 或 cracker 要坏，而且比指代怪人的贬义词 nerd 和 geek 要坏得多。

但是提到一个蔑称不完全是无伤大雅的,因为在提到它的同时你也提示了它所代表的意识形态。当然,我们可以有充分的理由提到蔑称——哪怕是最有冒犯性的蔑称。正如我所说的,像鲍德温、金和科茨这样的作家如果拐弯抹角地说"黑鬼",就无法那样有效地传达信息。如果有充分的理由,偶尔提到蔑称是可以的。不过,这句话的关键词是"偶尔",因为充分的理由很少。[23]

事实上,斯旺森可以帮助我们理解为什么白人应该珍惜提到"黑鬼"而不是使用"黑鬼"一词的机会,除了最特殊的情况。这涉及他们能做什么,而不是他们不能做什么。当你拐弯抹角地说这个词时,你就把你对这个词——以及它所代表的意识形态——的反对放在了首要和核心的位置。说"黑鬼"而不是说这个蔑称本身表达了对种族主义的异议,从而对种族主义造成了一次小小的打击。\*

☆ ☆ ☆

斯旺森关于蔑称的理论还可以帮助我们理解为什么非禁忌词有时也是有害的。他讲述道,有个陌生人看到他照顾他年幼的儿子,于是对他说:"你真了不起,帮他的妈妈做这么多事。"[24] 这里没有蔑称。但是在选择"帮"这个词时,这个陌生人提示了一种意识形态,这种意识形态赋予母亲主要的照顾责任,将男性视为帮忙的人,而不是全职的家长。在说出这句话时,这个陌生人认可了这种意识形

---

\* 至少在大多数时候是这样。如果你过于夸张或频繁地拐弯抹角,那么你似乎真正在试图提示的是种族主义意识形态,而非反种族主义意识形态。拐弯抹角地说某个词与提到某个词一样,都有可能被滥用。交流是复杂的。明确的规则无法完全与相关的道德界限相吻合,这些界限随着社会意义的转变而不断变化。

态,并微妙地鼓励斯旺森也这样看待他自己。毫无疑问,她认为自己是出于好意。而且她**确实是**出于好意。但她的好意是以贬低斯旺森夫妇的方式表达出来的。

事实上,斯旺森关于蔑称的理论不仅在语言方面对我们有启发,还能帮助我们理解为什么我们的行为有时会令人反感,即使我们不是故意的。男人为女人开门提示了一种意识形态,它认为男人是强壮的、有骑士风范的,理应帮助软弱或温顺的女人。在这种意识形态下,男人的举动是出于好意的。所以当女人拒绝的时候,男人有时候一头雾水。但拒绝好意的女人寻求的是一种不同的尊重,一种根植于平等意识形态的尊重。

这里包含了一个普遍的道理:我们应该更多地关注那些塑造我们言行的意识形态。出于好意的举动常常反映和支撑了那些我们应该拒绝的意识形态。

☆ ☆ ☆

"你知道什么蔑称吗?"我在写本章时问雷克斯。

"我知道一个,是你教我的。"

有吗?我心想。

"哪一个?"

"**红皮**。跟那个橄榄球队的名字一样。*"

我松了一口气。我记得那次对话。我们谈到了亚特兰大勇士队——我们最喜欢的棒球队。我跟雷克斯说我认为勇士队应该改名。

---

\* "红皮"是美国白人对印第安人的蔑称。此处的橄榄球队指的是成立于 1932 年的"华盛顿红皮队",由于种族主义争议,2022 年这支球队改名为"华盛顿指挥官队"。——译者注

该球队说它打算向美国原住民致敬,这可能是真的。但问题不在于勇士队的意图是什么,而在于它的名字所提示的东西——一种将美国原住民视为野蛮人的意识形态。几十年来,这支球队的形象中一直包含这种意识形态。\* 何况,还有一个更好的名字。这支球队应该改名叫"交通队"(The Traffic)。

接着雷克斯补充说:"我想我从《进军》中学到了另一个蔑称。"

《进军》是一系列图像小说,讲的是民权运动超级英雄、国会议员约翰·刘易斯的故事。如果你家有小孩子,去买一套吧。或者给自己买一套,它是一套好书。

"它是白人称呼黑人的一个词。"雷克斯说。

然后他说出了这个词。

我问他对这个词了解多少。

他说这个词很恶毒,可能是最恶毒的词。

我们讨论了为什么会这样。他已经从《进军》和其他书籍中学到了很多历史。所以我们讨论了为什么这个词会伤害人——它如何唤起那段历史,以及随之而来的所有丑恶联想。我们还谈到,鉴于这个词的历史,说这个词是多么不尊重人。

由于所有这些原因,我告诉雷克斯他不应该再说这个词。

"对不起,"他一脸担忧地说,"我不知道。"

"不用对不起,"我说,"我想让你知道。所以我才问你。"

---

\* 几十年来,亚特兰大勇士队更换了多次队徽,但队徽上一直有鹰羽冠、战斧等象征着印第安人的符号。——译者注

第二部分

# 理解自身

MAKING SENSE

OF

OURSELVES

# 第 6 章

# 性、性别与体育

雷克斯和他的朋友詹姆斯在二年级时跑了他们的第一个 5 000 米比赛。他们只用了 34 分钟多一点就完成了。在 8 岁男孩中间,他们的成绩可以分别排第 9 名和第 10 名。我们在终点线上迎接他们,看到他们跑步就很自豪。

我们庆祝的时候,我说:"你们俩看到苏茜刚才的表现了吗?"雷克斯、詹姆斯和苏茜在二年级时形影不离——无论是在校内还是在校外,都是好朋友。

"没有,她怎么了?"雷克斯问道。

"她拿了第一名,"我说,"而且她很快!她只用了 25 分钟就跑完了。"其实还不到 25 分钟。

"她比我们先跑的。"雷克斯说道,好像这就解释了为什么苏茜比他们快了整整 9 分钟。

"我觉得她没比你们早多少。"我说。

"不,她就是早了,"詹姆斯说,"我们开始跑的时候都看不到她了。"

"我能看到她,"我说,"而且你们的胸牌里有个芯片,可以记录你们的起跑时间。所以谁先跑不重要。"

"我知道,"雷克斯说,"但是我们途中被挤在人群里了。"

"挤了9分钟?"我问。

"我们没有尽全力跑。"詹姆斯倔强地说。

"对呀,"雷克斯说,"我们是慢慢跑的。"

"好吧,"我说,因他们不愿意为苏茜感到高兴而有点生气,"但是就算你们尽全力跑,你们也跑不过苏茜。她**真的**很快。"

☆ ☆ ☆

这两个男孩子为什么要找借口呢?因为他们输给了一个女孩子。而男孩子不应该输给女孩子。这对女孩子不利,但是对男孩子也不利。实际上,这对女孩子不利的部分**原因**恰恰是这对男孩子不利。

认为男孩子应该比女孩子更擅长运动的观念,对女孩子不利是显而易见的。它应和了女孩子不适合运动的陈旧观念,正是这种观念在很长一段时间内将女性完全排除在体育运动之外。但即使是较为温和的假设,认为男孩子应该比女孩子更擅长运动,也会限制女孩子的机会。如果人们不期待女孩子在运动中有所表现,她们得到的鼓励和参与机会就更少。这使得这种假设有点自我实现的味道。男孩子在运动中表现更好,不是因为他们天生更出色,而是因为我们为提高他们的运动表现投入了更多。

为什么这对男孩子不利呢?认为男孩子应该比女孩子更擅长运动的想法,使得男孩子的男子气概取决于他们的运动能力。如果一个男孩输给了一个女孩,他很可能会被认为不像男子汉,甚至不像个男孩。而且,他可能会把这种信息内化于心,认为自己有某种缺陷。

这样对男孩子来说是很糟糕的。但事实证明，这也对女孩子不利，因为男孩子觉得他们必须捍卫自己的男子气概。有时他们会排斥女孩，以免输给她们。他们也可能会贬低女孩的成就，以维护自己的优越感。我认为，雷克斯和詹姆斯在 5 000 米赛跑中就是如此——他们试图淡化苏茜的成就，以免对自己构成威胁。

但请不要责备男孩子。他们并没有创造这个体系。尽管他们捍卫自己在其中的地位，但那个地位并不全是特权。这是一种压力，要求他们达到许多男孩无法（或不愿）达到的标准。而失败并非只意味着下降到女孩所处的较低地位。一个无法胜任男子汉角色的男孩，也不会被接纳为女孩；他就是不受欢迎，无论是男孩还是女孩都不接纳他。

☆ ☆ ☆

对我而言，这些问题并不是抽象的。我曾经就是班级里最矮小的男孩，在体育方面这可是个严重的问题。我很想说，我通过勇气、决心和出色的协调能力克服了这一点。但是我动起来就像蛋头先生拿玩具模型随便拼凑起来的一个东西。

至少，在我尝试进行任何体育运动时是这样。我并不笨拙。我有良好的平衡能力和快速的反应能力。我体质也还不错。但是我的头脑没办法完全控制我的身体。这就像提线木偶的牵线乱成了一团，造成我的每个动作都稍有失误。而且，我越努力使它好起来，线就打结得越厉害。

我童年的体育表现一直在合格线——男孩的合格线——上下徘徊。每当有人建议我们选边组队，我都是那个充满了焦虑的孩子，因为我们即将以毫不留情的效率排名。[说真的，7 岁的孩子应该采取 NBA（美国全国篮球协会）的选秀制。]

有一年夏天，我妈妈给我报了一个为期一周的体育夏令营。这挺好的。我喜欢体育运动，只是我不擅长而已。最后一天，营地辅导员要将营员们分成两队，进行一整天的比赛。午餐时，我听到两位辅导员在讨论他们如何分配孩子。

"你选了斯科特？"其中一个说道，语气好像在暗示这是一个比把自己放在火上烤还要糟糕的主意。

"呃，要么是他，要么是[姓名隐去]了。"[姓名隐去]是这次夏令营里唯一的女生。但她并不是苏茜。当然，她比我高大强壮。但她对大多数体育运动都不熟悉。而且她并不是天生的运动员。

"艰难的选择啊。"另一个辅导员说道。

"唉，我想了想还是选男生吧。总会有点用的吧。"

我的天！请检视我的特权。但同时，也检视她的。作为体育夏令营中唯一的女生，她肯定不轻松。而且我确信，她如果得知自己是最后一个被选择的也一定很伤心。但是姓名被隐去了的这个女孩的女性特质并不会遭遇危险。没有人因为她的努力而羞辱她，也没有人暗示这会让她变得不像个女孩子。因为一个女孩子本就不需要擅长运动，即便是在体育夏令营中。*

但是一个男孩需要。而我并不擅长运动。但是不管怎么说，那个辅导员终究还是把我当男孩的。我很感激。但是没有人听他的话。

---

\* 澄清一下，我并不是说女生没有感受到在运动方面要有突出表现的压力。在某些情况下她们当然会感受到。区别在于，运动方面的失败并不会让人怀疑她们的女性气质。事实上，女生们经常有相反的问题。运动方面的成功会使人们怀疑一个女生是"假小子"。我没有在更小的儿童群体里看到过这种现象。但是在青春期这成了一个问题，而当成年女性在她们的运动领域攀上顶峰时，这一问题会变得更加糟糕。

因为其他孩子可没有那么善良。

☆ ☆ ☆

关于那场 5 000 米赛跑的对话，雷克斯的记忆跟我的并不一样。我也应该听一听他的版本。

"根本不是那么回事儿。"当我跟他分享我的记忆时，他如此说道。

"那在你的记忆里是怎样的呢？"

"我们跑完比赛，你就因为苏茜跑得比我们快而取笑我们。"雷克斯说。

"你真的觉得，我会因为你们输给苏茜而取笑你们吗？"我问。

"反正当时听起来是那样。"

我想清楚地表达这一点：我永远不会因为我儿子输给一个女孩子而取笑他。（你们能看出来，我对这个问题是颇为敏感的。）

但是我明白为什么雷克斯会那样理解我的话。即使我只是指出苏茜跑得多快，这也足以激起他的焦虑了。而且我还没有就此打住，因为我那时认为他应该为苏茜庆贺。

于是，我们谈了谈，就从我刚才的思路聊开来。我在聊天中暗示，男孩们被教导说，他们不应该输给女孩。

"没有人教我们这样。"雷克斯说。

"你不这么认为吗？"

"好吧，确实没有大人这样说过，"[1]雷克斯若有所思地说，"但是我猜我们应该要这样认为。"

"为什么你们应该要这样认为？"

"我不清楚,"雷克斯说,"我觉得当一个女孩赢了一个男孩时,大家就会是这样的反应。组队也是按照这种想法来组的。我觉得每个人都以为男孩子应该更厉害。"

"男孩子更厉害吗?"

"不,"雷克斯毫不犹豫地答道,"有些女孩子很擅长踢足球。"

"那你们小孩子会因为男孩子输给了女孩子而取笑他们吗?"

"会的。"雷克斯说,"我的朋友们都很好,不会嘲笑任何人。但是有些男孩子会。"

"那女孩子呢?"

"会的,女孩子也会因为你输给一个女孩子而嘲笑你。"

☆ ☆ ☆

性别歧视是很复杂的。

它主要是对成年女性和女孩子不利。但它也会对成年男性和男孩子不利。如果我们想要帮助女孩子,就要同时也帮助男孩子,因为当男孩子感到受威胁的时候,女孩子往往为之受苦。

同时要注意:性别歧视并非只是男孩子施加给女孩子的。女孩子也会施加给男孩子。女孩子也会施加给女孩子。男孩子也会施加给男孩子。我们所有人都参与其中,因为我们都沉浸在被各种性别刻板印象构建出的角色之中。我们也都深受性别歧视之害,因为我们都承受着满足角色要求的压力。

稍后我们还会回来讨论这些角色的。但是首先,再多谈一谈那场 5 000 米比赛。

我告诉过你们苏茜得了第一名。但是布莱克也得了第一名,尽管苏茜比布莱克早完成了将近一分钟。

等一下,什么情况?第二个跑完的人,怎么也能得第一名呢?

答案是:布莱克是个男孩子。这场 5 000 米比赛是按性别分组的。所有的孩子一起跑,但其实进行的是两场比赛:一场女孩子的,一场男孩子的。

这就产生了一个问题:我们为什么要按照性别来区分体育运动?苏茜不需要帮助。她是班里跑得最快的女孩。但同时,我们也可以只说她是跑得最快的,这就够了。我们可能会想:让布莱克也得到一枚第一名的奖牌,是个好主意吗?也许第二名的名次会给布莱克——以及其他所有男孩子——好好上一课。当一个女孩与男孩们竞争的时候,她也是可以站在领奖台上的。

这听上去像是值得学习的一课。如果这场 5 000 米比赛不是按性别分组,男孩子们第二年会再被教训一顿。苏茜把她的领先优势翻倍,比最快的男孩快了整整两分钟。而且她不是唯一一个跑在他前面的女孩。他跑第三名。然而他仍然以冠军身份回家——毫无疑问是次级性别里的冠军,至少在那场比赛中是如此。

☆ ☆ ☆

那么,为什么这场 5 000 米比赛要按性别分组呢?说实话,我不确定这样做是否合理。我看不出雷克斯和苏茜这样年纪的男孩子与女孩子为什么不能相互竞争。事实上,我认为让男孩子和女孩子都看到,女孩子在体育方面同样优秀,甚至更棒,对男孩子和女孩子来说都是好事。

但是这种做法只能维持很短一段时间。不久以后,男孩子就会超过苏茜。不是我的儿子。也不是大多数男孩子。但有些男孩子会。因为男性体育表现的终点比女性体育表现的终点要远一些,至少在大多数体育运动中是这样。

在顶尖水平上,两性的差距就很明显了。就拿百米冲刺来说。弗洛伦斯·格里菲思·乔伊娜保持着女子世界纪录,10.49 秒。*这是非常快的。但它仍然比尤塞恩·博尔特的男子世界纪录,9.58 秒,慢了将近 1 秒。

为了把这种差异放在具体情境中去理解,我们可以想象一个跑得像弗洛伦斯·格里菲思·乔伊娜一样快的男人,他的速度以那些最快的男性的标准来看是非常慢的,他在 2019 年田径赛季中的排名则会是第 801 位[2]。事实上,他在高中生里也很难显得突出;在 2019 年的赛季中,有十几个 18 岁以下的男孩子跑得比这位有史以来最快的女性还快[3]。

当然,在某些运动项目中,女性在整个成年期都比男性更有竞争力,我们待会儿就可以看到其中一些。但是就目前的情况而言,这样的运动并不多。所以,如果我们不按性别分组,女性很少会赢得大型的比赛。更糟糕的是,她们很可能会在比赛中完全缺席,因为她们连参加比赛的资格都很难获得。

☆ ☆ ☆

那又怎样?你可能会好奇了。

---

\* 这个时间是有争议的,因为似乎那场比赛中测算风速的风速计坏掉了。它没有显示风速。但是后来的调查表明,当时的风速远远超过了比赛所允许的风速。如果你将这次比赛从世界纪录册上拿掉的话,最佳成绩就会变成伊莱恩·汤普森-赫拉的 10.54 秒。

这不是一个愚蠢的问题。各种各样的人都被排除在精英体育圈之外。有些篮球高手因为太矮而不能参加 NBA 的比赛。有些橄榄球高手因为过于矮小而不能进入美国国家橄榄球联盟（NFL）。有些足球高手因为跑得太慢而不能在英格兰足球超级联赛踢球。

有一些运动是有办法解决这些问题的。我外祖母最小的弟弟在 20 世纪 30 年代曾是一名拳击手。他用"爱尔兰人"本尼·科恩的名字打拳。他并不是爱尔兰人。但他的经纪人是。而一个爱尔兰的科恩能让门票收入翻一番。

本尼是一位了不起的拳击手。巅峰时期，他排名世界第三——在他所属的重量级中。[4]

你看，本尼是一名羽量级拳击运动员。他身高约 158 厘米，体重 118 磅[*]。我都比他高，不过这句话我以前从来没说过。（按照拳击运动的分类，我是超轻量级的。感觉挺合适的。）如果本尼在竞技场上与一位重量级拳击手进行比赛，他会被打死的。但拳击运动通过体重级别划分，这让像本尼这样的拳击手有机会出类拔萃。

这项运动也因此变得更好。小个头的拳击手们看起来很有趣。他们比大块头们动作更快，而且有些在技巧上更熟练。拳击迷们会争论谁是最优秀的 P4P[†] 搏击手。这个短语意味着，在任何一对拳击手中，最好的选手可能不是能赢得正面对决的那一个。事实上，很多人认为休格·雷·罗宾逊是历史上最强的 P4P 拳击手。他曾是一名次中量级（147 磅）拳击手，后来变成中量级（160 磅）拳击手。而顶尖的重量级拳手，如穆罕默德·阿里，却能将他摧毁。但是量

---

[*] 1 磅约合 0.45 千克。——编者注
[†] P4P（Pound for Pound）是拳击、综合格斗等搏击运动中使用的排名系统，在不考虑体重影响的情况下，在不同量级的选手之间进行综合技术水准比较。——译者注

级的划分让罗宾逊为这项运动确立了新标准。

有些人在性别隔离方面提出相似的论点。如果温布尔登网球锦标赛不区分男女来进行比赛，我们就无缘见到威廉姆斯姐妹的辉煌成就了。

这不是我的观点，而是塞雷娜·威廉姆斯的。当有人问她要不要与安迪·穆雷对决一次时，她回应道："对我来说，男子网球和女子网球几乎完全是两种运动。如果我跟安迪·穆雷比赛，我会以两个0∶6在五六分钟内输掉，也可能是十分钟内……男子网球运动员速度更快，发球更猛，击球更重，这是一种不同的游戏。"[5]

当然，不同并**不**意味着更差。事实上，一些运动的女性项目可能比男性项目更好。一些篮球迷更喜欢看WNBA（美国女子篮球协会）而非NBA的比赛，因为女性们展示出不同的技能。她们不太依赖个人运动能力，而是更多地作为一个团队在协作，执行预定战术和有组织的防守。[6]事实上，有些人说WNBA恢复了篮球这项运动过去的样子，相较于今天的由超级巨星主宰的NBA，他们更喜欢前者。（补充：雷克斯最近问为什么NBA没有被叫作MNBA，他确实抓到了重点。）

发掘不同的运动员或者不同的运动风格，毫无疑问是按性别给运动分类的好处。但这些并不是全部，甚至不是最重要的部分。首先，我们通过其他各种方式也能体会到这些好处，而不是非得通过区分性别的方式。拳击运动就能证明这一点。我们也可以借鉴拳击运动中的区分方法，将其运用到其他运动中，比如按照身高划分篮球等级，按照速度划分足球等级，或者按照力量划分网球等级。每划分一次，或许我们都能发现新的运动员和运动方式。但是，没有人吵着要看矮个子们打篮球，尽管这样的比赛看起来肯定非常有意思。

其次，这样解释运动中的性别隔离也不是只有这一个问题。性别隔离并不适用于所有的运动项目。在篮球运动中，到达精英水准的男性和女性或许风格上确实有某些不同。但是到了跑步这项运动，性别隔离就不再突出运动风格的不同了。跑得快就是跑得快，无论谁跑。*如果这场5 000米赛跑没有性别隔离的话，苏茜可能已经给这些男孩子上这一课了。

最后，运动中的性别隔离似乎一定与平等有关。尽管矮个子们的比赛可能也更依赖于团队协作而非个人能力，但还是没有人吵着要看矮个了打篮球，这并不是一个意外。在我们看来，矮个子男人打球并不像女人参与竞赛那样重要。

☆ ☆ ☆

但为什么女性参与体育竞赛很重要呢？为了解答这个问题，不妨思考一下运动为什么重要。简·英格利希是一名哲学家，同时也是一名令人印象深刻的业余运动员。她英年早逝（只有31岁），在攀登马特洪峰途中丧生。[7]在去世前不久，她发表了一篇文章，名为《体育中的性别平等》。[8]

英格利希认为，参与体育活动有两方面的益处。首先是**基本益处**，其中包括获得健康、自尊，还有"只是好玩儿"[9]。英格利希主张，我们都有权利去享受体育的这些基本益处。她设想了一个名叫沃尔特的男孩，他比一个名叫玛蒂尔达的女孩更擅长摔跤。她说，沃尔

---

\* 男性和女性跑步的方式确实存在生物力学上的差异。但只有老练的观察者才能看出这些区别。我们对女性跑步的兴趣也并不在于她们与男性在生物力学上的不同。

第6章　性、性别与体育

特的优势"不能作为理由来拒绝给予玛蒂尔达平等的机会去参与摔跤,以获得健康、自尊和乐趣"。[10] 实际上,英格利希认为,仅仅因为沃尔特更厉害,就以此阻止玛蒂尔达摔跤是不公正的。

英格利希主张让休闲运动项目"对所有年龄、性别、收入水平和能力的人开放"[11],使每个人都能享受运动的基本益处。她言行一致,是一名狂热的游泳、跑步和网球运动员。在她去世的几个月前,她还在当地的一次田径比赛中创造了她所在年龄组的 1 万米长跑纪录[12]。

通过创造这项纪录,英格利希也获得了体育运动的**稀缺益处**,其中包括名声、财富和冠军头衔。英格利希说,我们不可能人人都有资格收到粉丝的来信,更别提赢得比赛冠军了[13]。当涉及稀缺益处时,技能就很重要了。

但平等也同样重要。实际上,英格利希提出,男性和女性都应该拥有通过运动获得名声与财富的平等机会。

但是她坚持认为,没有哪个女性**个体**拥有获得名声或财富的权利——女性个体甚至没有参加其有可能获胜的比赛的权利。相反,女性**集体**拥有均分运动稀缺益处的权利,因为在运动中扮演关键角色对女性而言是非常重要的。[14]

为什么?我认为另一位哲学家——同样也是一名杰出的运动员——给出了最好的回答。1984 年,安杰拉·施奈德作为赛艇运动员代表加拿大参加了夏季奥运会。她在女子四人艇比赛中获得银牌[15]。退役后,她成为一名体育哲学家。这简直是最酷的工作。施奈德的写作涉及兴奋剂、业余运动以及运动与游戏之间的关系等主题。

正如施奈德所指出的,我们生活在一个严重不平等的世界中。女性被"系统性地剥夺了在政治权力和公众关注中的位置"[16]。并且她们的"才能和成就"经常"不被认可和默默无闻"[17]。

体育运动是这个问题的一个重要部分。在我们的社会中，绝大多数人不像运动员那样受到追捧。但是，我们只关注少数运动项目，而其中大多数项目都更青睐男性体魄。这至少会导致两个问题。

第一，榜样力量不容忽视。年轻女孩需要看到女性在运动场上取得卓越成就，否则她们可能会得出"运动不适合我"的结论，从而失去运动带来的基本益处。

第二，我们赋予在运动中表现出色的运动员巨大的权力和影响力。迈克尔·乔丹积累了巨额财富，用来购买了一支 NBA 球队。最近，他承诺提供 1 亿美元资金用于抗击种族歧视[18]。科林·卡佩尼克也参与了这场斗争。他只是通过在国歌演奏期间单膝跪地，就有力地推动了这场反对警察暴力的运动。他以无人能及的方式引发公众对这件事的关注，因为每周日他都能吸引美国国家橄榄球联盟摄像机的注意。卡佩尼克和乔丹并不是仅有的致力于变革的运动员。穆罕默德·阿里、"魔术师"·约翰逊、格雷格·洛加尼斯、杰西·欧文斯、杰基·罗宾逊——推动观念转变的运动员名单超级长。

感谢性别隔离，这份名单也包含了许多女性。最近有塞雷娜·威廉姆斯、梅根·拉皮诺和玛雅·摩尔。而在她们之前，还有"宝贝"·迪德里克森·扎哈里亚斯、玛蒂娜·纳芙拉蒂洛娃和比利·简·金。

仅仅是这份名单就足以有力地证明在运动中性别隔离的必要性。如果没有这些女性——以及许许多多的其他女性——所提供的鼓舞，这个世界会变得更糟糕。对于女孩来说，当然是如此。对于我们其他人来说，亦是如此。

我们观看体育比赛不仅仅是为了看谁跑得最快、跳得最高。正如施奈德所说,体育比赛"塑造和定义了我们对自身身份与人类潜力的认知"[19]。我们所推崇的运动员也会反过来提升我们。他们展现出坚韧、决心和毅力。他们与逆境抗争。他们成功。他们失败。他们表现出风度,也可能失态。我们从观看中学习,而重视女性和男性同等重要。

☆ ☆ ☆

尽管施奈德为性别隔离做出了辩护,但她认为在一个真正平等的世界里,我们不需要这样做。男性和女性可以在所有运动中一起竞赛,同样出色[20]。

为了达到这个目标,男孩和女孩需要得到同等的鼓励去参与运动,在运动生涯中得到同等的支持。我们需要拓展体育运动的范围,以便充分实现女性的运动潜能。

我们已经有一些女性身体占优势的运动了。女子体操可能是其中最突出的一种。男性不参与平衡木项目[21],但就算他们参加了,西蒙·拜尔斯也很可能彻底击败他们,因为重心越低越适合这个项目。

拜尔斯不是唯一有能力胜过男性的女人。你听说过菲奥娜·科尔宾格吗?在2019年,她参加了横贯大陆赛,一项横跨欧洲2 000多英里\*的自行车赛事。这场比赛非常辛苦,持续时间超过一周。运动员们完全靠自己。他们不会得到任何人的帮助。而且计时器一刻不停,所以他们必须规划好吃饭和睡觉的时间与地点。科尔宾格表现如何?她击败了所有对手,比获得第二名的男性选手快了10个多

---

\* 1英里约合1.6千米。——编者注

小时。[22]

贾丝明·帕里斯可能更令人印象深刻。她在山脊挑战赛中创下纪录，跑完 268 英里只用了 83 个小时。**她在路上要停下来挤母乳，以免得乳腺炎。** 尽管如此，她还是比这场竞赛中的所有男性都快了至少 12 个小时。[23]

科尔宾格和帕里斯并不是家喻户晓的名字，这表明存在一种不公。正如施奈德所说，女性的成就经常被忽视。但她们的胜利证明，女性的运动潜力并不比男性少——只是双方具备的潜力是不同的。

男性跑得更快，但如果你让他们连续跑三天，那贾丝明·帕里斯就会超过他们。

☆ ☆ ☆

我的两个儿子都喜欢看女性的运动。因为它们也是运动。只要有比分或者计时，他们就会投入地看任何比赛。

他们眼中的英雄，有些是女性。我们花了很长时间在女足世界杯期间寻找儿童尺寸的拉皮诺球衣。虽然我们当时在旅行，但我们竭尽全力地寻找电视机来看比赛。

在其中一场比赛里，雷克斯问了我一个问题，让我刚刚给你们讲的故事变得更加复杂了。

"一个跨性别女性能踢女足吗？"他好奇道。

"我不确定具体的规则是什么样的，"朱莉说道，"人们对此是有争论的。"

"为什么？"

"有些人认为'她们'可能享受了一种不公平的特权。"

"我觉得她们应该有资格参赛。"雷克斯说道。我们其他人也表示同意。

但是大多数人是不确定的。事实上,有些人说允许跨性别女性参与女性运动会妨碍性别隔离目的的实现。

☆ ☆ ☆

我觉得这种说法是错误的,我也想解释一下为什么。但如果想要清晰地思考这个问题,我们需要对性(sex)与性别(gender)进行简单的介绍。(如果你是主修性别研究的学生,可以趁这会儿吃点爆米花——或者直接跳过去。)

性是与生物学相关的概念,它取决于人类身体的物理特征。这并不像你小时候被教导的那么简单,因为没有哪个单一的特征可以将人划分为男性和女性两类。然而,确实存在一系列特征区分着男性(包括 XY 染色体、睾丸和外生殖器)和女性(包括 XX 染色体、卵巢和内生殖器)。但是有些人同时具备这两类特征,或者具有不属于这两类特征的特征。所以并不是所有人都是男性或者女性——有些是双性人。\*

有些人将**性**和**性别**当成同义词来使用,但它们实际上并不相同。因为性别是与社会角色相关的,而非与生物学相关。女性会受到一系列期望(关于她的外貌、着装、走路方式、说话方式、工作、感觉、想法等等,**无穷无尽**)的影响。在这方面男性也是一样,只是

---

\* 这样的人有多少呢?这个数量是很难估算的,因为这取决于研究人员把什么特征算作双性特征。按照相对严格的定义,大约每 4 500 人中就有 1 人符合条件。以更宽泛的定义来说,比例可能高达 1%。

承载的期望不同。对一个男孩或者一个女孩来说同样如此，他们是这些角色的初级版本。

许多父母是在女方怀孕大约 18 周后做超声检查时第一次接触所有这些问题的，至少是与他们的孩子有关的问题。我很清楚地记得汉克的那次。超声技术员把探头放在了朱莉的肚子上，然后马上拿开了。

"你们确定你们想知道？"她问道。

"是的，我们很确定。"朱莉说。

"好吧。其实要看出来也不是很难。"

她把探头重新放回来，然后画面逐渐清晰。那里就是汉克，两腿张开，好像在说："你们**看到**我的小鸡鸡了吗？"

我们把这句话写在超声检查照片上，发给了家人。

不，其实我们内心并非如此期待。但是我们的确告诉了大家，我们会有一个男孩。朱莉怀雷克斯的时候，我们没告诉大家，尽管当时我们也是知道的。我们不想让房子里充满男孩的东西。但是很久之前的那次我们被批得体无完肤，所以这次到汉克的时候我们就如实相告了。

现在有些父母用一场"性别揭晓"派对来分享这个消息。我不清楚这具体怎么弄，因为我们生孩子的时候还不流行这种派对。但我觉得你需要一名特工来帮你实现。父母正在房间里等待超声检查——不知为什么，他们并没有得知相关的信息。但是这个信息已经传递给了他们的一位朋友。这位朋友准备了一个蛋糕，覆上一层糖霜，来掩盖蛋糕本身的蓝色（代表男孩）或者粉色（代表女孩）。在派对的整个过程中，紧张气氛不断加剧，直到父母切蛋糕的时刻来临。颜色显露出来，人群欢呼，好像他们对这个结果感到非常兴奋。不过，另一种颜色也会引发完全相同的欢呼。

至少相对保守的做法是这样的。有些父母兴奋过度，以至引发了爆炸。至少有两次这样的派对引发了野火[24]。有个人在一场"性别揭晓"派对中被大炮轰死[25]，另一个则被自制的土炸弹夺命[26]。我不喜欢颜色不对的蛋糕——甜点应该选巧克力啊。但是别误会：粉色或蓝色的蛋糕总比各种烟火好一些。

☆ ☆ ☆

快问快答："性别揭晓"派对这个名字起得对不对？

答案是：不对，非常不对。超声检查所揭示的唯一信息是胎儿有阴茎还是阴道。或者是有卵巢还是睾丸。屏幕只显示出这个未来儿童的身体特征。

所以，实际上，它们是性派对。

但是你能看出营销人员为什么毫不犹豫地拒绝了这种叫法。想象一下邀请函的样子：

> 诚邀参加
> 卡伦和卡特的
> **性派对！**

奶奶买的肯定**不是**那类合适的礼物。

但是确切地说，这些聚会并不只是性派对。它们也是**性别分配**派对。

在蛋糕被切开的那一刻，每个人都心照不宣地同意了该怎样对待这个小孩（这个小家伙甚至还没有出生），好像孩子们拥有了一个固定的社会角色。如果是蓝色，我们应该去买些男孩爱玩的球和球拍。如果是粉色，我们应该去买属于女孩的娃娃和小裙子——并且向她支付比跟她做同样工作的男性更少的工资。

这就是那些庆祝背后的真正含义。

就像孩子们说的：没有什么派对比得上性派对！

☆ ☆ ☆

我这样说只是为了博人一笑，但是这里其实存在一个严肃的问题。我们会给孩子们分配角色，甚至在我们还没见到他们的时候。我们分配的角色塑造了他们大多数人的人生。这些角色可能还有限制性。想想看，在历史上，女性因为自己是女性而无法做的事情有多少。

为了证明这些限制是正当的，人们经常以女性的身体为理由。他们会说女性不适合体育运动，也不适合体力上要求很高的工作，因为……（在这里会嘟囔一些关于妊娠或月经之类的事情）。但这是荒谬的。即使塞雷娜·威廉姆斯怀了孕，带着一条受过伤的左臂并患有严重的流感，她的身体也还是比我的更适合网球运动。而且，女性身份并不妨碍一位女性参加体育运动或从事体力劳动。

性别角色和我们的身体之间的关系并不是那么紧密。而且性别角色和我们的大脑之间似乎也没有多大关系。例如，女孩和粉色之间的联系，完完全全是文化上的。我们就来问问 1918 年收录在经典小报《厄恩肖婴儿部》(*Earnshaw's Infants' Department*) 中的一篇文章吧：

> 一般公认的规则是，粉色是男孩的颜色，蓝色是女孩的颜色。理由是粉色作为一种更坚定、更强烈的颜色，更适合男孩，而蓝色更精致、更秀雅，更适合女孩。[27]

想扰乱大家的思维吗？那就在你的下次性别分配派对上，遵循《厄恩肖婴儿部》的规则吧。

我的意思并不是说身体、大脑和性别角色之间**没有**任何联系。当然，作为父母，我们已经看到儿子们发展出了非常符合性别刻板印象的兴趣方向，我们似乎也没怎么鼓励过他们培养这些兴趣。但是要想知道你给孩子们释放了什么样的信号，其实是非常难的。朋友给他们带来怎样的影响也很难判断。科学在这里遇到了麻烦，因为不可能进行受控实验，对孩子们系统性地介绍不同的性别规范。但是我们至少可以这样说：过去几十年社会的飞速变化，证实了文化在塑造性别角色方面的作用，比任何关于大脑或身体的事实所起的作用都要大得多。

因此，女性主义者们长期以来一直主张弱化性别角色，甚至支持彻底废除它们。弱化性别角色的努力已经获得了极大成功，众多杰出的女性运动员就是证明。这种改变并非仅限于运动领域——女性在她们进入的每个领域都成为领导者。当然，她们仍然面临着种种障碍。而且成为领导者的女性人数还不够多。但是有一点非常清楚，这些障碍是社会性的，而不是生物性的。

☆ ☆ ☆

雷克斯提出的关于跨性别女性的问题，指向了给孩子们分配刻板性别角色所引发的另一种担忧。一些孩子并不认同我们分配给他们的角色[28]——甚至会对他们的一些身体特征感到格格不入,我们正是根据这些特征给他们分配角色的。*等到他们长大了,其中一些孩子转变了性别,同时引出了雷克斯的问题:在这个按性别给体育运动分类的世界里,跨性别运动员置身何处?

极少有人为跨性别男性参与男性运动而担忧,即便有些这样的人已经非常成功了。[29]但是关于跨性别女性参与女性运动,却存在着非常多的争议,有部分原因是人们担心她们会具有某些优势。

确实是可能的。乔安娜·哈珀是一位科学家,研究跨性别运动员的运动表现[30]。她认为跨性别女性确实在某些运动中存在优势——除非她们接受激素疗法,或者说直到她们这样做。问题在于睾酮。[31]男性一般会比女性分泌得更多,而人们认为(至少一些人认为)这种不同会使男性在力量和速度方面拥有巨大优势。

哈珀可以从自身经历出发来谈论这个问题,因为她自己就是一名跨性别运动员。有三十多年的时间,她都在跑男性的马拉松比赛。后来她转性别了,开始接受激素疗法,然后作为一名女性去竞技。哈珀报告说,药物将她的速度降低了12%。[32]但是她的新竞争者也更慢了,所以她大致保持在同样的名次上。[33]哈珀收集的数据表明她的经历不是个例。[34]但是她的研究具有争议性[35],因为样本较少,其他诸如年龄、训练等因素也可能影响了结果。

科学可能比你想象的要不明确。对于外行来说,睾酮好像一定起到了很大的作用,因为我们知道,服用它的运动员通常会有显著

---

\* 在最近的一项盖洛普民意测验中,Z世代(出生于1997—2002年)中的1.8%认为自己是跨性别人士。而在X世代(出生于1965—1980年)和婴儿潮一代(出生于1946—1964年)中,则只有0.2%。所以这个比例已经大幅上升。

的收获。但是正如丽贝卡·M.乔丹-扬和卡特里娜·卡尔卡齐斯在其著作《睾酮：一本未授权的传记》中所解释的那样，睾酮和运动表现之间没有必然的联系。[36] 实际上，成功的男性运动员有时睾酮水平是低的。而且服用睾酮会提高运动成绩的事实并不意味着自然产生的此类物质也能有同样的效果，因为运动员的身体对此可能早已习惯了。

尽管如此，仍然有许多人怀疑，至少在某些情况下，睾酮会给跨性别女性带来优势。而且由于睾酮被认为是问题所在，人们怀疑的并非仅仅是她们。还有一些雌雄同体的女性其睾酮水平更像男性。她们参与女性运动，也引起了争议。

体育界官员们并没有很好地处理这种争议。许多年来，他们通过质疑运动员的性别和性别认同来将其污名化。他们还对运动员们进行有辱人格的体检。我不会详细地描述他们具体做了什么，因为我觉得那是极具侮辱性的。由于同样的原因，我也不打算指出遭受他们审查的运动员们的姓名。

但是这里有一个我想问的问题：假设跨性别女性和雌雄同体的女性的确存在一定的优势，这重要吗？哈珀说是的，而且很可能体育官员们也会同意，不然他们就不会检测运动员们的身体了。

但是为什么这很重要呢？哈珀解释说，女性运动的要点在于"为女性运动员提供有意义的比赛"[37]。在她看来，只有在跨性别女性和雌雄同体的女性"不过度改变其他女性的竞争环境"[38] 的前提下，她们才有资格参加女性运动。体育官员们应该也是同意的，因为他们正在朝着哈珀指出的那种体系前进，将女性参赛资格与睾酮水平挂钩。[39]

睾酮水平可以通过一个简单的血检来测出，所以这种方式比那种侵入式的检查稍微好一点。但我仍然认为这是个坏主意。一些女性会被排除在外——以及被污名化。更糟糕的是，一些运动员会感觉到压力，进而使用本来不太可能用的药物，只是为了把她们的睾酮水平降下来。这些药物并不是无害的。正如乔丹-扬和卡尔卡齐斯所指出的，降低睾酮水平会导致"抑郁、疲劳、骨质疏松、肌无力、性欲低下以及新陈代谢问题"[40]。

还有，我们应该记住我们从简·英格利希那里所学来的东西。在涉及体育运动的稀缺益处时，没有任何个体运动员有权要求进行有意义的竞赛或要求得到类似公平竞争的那种环境。我确信那些跟尤塞恩·博尔特一起比赛的男性并不觉得他们有多少机会。我怀疑跟正值巅峰期的迈克尔·菲尔普斯一起游泳的男性也有同样的感受。而且也没有人要求博尔特或者菲尔普斯停止参加比赛，以便剩下的男性可以进行有意义的竞赛。

而对于业余运动者来说，有意义的竞争就**是**重要的了。如果你永远落在大部队后面，你不会感觉到乐趣的——甚至你可能都不会再练下去了。要获得运动的基本益处，你的确需要跟和你处在同一水平的人一起玩儿。但是体育精英们无法坚持这一点。这是维罗妮卡·艾维提出的观点。[41]她是跨性别女性，也是一名获得过世界冠军的自行车运动员。近年来，艾维已经在短距离竞赛中创下了她所属年龄段的好几项世界纪录。并且，她还是一名哲学家。

艾维指出，运动员们的身体在身高、体重、肌肉组织以及其他方面有很大差异。2016年奥运会中，女子跳高获得第一名的女性的身高比第十名高出了二十多厘米。[42]身高当然给了她跳高的优势。但是没有人因此认为这场比赛是不公平的。那为什么对跨性别身体的不同之处要区别对待呢？

艾维同时也指出，跨性别女性往往没有资格参与男性运动，特别是在她们的变性获得了法律认可之后[43]。不允许她们参与女性运动，就相当于不允许她们参与任何体育运动。这很糟糕，因为英格利希教给我们，每个人都应该得到运动的基本益处。这很糟糕还因为施奈德教给我们，跨性别运动员们理应有机会获得体育提供的力量和影响力。

我认为，我们不应再为人们的身体特征而担忧，并且应该以性别而非性来区分运动。如果一个人是法律认可的跨性别女性[44]，她就应该有资格参加女性的运动。*

☆ ☆ ☆

但是等一下：如果你能以女性的身份参加比赛，只凭你说你是女性就可以的话，那么男人就不会为了获得运动荣誉而假装成女性吗？不会。男性不能通过**以女性的身份**参与竞争来掠获他们感兴趣的运动荣誉。[45]历史上确实有一些疑似案例。但回想起来，涉及的运动员似乎都是双性人。[46]男人伪装成女人赢得奖牌，根本就不足以构成一种担忧。

除非，你就是这样看待跨性别女性和雌雄同体的女性的——他

---

\* 如果跨性别女性主宰了女性运动，我是否还会坚持这个观点？我认为这种担忧是杞人忧天，所以我只在脚注里简单地提一下。我们几乎没有理由认为跨性别女性在运动中会排挤掉顺性别女性——跨性别女性已经参与了竞赛，而顺性别女性仍然能够保持自己的地位。但如果我错了呢？我认为这将是一个问题，因为这意味着只有那些天生具备某些身体特征的人能够获得体育上的成功。这是我们试图抛弃的想法。如果跨性别女性排挤掉了顺性别女性，我们就需要寻找新的方式让所有人都能参与体育运动。但我怀疑我们不会真正面临这个问题。

们是伪装成女性的男人。很可悲，许多人就是这么看待她们的。所以我想花点时间解释一下为什么这种看法是错误的。

扮演一个角色和认同它，两者之间是存在区别的。在歌曲《男人》（The Man）的 MV（音乐视频）中，泰勒·斯威夫特扮演了一个男人。她像男人一样着装、走路，甚至在地铁上像男人一样大张着腿。但是斯威夫特**只是**在扮演。她并不认同这个角色。

我也会表演出男子气概，每一天——通过我的穿衣、走路、言谈等，无穷无尽（但并不通过我在地铁上的坐姿，我不知道那到底是什么情况）。区别在于，对我而言，这**不只是**一种表演。我还认同这个角色。我将自己视为一个男人，而不是一个扮演男性这个角色的人。

跨性别女性和雌雄同体的女性并不是在扮演女性这个角色。她们认同这个身份。她们将自己视作女性。而且我们也应该如此看待她们。

☆ ☆ ☆

社会性角色无处不在。而且如果没有它们，我们将无法正常生活。它们安排好了在各种不同的场景下谁应该做什么，也规定着我们的互动方式。当我走进一家餐馆，我会寻找服务员，也就是会帮我安排位子的人。当我走进一间教室，我的身份就成了教师，也就是负责管理的人。如果我看到一个人在泳池里挣扎，我会告诉救生员，也就是经过训练去施救的人。

性别角色同样承担着一些功能。想象你在一个派对上，遇到了一个新面孔。这个人的性别如何影响你对其的种种设想，比如家庭责任、职业生活、兴趣爱好，甚至此时此刻这个人在房间里的体验？性别不是一个完美的向导，当然如此。但是它帮我们绘制了一幅图像，在你开口说话之前就形成了。

而且，性别也会在我们的交流中产生更多微妙的影响。就像朱莉很喜欢指出的，对女性说话时我的声音会更轻柔，对男性则会重一点，而对电话中的某个陌生人会变得又低沉又平静（这个习惯来自我青少年时期的一种小练习，当时我特别讨厌在电话里被误认为是我妈妈）。在男人和女人周围时我的身体姿态也不太一样。跟男性一起时，我会站得稳稳的\*，无论是字面意义上还是比喻意义上。我不喜欢被人推来推去。而面对女性时我会留出更多的空间，特别是当我不认识对方时。我担心站得太近可能会传达出某些信号。

无法认出一个人的性别时，你会遇到点小麻烦。交流变得有些困难，因为有些标准线索缺失了。罗宾·登布罗夫**想要**我们直面这个障碍，也就是停下来，然后质问性别是否应该在组织我们的社会关系的过程中扮演它目前的角色[47]。他们认为，把彼此当作人，而不是当作男人或女人来对待，应该会更好。

那么运动呢？我们是不是应该作为**人**，而非作为男人或者女人来参与竞赛？我不这么认为，至少目前还不这样想。我们生活在一个由性别建构的世界里，在可预见的未来也会一直如此。就我们目前所了解的，我们需要专门的女性运动，这样女性才能享有运动的诸多益处。

---

\* 原文 stand my ground，多数情况下使用其引申义，即"坚持自己的立场"。这里的语境其实是指身体状态，即字面意义，所以进行了直译。——译者注

☆ ☆ ☆

当我快写完这一章的时候,汉克正在旁边读书。

"你在写什么?"他问。

"男孩、女孩和运动。"

他看起来很困惑。"运动?我还以为这是一本哲学书呢。"

"是哲学书。万事万物都有与其相关的哲学。我正在写,男孩和女孩应不应该一起参加运动。你怎么想呢?"

"应该,"汉克说,"为啥这个问题要写这么长?"

"我不知道该怎么结束这一章。"

"我知道一章该怎么结尾。"汉克说道。

"是吗?"

"嗯。你写点非常有意思的话,然后你再写'然后……',但是你不说别的了,于是大家不得不翻页了。"

然后……

# 第 7 章

# 种族与责任

密歇根州迪尔伯恩市的亨利·福特博物馆真是太棒了。除非你只有3岁——那就更棒了。同时也很糟糕。因为到处都是轿车、卡车、飞机和火车。但是你不能碰它们。除了那辆罗莎·帕克斯\*进行传奇性抗议的公共汽车（原因我无法理解）。你不仅可以触摸那辆巴士，还可以坐在里面。事实上，你还可以坐在罗莎·帕克斯坐过的座位上。如果你确实3岁，你真的**会**坐在那个座位上。其他所有3岁小孩子也都会。然后，在回家的路上，你就会坐在座位上提问题。

"为什么罗莎·帕克斯不愿意去巴士的后座？"

"为什么罗莎·帕克斯不按司机说的做？"

"为什么罗莎·帕克斯要坐在巴士中间的位置？"

你爸爸会解释道，罗莎·帕克斯是在站起来捍卫她自己，以及每一个黑人。这样的回答就会引出更多问题。

"为什么罗莎·帕克斯要在巴士上站起来？"

---

\* 罗莎·帕克斯，美国黑人民权运动主义者，被美国国会称为"现代民权运动之母"。1955年12月1日，42岁的帕克斯在一辆公共汽车上就座时，被司机要求给白人让座，帕克斯拒绝了这一要求。在当时种族隔离依旧盛行的美国南方，法律明确规定黑人必须给白人让座，因此帕克斯遭受了监禁。她的被捕引发了蒙哥马利市长达381天的黑人抵制巴士运动，运动的组织者正是后来获得了诺贝尔和平奖的马丁·路德·金。——译者注

"为什么罗莎·帕克斯不坐下呢？"

"为什么罗莎·帕克斯要乘坐巴士？"

等你困了，你的问题听起来就开始像存在主义的了。

"为什么罗莎·帕克斯？"

"为什么罗莎？"

"为什么？"

在这一刻，你的爸爸会在一家书店门口停下来，去买一本《我是罗莎·帕克斯》[1]。因为跟孩子讨论种族问题是很重要的事。这个开头儿并不好。

☆ ☆ ☆

雷克斯很喜欢这本书。所以我们又买了《我是马丁·路德·金》[2]和《我是杰基·罗宾逊*》[3]。然后是《当杰基与汉克†相遇》[4]，这本书涉及了棒球运动中的种族主义**和**反犹主义。这是一套本垒打。

这些书让我们回到了正常的轨道上。雷克斯了解了美国种族主义的历史和与之抗争的英雄们。这些课上得很是时候。人们对警察暴行的重新关注引发了"黑人的命也是命"运动，雷克斯在报纸上和新闻里看到了这个抗议活动。所以他了解到英雄们并没有完成抗争事业。我们还需要做更多的事。

---

\* 杰基·罗宾逊，美国职业棒球运动员，第一位在美国职业棒球大联盟（MLB）打球的非裔美国人，他打破了美国棒球界的种族隔离现象，以此对美国的民权运动做出了重大贡献。——译者注

† 这本书里的杰基指的是杰基·罗宾逊，汉克指的是汉克·格林伯格。二人同是美国职业棒球大联盟的球员，其中后者是犹太裔美国人，因为坚持自己的犹太教信仰，在职业生涯中多次面临反犹事件，是美国犹太人群体的英雄。——译者注

在这一切的影响下,几个月后一次吃早餐时,雷克斯宣布了一个重大消息。

"我真希望我是个黑人。"他说。

我问为什么。

"因为白人对黑人做了好多好多恶毒的事情。这让我很伤心。"

"那你可有得伤心了。"我说。

"我希望我们没做过那些事。"

☆ ☆ ☆

雷克斯的宣言并没让我感到惊讶。我们已经一起读过很多有关黑人英雄的书——里面还有很多白人恶棍。所以他想做一个黑人。他还想变成一只猫。他有很多无法实现的愿望。

但雷克斯说的最后一点让我愣住了:**我希望我们没做过那些事。**

这是个简单的句子,观点也很简单。但是请注意这个词:**我们**。

通过这个词语,雷克斯表示了他将自己看作"**我们**"的一部分,而这个"我们"是应该对奴隶制和种族隔离等我们通过阅读了解的罪恶负责的群体。

当谈到这些错误时,很多白人是不会说"**我们**"的。他们就算会说类似的话,也只会说"我希望**他们**没做过那些事"。但他们不会用第一人称复数来把那些错误归到自己头上。坏事是别人干的,言外之意是应该由别人来解决。但那些人已经死了,所以很抱歉,这个问题无法解决。

雷克斯则相反,他将自己视作这个做了错事的群体的一员。令人震惊的是,雷克斯说这话的时候才 4 岁。如果有人能说自己没有道德污点，那这个人就是雷克斯。

但是他自己并不这么看。他的白人身份被玷污了。这白人身份是如此肮脏，以至他希望自己不是个白人。

☆ ☆ ☆

雷克斯是对的吗？白人身份是肮脏的吗？

这是个很棘手的问题。要回答它，我们不得不先搞清楚白人身份**是什么**。雷克斯是白人，不是黑人。但是作为白人，到底意味着什么？或者作为黑人意味着什么？就是说，什么是种族？对此我们都有一种直觉性的理解，这种理解我们每天都在使用着。但是很难说清种族到底是什么。事实上，一些人认为它根本不存在。

就某些概念而言，它显然是不存在的。很多人认为种族与生物特征有关。这种看法有一定的道理，因为人们的身体特征经常是我们判断其种族的依据。我们看皮肤、头发和一些面部特征，知道这些在很大程度上是遗传的。在很长一段时间里，人们都猜想这些表面的差异意味着更深的结构性差异[5]——比如说，你可以看一个人的肤色，然后推断出这个人的认知能力，也许还有性格。不仅如此，他们还想象这些更深层次的差异是由生物特征决定的，而非由社会环境这样的因素所决定。

但是生物特征并不起这种作用。[6]种族表面上的符号——皮肤、头发、面部特征——和其他特质之间几乎不存在关联。历史上有很多人尝试证明事实并非如此，但那些都是胡扯。[7]正如人类基因组计划负责人克雷格·文特尔曾经宣称的那样："肤色可以预测智力的观点，既没有科学事实依据，也没有人类遗传密码依据。"[8]当然，你也可以说肤色与性格的关系同样如此。

事实上，我们还可以说一些更有力的话。种族并不能把人划分成具有生物学意义的亚种。有些特征确实在某些种族中比在其他种族中更常见，但每个种族群体中也有丰富的多样性。事实上，当涉及基因时，种族之间的差异几乎和人类整体的差异一样多[9]。

我们都属于同一个家族——或者说至少属于同一个族谱。研究表明，现在活着的**每个人**都有一个共同的、距今只有几千年的祖先[10]。如果说这听起来很怪异，那么就值得花一点点时间思考一下祖先是怎么回事。[11]你有一对父母，四个祖父母辈的直系亲属，八个曾祖父母辈的直系亲属，以此类推。你可以一直这样回溯下去。但是你很快就会遭遇一个问题。这个数字是以指数级增长的。如果你追溯了比如说33代（大约是800年前到1 000年前），数学会告诉你，你有超过80亿位祖先。但是那时候并没有80亿人，直到现在才有大约80亿人。

这个谜题很容易解开。很多人在你的族谱上占据了多个位置。一开始，这个谱系扩展了。但是过不了多久，它就必须收缩。正如遗传学家亚当·卢瑟福解释的那样："你的曾曾曾曾曾祖母可能也是你的曾曾曾曾姑妈。"[12]事实上，如果你把每个人的族谱都追溯到足够远的地方，你会到达一个点，那是每个人共同的祖先。

这不应该让我们感到意外。我们都是大约10万年前生活在东非的同一个种群的后裔。[13]但你不需要追溯这么远，就能碰到今天活着的每个人共同的祖先。事实上，统计学家认为，他们所称的**基因等位点**（genetic isopoint）大约出现在7 000年前，甚至更晚近的年代[14]。

从那时到今天，我们散布到了全球，生活在并不总是相互融合的各个族群之中。结果就是，科学家们发现有些人群拥有一些共同的遗传特征。但是当他们研究我们的物种时，并未发现有什么严格的区别能像人们想象的那样将人类划分为若干种族。[15]

而且，那些在科学上具有重要意义的群体，并不符合我们对种族的日常理解。[16]遗传咨询师对我所属的德系犹太人很熟悉，因为某些疾病，比如泰-萨克斯病，在这个群体中发病率更高。但我们不能以这个原因来定义自己的种族。我们的群体中大多数都是白人，而白人中还包括阿米什人和爱尔兰人，遗传学家认为这两个群体是截然不同的群体。那么我们为什么要把所有这些群体分为一类呢？科学无法回答这个问题。种族名称并不代表着生物学意义上的重要差异。

☆ ☆ ☆

这是否意味着种族并不是真实存在的？某种程度上，确实如此。如果你对种族的看法预设了人类可以被划分为几个在生物学意义上截然不同的群体，这些群体同时也在社会意义上存在显著差异，那你就大错特错了。当哲学家发现一个范畴是空的，他们会说，我们应该对此持**错误论**（error theory）态度。错误论是一种花哨的说法，意思是"**哎呀，这整个都是错的**"——然后他们会试着解释这个错误是如何造成的。要不是将种族作为一个生物学概念造成了严重的后果，我们大可以轻松地说上一句"哎呀，这整个都是错的"。

但是它的确造成了严重后果，而且现在还在持续。这些后果指向了另一条理解种族的路径。我们可以不将其看作一个生物学概念，而是看作一个社会学概念。尤其，我们可以将种族看作一个在不同人类群体之间构建出一个等级制度的概念[17]。按照这种思维方式,身为黑人,就意味着占据了某种社会地位——屈从于某种形式的统治。想想奴隶制、种族隔离、大规模监禁等等。W. E. B. 杜波依斯将这一点阐释得最为精辟。"黑人,"他说,"是在佐治亚州的交通中必须遵守'吉姆·克劳法'\*的人。"[18]

如果黑人是那些必须在交通中遵守"吉姆·克劳法"的人,那白人是什么?他们就是不用遵守这些法规的人。又或者,是命令黑人遵守这些法规的人。在这幅图景中,白人是黑人的底片。实际上,你可以说,白人身份之所以存在,是因为黑人身份的存在。奴隶贸易把非洲不同地区的人带到了美洲。他们来之前没有统一的身份,但他们在这里被给了一个这样的身份。他们是黑人。他们的身份需要一个与之对立的新身份。在把他们变成黑人的过程中,其他的人成了白人。[19]这不是一个和平的过程。用詹姆斯·鲍德温的话来说:"在他／她来到美国之前,没有人是白人。经过几代人和大量胁迫,这个国家才成为一个白人国家。"[20]

这些分类的社会性质通过它们的变化方式被进一步展示出来。从欧洲来的移民并不总是被看作白人,至少不是立即就被当成白人。比如意大利移民,就被看作与黑人相似的一类,特别是如果他们来自意大利南部。事实上,他们有时会由于种族主义的原因被私刑处死。[21]哥伦布日的设立是为了把意大利人写进美国历史,通过这种方式让意大利人被视为白人。[22]这个效果实现了。就当代美国的种族而

---

\* "吉姆·克劳"是对非裔美国人的贬称。一般认为它源自一部1828年首演的黑人歌舞剧,剧中名叫吉姆·克劳的角色由白人演员托马斯·赖斯饰演。19世纪下半叶美国南方立法机构通过了针对非裔美国人的种族隔离法,当时这些法规被称为"吉姆·克劳法"。——译者注

言,意大利移民及其后代毫无疑问是白人。

当然,社会机制远比这些简写的历史事件复杂。而且我还没有说到美洲原住民、亚裔、太平洋岛民以及其他在美国可能被算作一个独立种族的群体。*但是我们不需要了解一切就能看到问题的核心。将种族作为一种生物学概念是站不住脚的。但是这并没有阻止种族在我们的社会关系中继续发挥重要的作用。

☆ ☆ ☆

有时人们试图抓住这个事实,说种族是**由社会构建的**[23]。这是一个很狡猾的说法,因为在某种意义上所有的概念都是由社会构建的,甚至科学概念也是。想一下冥王星。当我还是个孩子的时候,它是一颗行星。然后突然间,它不是了。什么改变了呢?冥王星没变。它始终都是那个由冰和岩石组成的球体,质量是月球的六分之一。发生变化的是我们自己。我们决定以一种将冥王星排除在外的方式来构想行星。

为什么?这个嘛,一旦我们能看得更清楚,我们就发现其他一些冥王星大小的物体存在于我们太阳系的边缘。[24]这就需要我们做出一个选择。我们可以认为它们都是行星,这样的话行星就会比之前认为的多出几个。或者,我们也可以修改我们对行星的理解。科学家们选择了后一种方式,将冥王星和它的伙伴标记为矮行星。他

---

\* 我也没有说到种族在世界的其他地方起着何种作用。正如哲学家迈克尔·鲁特所说:"种族不会'迁徙'。现在新奥尔良的一些黑人,有可能在几年前是只有八分之一黑人血统的混血儿,或者是今天巴西的白人。苏格拉底在古希腊并没有种族身份,不过在明尼苏达州他会是一个白人。"种族不迁徙的事实凸显了这个概念是多么武断——从根本上来讲,它是一种社会现象,而非科学现象。

们这样做，部分是为了保持行星是太阳系中重要天体的观点。现在，要想符合行星的条件，一个天体必须"清除"其轨道周围的"邻居"。[25]而冥王星没有办到这一点。有很多岩石跟它一起运动着，而且这些岩石围绕着太阳运行，而不是围绕冥王星运行。

行星这个概念是由我们构建出来的。随着我们对太阳系的了解日渐加深，我们重新构建了这个概念。但是别搞错了，行星是真实存在的，我们没有造出它们。我们创造了这个范畴，但是这个范畴里的事物独立于我们而存在。

种族则不然。当人们说这个概念是由社会构建出来的时候，他们的意思是如果我们从未发明过它的话，它就不会存在。但这不是他们全部的意思，因为这个说法对于篮球、啤酒和桥梁来说也是成立的——这些也独立于我们而存在。种族的不同，在于它**只是**个社会建构。

这是不是说种族并非真实存在的？不。种族绝对是真实存在的。把它与债务做类比。你可能有房贷或车贷。这些都是社会建构。我们的债务并不是独立存在的——如果我们突然消失，它也会消失。债务是一种组织我们的社会关系的观念。它是真实的。事实上，它可能是毁灭性的。

对种族来说也是一样的道理。这是一种组织我们的社会关系的方式。它也跟债务一样，可能具有毁灭性的影响。

所以值得一问的是：我们能放弃它吗？

☆ ☆ ☆

很多人认为我们应该这样做。事实上，一些人认为他们已经这样做了。

"我不看人的肤色的。"他们说。

但是我们都知道这不是真的。即使最小的孩子也会看到肤色。而且他们经常以令父母尴尬的方式做出回应。

"那个人是黑色的。"当汉克还是个刚学走路的小孩时,他不止一次说过这句话。雷克斯也一样。皮肤是人类身体的一个高显性特征,很难不注意到它有多种色调。雷克斯和汉克小时候见过太多浅肤色的人,因为他们的时间都是在我们的房子和犹太社区中心的日托所里度过的。刚开始看到一些不同肤色的人时,他们感到有点新鲜。所以他们发出了评论。孩子们就是会这么做。\*

当他们这么做时,我们给他们上了几堂课。第一,人的皮肤有很多种颜色。当时我们是让事实自己说话的。但是这些标签引发了困惑。"我的肤色不是真正的白色,"汉克会这样告诉我们,好像我们犯了个错,"它有点偏粉,还带点儿棕色。"

第二,我们告诉他们肤色并不重要。我们都拥有不同的身体,有的大,有的小,有的矮,有的高。我们有着不同的眼睛,不同的头发,不同的皮肤。但是我们从来没有因为这些不同而区别对待任何人。

第三,我们告诉他们,肤色又是重要的,**而且很重要**。当我们说肤色不重要的时候,我们的意思是它在**道德意义**上并不重要。但确定的是,它在**社会意义**上很重要。

我来给你列一些数据。

中等黑人家庭的财富比中等白人家庭的财富要少15%。[26] 黑人工人的失业率是白人工人的两倍[27],而且他们拥有一份与自己技能相匹

---

\* 当这些对话刚开始发生时,我们还没读过贝弗利·丹尼尔·塔图姆的经典《为什么所有的黑人孩子都坐在自助餐厅里?》。我真希望我当时读过了,因为其中有一章叫"早年",预料到了会出现这类对话,并提供了有用的处理方式。

配的工作的可能性更低。

在以白人为主的学区,我们花了更多的钱来教育孩子——每个学生每年大约多花 2 200 美元。[28]

白人比黑人活得更长——至少多出 3.6 年。[29] 并且他们得到了更好的医疗保健服务。[30]

还有,黑人远比白人更容易进监狱。2015 年,年轻黑人群体中有 9.1% 的人被监禁,而在年轻白人群体中这个比例只有 1.6%。[31]

以上这些事实都是相关联的。实际上,它们是互相支撑的。它们同时也反映了一段长期的、屈辱性的历史,开始于奴隶制,却没有结束于此。

例如,种族间的财富差距是拒绝发放贷款的经济歧视的结果,它限制了非裔美国人通过拥有不动产积累财富的能力。它反映出一种暴力,类似于塔尔萨种族暴乱[32](它摧毁了那个通常被称为"黑人华尔街"的金融区)。而且它也反映出一种日常生活中的歧视。

刑事司法系统的差异反映出黑人遭到了比白人更严厉的监管和惩罚。就举一个简单的例子,白人和黑人吸食毒品的比例大致相近,但是黑人因毒品犯罪而被捕的可能性几乎是白人的 4 倍。[33]

在我们的孩子很小的时候,我们没有跟他们说过这些数据。但是我们的确告诉了他们,我们的社会中有虐待黑人的长期历史。\* 我们也告诉他们,这种恶劣的待遇不仅存在于历史中,也是我们现在

---

\* 如果你觉得,除了奴隶制和种族隔离这种基本知识,你对美国的种族主义历史没有清晰的认知,那你可以从一个简单的地方入手,阅读塔那西斯·科茨 2014 年发表在《大西洋月刊》上的文章《赔偿案》("The Case for Reparations")。(我们稍后会讨论赔偿问题,所以这篇文章可一石二鸟。)它在展示我们历史中的沉重部分及其对黑人的压迫方面所起的作用,比我在佐治亚州公立学校布置的任何作业都有效。等到我的孩子有能力阅读这篇文章时,我会让他们读一读的。

的一部分。

我们能克服种族问题吗?可能吧。但是这并不像我们说起来那么简单。如果我们想要生活在一个种族不再重要的世界里,我们就必须消除这些不平等。我们不能视若无睹。

☆ ☆ ☆

我们应该超越种族吗?当然,我们应该终结这些不平等。不过有些人认为,尽管种族有着肮脏的历史,但它依然有价值。

希克·杰弗斯是一位研究种族的哲学家。他同意,种族起源于压迫。[34]如果没有奴隶制,我们可能不会给人们贴上黑人或者白人的标签。但这并不意味着这些标签只有在压迫的背景下才有意义。在美国,黑人忍受着"污名化、歧视、边缘化和劣势"[35]。但杰弗斯提醒我们:"黑暗中也有快乐。"[36]

这种快乐就在黑人文化,即黑人艺术、黑人音乐和黑人文学中。[37]它渗透了黑人的宗教传统和仪式。它体现在黑人的言谈、着装和跳舞的方式中。在这一阶段的历史中,黑人身份将一个人与一种丰富而独特的文化遗产联系在了一起。虽然这种身份来源于压迫,但它的意义远不止于此。

凯瑟琳·索菲亚·贝尔也表达了同样的观点。她是黑人女性哲学家协会的创始人,该组织旨在提升这个被严重低估的学术群体的声音。和杰弗斯一样,贝尔坚持认为"种族并非仅仅是一个用于压迫和剥削的负面范畴"[38]。她说,对于黑人群体而言,它也是"一个积极的范畴,包含了一种作为成员的归属感,对抗争和胜利的铭记,以及向前迈进和努力实现新理想、新成就的动力"[39]。

杰弗斯和贝尔都希望看到种族主义终结。但是他们也希望看到黑人文化留存与繁荣。他们认为，平等相处并**不必然**需要抛弃种族身份。

☆ ☆ ☆

那么白人身份呢？其中也有快乐吗？我们应该希望看到白人文化留存与繁荣吗？我不这么认为。我想花一点时间来解释一下为什么。

黑人文化之美，部分在于它对压迫的回应方式——以及对压迫的超越。黑人历史带来了爵士乐和嘻哈音乐；带来了玛雅·安吉洛（Maya Angelou）和詹姆斯·鲍德温，索杰纳·特鲁斯（Sojourner Truth）和马丁·路德·金——此外还有许多许多。当我们颂扬**黑人**的作家、活动家和艺术形式时，我们就将其与那段历史（抗争和胜利的历史，正如贝尔所说的那样）联系在了一起。

白人文化中一点也没有这样的美。它诞生于压迫的另一面。

毫无疑问，我们可以颂扬那些**身为**白人的人，我们确实也这样做了——作者、艺术家、运动员等等。在他们的个体故事中，有艰苦奋斗和巨大的成就。我们也可以颂扬那些恰好是白人的群体的文化，这种群体包括爱尔兰人、意大利人、德国人、犹太人等等。但是我们把他们**当作白人**来颂扬的想法，是很恶毒的。

白人身份是用别人的痛苦编造出来的。[40] 它自身几乎没有额外的生命力。这当然是一种特权的来源。但它**不是**意义的来源。

有些人却不这么想。他们以自己的白人身份为傲。但是他们犯了一个错误。他们是白人文化中最恶劣的那部分，**因为他们拥护这**

个身份。

白人身份**是**肮脏的。并且我们在这里看到了它为何肮脏的一个重要方面。与黑人身份不同，它不能超越自己的起源。

我们还有很长的路要走，但是我们应该欢迎那一天的到来，那时白人身份不再是任何人身份中一个具有意义的部分。

☆☆☆

雷克斯4岁的时候并不能理解这一切。从我们给他读的民权故事中，他得出了一种简单的理解。黑人角色都是好人。那些白人角色绝大部分是坏蛋。\*所以他想当一个黑人。

我前面说过，这并不让我感到惊讶，反而是雷克斯说的第二句话引起了我的注意："我希望我们没做过那些事。"通过这句话，雷克斯表明他将自己看作那些行为恶劣的群体的一部分，而且表达了他对那些行径的懊悔。

这合理吗？就像我们在本章开头所说的，很多白人并不会以雷克斯的方式使用"**我们**"这个词。如果他们对我们所读到的过错——奴隶制和种族隔离——表示遗憾的话，他们会用第三人称。这也很容易理解，那些错误已经是老早以前的事了，况且他们也没有亲身参与其中。

当然，现在活着的很多白人有他们自己需要负责任的罪恶。种

---

\* 在《为什么所有的黑人孩子都坐在自助餐厅里？》（第119—120页）中，塔图姆强调了在有关种族的对话中向孩子们提供积极的白人角色作为模范的重要性。就我们自己而言，第一个范本是汉克·格林伯格，他与杰基·罗宾逊在我前面提过的书《当杰基与汉克相遇》中同为主角。我们后面会重新提到这本书。

族主义不是历史，尽管它的许多最可怕的表现已经成为历史。在我们的社会中，仍然存在着大量的歧视，我不想忽视这一点。人们需要为自己的行为负责。

但是我想问：今天的白人为奴隶制和种族隔离这种过去的错误负责，只是因为他们的白人身份吗？他们要为当下的歧视负责吗，即使在他们并没有亲身参与其中的情况下？换句话说，种族本身是责任的基础吗？

有一种看法是，不。

道德责任是属于个人的。我们每一个人要对自己的罪恶负责，而不是对他人所犯下的罪过负责。我在第 5 章提到过，我的外婆不是个善良的人。她虐待她的孩子们，对她的兄弟姐妹们也不好。我继承了她的基因，但没有继承她的过错。要为**她**的行为来指责**我**是不合理的。我们只会在人们的行为暴露出他们自身的性格缺陷时才责怪他们。[41] 而她的行为并没有揭示出任何与我的性格有关的东西。

当我们思考历史性的错误，比如奴隶制和种族隔离时，道理也是一样的。它们体现出当时参与之人的人性之恶，但是他们的行为不能构成指责任何他人的基础——包括今天的白人们。

☆ ☆ ☆

就目前看来，我觉得这种看法是有道理的。但是我们不能就此停下探寻的脚步，因为责任并非**仅仅**属于个人。有时候我们会责怪群体，而忽略组成群体的个人。想想波音事件。这个公司在它的 737 Max 机型的设计上偷工减料，导致其中两架坠毁，数百人死亡。[42] 我们可以为此指责波音公司,它本应确保其生产的飞机是安全的。但它没做到。而且这暴露了它的品质中的一个缺陷:将利益置于人命之上。

为什么我们应该责怪波音公司而不是某些个体,比如做出相关决定的个体?如果我们能找出相关责任人,我们可以责怪他们,而且也应该这样做。但是波音公司并非只是它各个部分的总和。波音公司可以造出737飞机,没有个体能做到这个;波音公司可以确保它的飞机是安全的,而任何一个单独的员工却做不到。

我非常确定,我住的这条街道拥有的法哲学家的比例高过世界上任何别的街道。这里有9个常住居民,其中3个是全职的法哲学家(不包括雷克斯和汉克,他们俩加起来可能算第4个)。威尔·托马斯就是其中一名哲学家。他住在街对面。男孩们喊他来玩一种他们称之为"足球高尔夫球"的游戏,他随叫随到。但是他白天也有工作。托马斯在密歇根大学商学院教书,他研究我们惩罚企业的方式。

以前有很长一段时间,我们并不惩罚企业。在早期美国,你可以惩罚为企业工作的个体,但不能惩罚企业本身。这一情况在19世纪末发生了变化。为什么?托马斯说是因为企业变了。[43] 它们采用了新的内部组织方式,使它们比以往复杂多了。如果一家夫妻店偷税漏税,那么问题很可能就出现在这对夫妻身上。但是波音公司拥有超过10万名员工,它将设计、测试飞机等复杂任务的责任分配给了成百上千名员工。

任务是分散的,所以波音公司的过错可能就不能追溯到任何特定员工的过错上。它们可能是许多错误共同造成的结果,而导致最终后果的这些错误本身,在其他员工都做好了本职工作的情况下,每一个本来也都不会造成太大影响。你甚至可以想象一些极端的情况：即使个体没有做坏事，公司也会做坏事。问题可能出在公司的人员配置或者组织方式上。托马斯说，在这种情况下，只有公司应该受到指责，而不是为公司工作的个体。

但即使是在员工确实犯了错的情况下，企业可能也仍然应受到指责。因为企业是一个独立的道德主体。波音公司是有能力承担责任的，而且我们也可以根据它的行为来判断它的品质。

我们能够将白人**作为一个群体**来进行指责，就像我们指责波音公司一样吗？不能。当我们讨论白人时，我们是在讨论由个体组成的一个集合，而不是一家企业。种族群体并不具备超出其各部分总和的性质。白人们没有一个内部组织方式来让他们做出集体决策。白人个体要为自己的行为负责，而该群体并不独自承担除此之外的任何责任。

☆ ☆ ☆

综上所述，我们的问题的答案是：不，种族不是责任的基础。我们不应该仅仅因为我们是同一种族的成员就为别人的行为负责。这也意味着很少有哪个今天活着的白人对奴隶制和种族隔离这种过去的错误负有责任。

但是：白人们应该**承担起**这份责任。

**负有**责任和**承担**责任之间是有区别的。你肯定认识某些人，他们行为恶劣却不肯承认或者弥补过错。他们没有为自己的行为负责，这本身就是一种错误。*这也是为什么我们教育我们的孩子：当你犯错了，你要承认自己错了，并尽你所能去纠正它。否则你就又错了一次。

大多数情况下，当你确实**有**责任时，你才需要承担责任。但你**没有**责任时却要承担责任，这种情况也是有可能出现的，而且有时候你也应该承担责任。

这话是大卫·伊诺克说的。[44] 他也是一位法哲学家。他执教于希伯来大学，所以他不住在我们这条街上。但是我希望他住这里，因为我特别喜欢与他争论。我们几乎在所有事情上都意见不合，而且他最后常常会使我怀疑自己错了。你在头脑交锋中没法遇到更好的对手了。

但是在这件事上伊诺克是对的。（不要告诉他我这样承认了。）即使你没有责任，你也可以承担责任，而且有时你应该承担责任。父母经常发现自己处于这种境地。假设你的孩子在另一个孩子的家里玩，弄坏了什么东西。这有可能是你的错，也许你并没有教育你的孩子要小心对待别人的东西。但很有可能你没有做错任何事。无论你为人父母教育得多好，孩子们也不会总是仔细谨慎的。你仍然会认为，你需要为此道歉，并且修好孩子弄坏的东西。这就是你即使没有责任也觉得自己还是要负责的情况。

为什么呢？我认为这是个很有趣的问题。作为父母，你不希望自己的孩子对别人来说是个麻烦。一定程度上，这是出于实际的考虑。你想要你的孩子出门去玩耍聚会，这样你在家就能乐得清闲了。

---

\* 这里所说的"承担责任"跟罗伯特·保罗·沃尔夫在反对权威时所提到的含义有所不同。他希望人们在行动之前就负起责任来——想清楚理由，而后决定要做什么。而在这里，我们讨论的是在你行动之后承担起责任——承认自己的错误。

（或者说这样他就会交到朋友。无所谓怎么说啦。）如果你不修理他损坏的物品，或者至少主动提出要这样做，下次人家可能就不再邀请他了。但我认为这并非只关乎自身利益。事实上，我认为父母拒绝为孩子造成的问题承担责任，是有些不对劲的。

尽管如此，我还是不知道怎么确切地解释这个问题。我顶多这样猜测：我们不希望别人的慷慨（意外地）给他们带来什么代价。当你同意照顾我的孩子时，你就承受了一份负担，这是一件好事。总有一天我要给你回报。但如果你竟然付出了惊人的代价——比如说，因为我的孩子弄坏了什么东西——那么仅仅给你回报并不能让我们回到平衡状态。通过承担责任，我会确保你不用承受你预料之外的负担。*

这种现象——没有责任时承担责任——并不仅限于家长。事实上，伊诺克指出了一个在我们思考种族时很有启发意义的例子。他想象出一个因祖国所做的事而被排斥的人——也许这个国家发动了一场她认为是不义之战的战争。[45] 这场战争可能不是她的错，也许她投票反对过当局，甚至抗议过。但伊诺克认为，她应该为这场战争承担责任。这可能包括为战争道歉或者努力减小它的影响。他说，如果她仅仅因为不支持战争就撒手不管，那就有问题了。

我认为白人们处于相似的处境中。我们是否亲身参与了种族隔

---

\* 这就更复杂了，因为你可能应该拒绝我的赔偿提议。在朋友之间，现金收付是很尴尬的。事实上，你之所以能确认你们是朋友，其中一个原因就是你们不会把谁欠谁什么算得特别清楚。如果我的孩子弄坏的东西很小，你应该告诉我不用担心，至少如果你想保持这份友谊（或建立一份友谊）的话。我认为，如果物品很贵重，或者原物替换对你来说有困难，情况就不同了（但这样的话，你自己也有一份需要去担心的责任，因为你让孩子们有机会触碰到它）。我发现这类情况——一方需要提议赔偿，另一方需要拒绝——很有趣，因为它们表明了我们的各种关系是多么微妙。在这些情况下，我必须尝试为我没有责任的事情负责，而你必须拒绝我——这样我们才能表明我们对待彼此的态度是正确的。

第 7 章 种族与责任

离或者抗议过它，抑或当它发生时我们甚至没有出生，这些都不重要。我们不能仅仅因为自己没有责任就认为这和自己不相干。我们应该承担这份责任。

为什么？有一句古老的拉丁文法律格言：Qui sentit commodum, sentire debet et onus。它的意思是：**谁享受了好处，谁就应当承受相应的负担**。这句格言通常被引用来解决一些财务纠纷，但是我觉得在这里也适用。白人创造出一个特权地位，在一个本不应该存在的社会等级中占据了上层。他们应该尽自己的一份力来拆毁它。

第二个理由就更简单了，而且适用于每个人，与种族无关。这是由伊莎贝尔·威尔克森（Isabel Wilkerson）在她最近的著作《美国不平等的起源》中所阐释的。威尔克森将美国比喻成一栋房子，外表看起来光鲜漂亮，但是内里充满了问题。那里有着"压力造成的裂缝和折弯的墙，还有地基中的裂缝"[46]。

这不是当代美国国民的错。就像威尔克森观察到的："很多人都会理所当然地说：'**这些事情是怎么发生的跟我一点关系也没有。过去的罪恶也跟我没有关系。我的祖先从来没攻击过原住民，也从来没拥有过奴隶。**'"[47] 他们说得没错。但是那不重要。我们继承了这栋房子，而且"不管是对是错，我们都是继承者。高低不平的柱子和托梁不是我们建的，但现在是由我们来处理的"[48]。

我们可以任由这座房子倒塌。或者……我们也可以修复它。

☆ ☆ ☆

如果我们想要修复它，我们需要做什么？对于这个问题，没有简单的答案。但我们能做的最有力的事情之一是：跟我们的孩子交谈。我们之中的白人需要教育我们的孩子关于种族主义的知识——不仅是过去的，也包括现在的。当孩子们第一次在新闻中看到"黑人的命也是命"抗议活动时，我们已经跟他们谈论过这样一个事实：警察有时会在没有合理理由的情况下杀害黑人，甚至根本没有任何理由。

这是很难教的一课，同样也很难学。尤其是汉克，他的小脑袋瓜还没办法理解"警察也有可能是坏蛋"的观点。

"如果有警察做了坏事，"他说，"那其他警察就会逮捕他们。"这是一个很像陈述句的疑问句。

"杀害黑人的那些警察几乎很少受到惩罚。"我说。接着我就看到他丧失了一点天真。

好人有好报，恶人有恶报。故事都是这么讲的。但是故事之外的世界却不是这样的。

尽管我们发现这样的对话很难进行，但它的难度还是无法与黑人父母跟孩子们谈论种族问题时面临的挑战相比。当汉克想得到警察不会伤害他的保证时，我可以给他，但是黑人父母却不能。他们不得不教自己的孩子如何自保。而且他们知道，他们说什么都无法避免所有的风险。

最近我在跟我的朋友埃科·扬卡讨论。他也是一位法哲学家，专门研究政策与刑罚。我们曾经有一次谈到在跟自己的孩子谈论种族时所面临的挑战——分别作为白人家长和黑人家长。对我来说，主要的考验是要让我的孩子看到白人身份所带来的优势，让他们明白自己拥有这些优势是不公平的，进而把"让这个世界变得更公平"当作自己的责任。

而对扬卡而言，挑战则更为迫切。他需要让他的孩子准备好面对敌意。他不得不帮他们应对不公平的事实。而且他还必须帮助他们去思考这一切——去理解那些根本不合理的事情。

有一个问题占据了他的大量注意力：黑人应该如何面对一个长期以来对他们如此恶劣的国家？

有一些答案是显而易见的：悲伤和愤怒。拒绝可能也是合理的。但是扬卡没有这样做，他也不希望他的孩子们这样做。美国的故事还在继续谱写着，他说。对美国黑人们来说，这曾经是个很糟糕的故事，至少到现在还是——几个世纪以来的压迫不断变换着形式，但从未结束。不过仍然可以在此基础上更进一步，为更美好的事物播下种子。

扬卡的想法受到了弗雷德里克·道格拉斯的著名演讲《七月四日对奴隶来说意味着什么？》的启发。在这篇演讲的开头，道格拉斯歌颂了美国——它的缔造者们和建国原则——他采用的方式对于一个当过奴隶的人而言可谓惊人：

> 《独立宣言》的签署者都是勇敢的人。他们也是伟大的人……政治家、爱国者和英雄，为了他们所做的好事和他们为之奋斗的原则，我将与你们团结一致，纪念他们。[49]

道格拉斯对此是真诚的——他详细地赞颂了这些人的美德与他们争取自由的战斗。

但他很快就转而宣称，这个国家并没有实现其建国时的理想。"你们的开国之父留下的丰厚遗产，正义、自由、繁荣和独立，是由你们所享有的，而不是我。"[50]

道格拉斯没有拐弯抹角。他称奴隶制是"美国最大的罪恶和耻辱"[51]。他用措辞严厉的指控回答了这个构成他演讲框架的问题：

> 你们的7月4日独立日，对美国奴隶来说意味着什么？答案是：这一天比一年中其他任何一天都更能向他揭示他一直以来所遭受的巨大不公和残忍。对他来说，你们的庆祝是虚假的；你们自吹自擂的自由，是一种邪恶的放纵；你们欢庆的声音，是空虚和无情的；你们对暴君的谴责是厚颜无耻的；你们喊出的自由和平等是空洞的嘲弄；你们的祈祷和赞美诗，你们的布道和感恩，你们所有的宗教游行和庄严氛围，在他看来不过是夸夸其谈、欺诈、瞒骗、不敬和虚伪——只是一层薄薄的面纱，用来掩盖会使一个野蛮民族蒙羞的罪行。[52]

然而，在这篇演讲的结尾，道格拉斯又说道："我对这个国家尚未绝望。"[53]

为什么不绝望？道格拉斯援引了《独立宣言》里包含的"伟大原则"，仍然怀着希望，认为美国有可能实现这些原则。

当扬卡跟他的孩子们谈论种族时，他努力遵循道格拉斯的道路。他不拐弯抹角。他不会掩盖这严重的不公平，或者设法减轻它的打击。但他也希望孩子们知道，进步是有可能的。平等的观念对美国来说并不陌生。它铭刻在我们的建国文件中。我们尚未实现他们所设立的标准。但是这个故事——以及抗争——并未结束。

我问扬卡他希望我的孩子学到什么。"很简单，"他说，"只是友善是不够的。"我们对彼此是否友善当然是重要的。但是如果我们让孩子们认为这是他们唯一要做的，这就会让大部分问题停留在原地。友善不能增加人们获得医疗保健的机会，或者缩小贫富差距，或者平衡学校之间的资金。而且，友善也不能让黑人父母像我对汉克那样向孩子保证不用担心警察。

我们对待彼此的方式很重要。但是我们作为一个团体的行为更重要。如果我们想要解决这些问题，我们就必须促使我们的国家为它的过错承担起责任，并纠正它们。

☆ ☆ ☆

美国是一个道德主体，独立于它的公民们——跟波音公司一样的道理。一个国家并非仅仅是一群人的集合。我们政府的组织方式使得它可以进行理性回应，并能对自己的所作所为负责。在种族问题上，它的记录很糟糕。美国对奴隶制、种族隔离、经济歧视和大规模监禁以及其他许多困扰我们的问题都负有责任。而它从来没有承担过一点责任。[54] 我们都应该利用我们所拥有的任何影响力来要求它担起责任。

那会是什么样子呢？最近人们对赔款这件事很感兴趣。2014年，塔那西斯·科茨在《大西洋月刊》上发表了一篇名为《赔偿案》的文章。[55] 这篇文章略微提到了奴隶制，但主要是论述随之而来的事情，尤其关注20世纪的罪恶。科茨解释了拒绝放贷是如何起到作用的，并详细展示了这一政策是如何影响特定人群的——直到今天，在以种族隔离的社区为中心的止赎危机中，它仍在发挥作用。

读科茨的这篇文章就很难不去想：**我们必须纠正这些错误**。它们不仅是我们的过去，还存在于我们的现在。如果我们不在当下承担起责任的话，这也将成为我们的未来。怎么做呢？仅仅一个道歉也是有用的。我们应该拒绝接受过往的错误。但是，如果不努力弥

补已经造成的损害，道歉就会显得空洞。\*

挽回是毫无可能的。许多受影响最深的人已经不在我们身边了。但我们**可以**建立一个人人平等的社会。

这才是赔款的真正意义。丹尼尔·弗赖尔是住在我们这条街上的第三位法哲学家。他从更广的角度研究了赔款和种族正义。他反对的一种观点是，赔款的目的应该是让黑人们回到奴隶制和种族隔离没有发生的情况下他们应处的地位。这是不可能的。事情不可能回到过去的样子，也不可能回到本该的样子。弗赖尔说，无论如何这都不是正确的目标。他认为，赔款的目的应该是修复我们之间的关系。[56] 我们的目标应该是建立一个黑人被平等对待的社会，并与白人享受同样的自由。

怎样才能达到这个目标？这是个很难回答的问题。肯定是需要用到钱的。现金赔付可以缩小财富差距，这种差距使得很多机会都遥不可及。我们也可以投入资金去改善学校，增加黑人们获得医疗保健的机会。但是现金不能使我们摆脱所有的问题。金钱无法解决大规模监禁、警察暴行和选民压制问题。赔偿应该根除我们这个社会把黑人当作二等公民对待的所有方式。这是一个项目，不是只要付款即可。要做到并不容易。除非我们像弗雷德里克·道格拉斯所要求的那样，建成一个不辜负其创始理想的社会，否则我们不能说我们已经成功了。

---

\* 把这种观点倒过来说则是，如果想传达出正确的信息，即那些犯错者的行为是错误的，那么严厉的惩罚是必不可少的一环。还是那句话，行动胜于雄辩。

☆ ☆ ☆

在上文中我提到过一本名叫《当杰基与汉克相遇》的书。它讲述了杰基·罗宾逊和汉克·格林伯格的故事。他们是有史以来最好的两个棒球运动员。但是他们遭受了惊人的辱骂——格林伯格是因为他的犹太人身份,而罗宾逊则是因为他的黑人身份。

格林伯格是在罗宾逊之前进入的大联盟。他年龄更大。但是,棒球界当时也实行种族隔离。罗宾逊在布兰奇·里奇签下他为布鲁克林道奇队效力之前,曾在黑人联盟效力。他于1947年出道。那时,格林伯格正处于职业生涯的暮年,效力于匹兹堡海盗队。

当这两支队伍第一次相遇时,这两个人的路相交了——字面意义上的。罗宾逊第一次击球是轻击。[57] 一次糟糕的投球使格林伯格离开了一垒。他与罗宾逊相撞,把他撞倒在地。[58]

下一局,格林伯格走了过来。当他到达一垒时,他问罗宾逊是否受伤了。罗宾逊说没有,柏林伯格说他不是故意要把他撞倒的。然后他说:"听着,不要理会那些想要刁难你的人。坚持住。你做得很好。"[59] 格林伯格还邀请罗宾逊共进晚餐。[60] 这是罗宾逊第一次从对方球员那里得到鼓励,他明确表示这对他意义非凡。[61]

雷克斯很爱这个故事。我们读了一遍又一遍。他还让我把这个故事读给他所在的学前班。但是他并不能完全理解这个故事,犹太社区中心学前班里的其他孩子也一样。他们提出了各种问题。

"为什么人们不喜欢犹太人?"

"为什么人们不喜欢黑人?"

"轻击是什么?"

第三个问题让我很兴奋,因为前两个问题我回答不上来。

"有些人不喜欢跟他们不一样的人。"我说道。这个回答太简单了,但同时,也太真实了。

《当杰基与汉克相遇》这本书一直留在我们的书架上,即使孩子们已经不读图画书了。它起到的作用远远超出了我们本来的预期。这本书让我的儿子们第一次接触到有些人不喜欢犹太人这个观念。

我小时候直到一年级才学到这一课。我是学校里唯一的犹太小孩(一直到 12 年级[*]都是如此)。我喜欢坐在我旁边的那个女孩,而且我想她也喜欢我。她有一次给我看了她的肚脐,这似乎是个积极的信号。所以有一天,当她转过身来和我说话时,我很兴奋。然后她说:"犹太人杀了耶稣。"

我根本不知道她在说什么。但是我想要捍卫我的群体。对于耶稣是谁我只有最模糊的概念,所以我不能争论这个案子的是非。于是,我把品格作为证据。

"我认为不是这样,"我说,"我们都非常善良的。"

"我妈妈说就是你们杀了他。"

(花点时间,在我们前面学到的群体责任的语境中思考一下"**你们**"这个词。)

她妈妈说错了。杀耶稣的不是犹太人,而是罗马人。但是这个指控助长了许多反犹主义思想,并持续了许多个世纪。

所以犹太人拿这件事开玩笑,部分是为了突出让人们为据说两千年前他们做过(但实际上没有做过)的事情负责是多么荒谬。

最著名的例子是兰尼·布鲁斯[†]的反讽:"是的,我们做的。我做

---

[*] 美国教育制度里高中的最后一年。——译者注
[†] 兰尼·布鲁斯(Lenny Bruce),美国犹太裔喜剧演员、社会评论家、讽刺作家和编剧。——译者注

的，我的家人做的。我在地下室发现了一张纸条，上面写着：'我们杀了他——署名，莫蒂。'"[62]

更滑稽的还有莎拉·西尔弗曼的脱口秀："每个人都责怪犹太人杀了耶稣。然后犹太人努力把这个责任甩给罗马人。我属于少数，相信这事儿是黑人干的。"[63]

西尔弗曼的笑话捕捉到了美国犹太人的社会地位中某种重要的特质。这是特权与不稳定的诡异混合。特权源于犹太人绝大多数都是白人的事实。这个肤色影响了我们被对待的方式。我们在商店里不会被跟踪，我们叫出租车也不难。我们还不必担心警察来骚扰我们，更别说伤害我们了。诸如此类。但我们还不是这个俱乐部的正式成员。在夏洛茨维尔游行的白人至上主义者高呼："犹太人不会取代我们。"[64] 他们还重新启用了古老的纳粹口号——一个鲜明的提醒：即使在一个似乎接受了你的社会里，事态也可能变得糟糕。

一些犹太人对这种不稳定的回应是努力巩固他们的白人身份。最"白化"的消遣方式莫过于以黑人没有做过的事来指责他们。因此西尔弗曼开了个玩笑。这个笑话的有趣之处在于它很荒谬。但也非常可悲，因为它指出了一些真实的东西。在争夺社会地位的过程中，边缘化群体经常把矛头指向彼此。在犹太人和美国黑人的情况中，这是双向的。[65] 既有坚持种族主义的犹太人，也有反犹的黑人。这不仅仅是社会地位的问题。还有很多其他因素火上浇油。\* 但社会地位也确实起到了一定作用。

还有另一条路可以走：寓言中的路。当杰基与汉克相遇时，他们站在了统一战线上——在一垒以及更远的地方。格林伯格后来成

---

\* 而且仇恨有时还被合法授权了。美国的每个犹太人都应该读一读詹姆斯·鲍德温在1967年写的文章《黑人反犹，因为他们反白人》。

了克利夫兰印第安人队的总经理。他拒绝让他的球队住在禁止黑人球员入住的旅馆。他还整顿了得克萨斯联盟。[66]

罗宾逊则成了一名态度鲜明的反犹主义反对者，尤其是在黑人社区中。他谴责其他黑人领导者没有支持一名犹太商人，这位商人正是反犹活动抗议的对象。[67] 在自传中，他问道："如果我们自己就持有或者容忍类似的偏见，我们还如何反抗别人对黑人的偏见？"[68]

团结是《当杰基与汉克相遇》这本书传达的核心主旨。杰基的抗争与汉克的不同，汉克的抗争也与杰基的不同。杰基的情况更糟糕，汉克也了解这一点。[69] 但是双方都知道，相互帮助比相互仇恨更能让他们获益。他们也认为这样做是正确的。

我希望我的孩子们也能这样看问题。我希望他们能与受压迫的人站在一起。我希望他们能为那些被冤枉的人挺身而出。真的，如果你告诉我，我的孩子们会这样做，那关于他们的其他任何事我都不需要知道了。我会觉得自己是一个成功的家长。

# 第三部分

# 理解世界

MAKING SENSE

OF

THE WORLD

# 第 8 章

# 知识

"我怀疑我是不是整个一生都在做梦。"雷克斯说。他当时 4 岁，却已经是个优秀的哲学家了，所以这个问题没有让我感到惊讶。当时我们正在吃晚饭，所以他的提问可能是一个逃避吃蔬菜的小把戏。果真如此的话，这个把戏很管用。雷克斯很了解他的听众。

"这个想法真酷，雷克斯！有个叫笛卡儿的家伙也思考过同样的问题。你认为你在做梦吗？"

"我不知道。也许吧。"

"如果你在做梦，你认为你此时此刻实际上在哪里？"

"也许我还在妈妈的肚子里。也许我还没出生。"

这个说法没有说服我。

"还没有出生的宝宝能说话吗？"我问道。

"不能。"

"那么你认为他们会梦到我们这样的对话吗？"

"不会。"他承认道。

不过，要让雷克斯的说法更有说服力并不难。"如果你只是在今天做梦呢？"我问道，"如果你昨晚睡着后到现在一直没醒呢？你能不能分辨出来？"

"不能！"他说。一想到自己可能在幻境之中，他就高兴不已。

☆ ☆ ☆

有时，我们都会持怀疑态度。朋友分享新闻，你却不相信。或者，你开始怀疑一些自己原以为知道的东西。雷克斯提出的假设——他的一生都是一场梦——就是激进怀疑论的典型，几乎怀疑一切。

笛卡儿并不是第一个梦境怀疑论者。这种观念在古代多次出现。我最喜欢的表述来自两千多年前写成的道家经典《庄子》：

> 昔者庄周梦为蝴蝶，栩栩然蝴蝶也，自喻适志与，不知周也。俄然觉，则蘧蘧然周也。不知周之梦为蝴蝶与？蝴蝶之梦为周与？[1]

我问（当时8岁的）汉克庄周有没有办法分辨出来。他想了半天，然后问我："他累不累？如果不累，那么他就是刚睡醒，所以他梦到自己成为一只蝴蝶。"

这个答案很聪明，但是还不够聪明。正如汉克后来承认的那样，你可能梦到自己醒来，感觉神清气爽。他只是觉得这种情况不太可能。而且你当然不可能一辈子都在做梦——无论是作为妈妈肚子里的宝宝还是作为一只蝴蝶。我们之所以认真对待梦境怀疑论，不是因为它是一种实实在在的担忧，而是因为它向我们展示了我们的知识状况，以及我们与周围世界的关系。

☆☆☆

这就是笛卡儿在设想梦境怀疑论时所想到的。勒内·笛卡儿生活在 17 世纪,但他仍然是有史以来最具影响力的思想家之一。这部分归功于他在数学方面的工作,尤其是几何学的代数分析(脑海中闪现出小学五年级的场景:在笛卡儿坐标系上画出 y = x + 2 的函数图像。我等你哈),但更多要归功于笛卡儿将自己从错误信念中解放出来的努力。

与只怀疑这个或那个不同,笛卡儿决定怀疑一切。[2] 为什么?他想把知识建立在坚实的基础上。他认为,做到这一点的最好办法就是怀疑他自以为知道的一切。假如还剩下什么——假如他发现了一些无法怀疑的东西——那么他就有了重建知识的坚实基础。

梦境怀疑论是笛卡儿怀疑主义的一个有力来源。他怀疑自己现在,甚至整个一生是否都在做梦,这让他自以为知道的大部分事物都遭到了质疑。为什么?问你自己几个简单的问题:你在哪里?你现在在做什么?

当笛卡儿写下对梦境的怀疑时,他坐在火炉前,穿着衣服,手里拿着纸。但他真的坐着吗?他开始怀疑自己是不是在床上睡着了。似乎不像。事实上,他认为任何梦境都不可能像他此刻的体验那样清晰。但他又提醒自己:很多时候,他都被梦境欺骗了,以为自己醒着。[3] 没有任何确定的标记可以毫无疑问地告诉他,自己到底是醒着还是在做梦。

你现在也处在类似的境地。我确信你感觉自己是醒着的。但是,像笛卡儿一样,我打赌你有时会惊讶地——甚至如释重负地——发现你在做梦。这就使得我们很难确定此时此刻我们是不是在做梦了。

如果你不能确定你此时此刻是醒着的，你又怎么能确定你经历过的任何事情是真的呢？当然了，你记得你 [ 在这里填上你最美好的一段记忆 ] 的时候。但是你能确定这段记忆不是梦吗？

如果你觉得无所适从，那么你可以用这个事实来安慰自己：对梦境的怀疑不会影响到某些知识。正如笛卡儿所观察到的，无论我们是醒着还是睡着，有些事情都是真实的。即使在梦里，正方形也有四条边。睡着了也无法改变 2+3=5 的事实。⁴ 因此，哪怕你无法把握其他事实，你也可以把握某些真理。

但也不要太有把握，因为笛卡儿连这些事实也有办法质疑。一旦他发现了梦境怀疑论的局限性，他就提出了一个更有力的怀疑论假设，一个迄今为止人们设想过的最有力的假设。笛卡儿想象，一个邪恶的天才——我们可以称他为杜芬舒斯博士*，这是男孩子们最喜欢的反派的名字——可能正在控制他的思想。⁵ 事实上，杜芬舒斯可能已经欺骗了笛卡儿，让他满脑子都是谬误。

为什么呢？笛卡儿从没解释过杜芬舒斯为什么费心思去欺骗他。老实说，这不像一个天才消磨时间的方式。但光是杜芬舒斯欺骗他的可能性，就已经给笛卡儿带来了一个难题。这意味着他无法对自己所相信的任何东西抱有十足的信心。从他的角度看，杜芬舒斯可能在欺骗他。

而且从你的角度看，你也是一个上当受骗的人。也许杜芬舒斯把你的大脑从身体中取了出来，放在一口缸里，把它连到电极上，这样他就可以模拟你曾经有过的每一种体验。你可能还没听懂我的意思。

---

\* 如果你不知道这个人物的出处，抓一个孩子和他一起看《飞哥与小佛》。汉克极力推荐。棒极了。

我知道。你认为你正穿着衣服读这本书,可能是坐着,可能是躺在床上。但是,这些事你一件都没做。你没穿衣服。你甚至也没裸体。你根本就没有身体。你不过是一颗没有身体的大脑。虽然你可能看上去像是在读一本书,但实际上没有这样一本书供你阅读。这些东西都在你的大脑里。

或者说,它们可能在你的大脑里。你无法排除这种可能性。从你的角度看,外部世界就是一个巧妙的幻象。

☆ ☆ ☆

聊完庄周之后,汉克和我又聊起了笛卡儿和杜芬舒斯。

"有没有什么东西是笛卡儿可以确定无疑的,即使杜芬舒斯想欺骗他?"我问他。

汉克一下子就想到了答案。

"他知道他在思考。"汉克说。

"为什么在这一点上杜芬舒斯骗不了他?"

"没错,杜芬舒斯可以让他思考事情,"汉克说,"但只要他认为他在思考,那他就是在思考。"

这个说法是正确的。笛卡儿也看到了这一点。[6] 哪怕是最极端的怀疑论,也是有限度的。笛卡儿认为,**我在思考,而且这一点是我无可置疑的**。这一主张让他得出了另一个不会受杜芬舒斯欺骗的主张:**我存在**。

总而言之,这条推理链被称为 cogito(我在思考),用拉丁文表述为 cogito ergo sum(我思故我在)。当其他一切都存在疑问时,至少笛卡儿还可以确定这一点。他**知道**他存在。

☆ ☆ ☆

好吧，这是汉克的一个很精彩的推理，甚至比笛卡儿的还要精彩。[7]但是，"我在思考"真的是我所知的全部吗？

没人真的这么认为。想想以下问题：

你知道电影什么时候开始吗？
你知道怎么去大街吗？
你知道储物间里有没有意大利面吗？

我们常常问这样的问题。没有人会因为可能是梦见意大利面，更不用说被恶魔欺骗了，而抗议说，他们不可能知道储物间里有没有意大利面。

不过，我经常梦想着用这种方式回答孩子们：

"你知道我的袜子在哪里吗？"

"真的有人知道任何东西吗？"

"爸爸！"

"我是说，我好像看到过袜子。但我怎么能确定呢？那可能是一场梦。"

"你在哪儿看到它们的?！"

"你确定那双袜子是真实的吗？也许你追寻的是一个幻象。"

这会很有趣，但也会把他们逼疯，因为没有人认为笛卡儿式的怀疑论会取代我们日常生活中的知识。

那么，笛卡儿关于认知的论述错了吗？或者我们一直错乱地以为自己知道一些事情，而实际上并不知道吗？

☆☆☆

答案取决于知识**是**什么。一直以来,我们都以为我们知道。但实际上,我们不知道。

最近,我将这个问题抛给了雷克斯。

"什么时候你才算知道某件事?"

"什么意思?"他问。

"比方说,我们知道妈妈现在在商店里。但是当我们说'知道'时,我们究竟是什么意思?"

"这个'知道'在我们的大脑里。"雷克斯说。

"你大脑里的任何事情,你都知道吗?"

"不是。必须是正确的事情。如果妈妈不在店里,我们就不会知道她在。"

"所以说,如果某个事情既在你的大脑里,又是正确的,那么你就知道它了?"

"我想是吧。"雷克斯说。

"我不这么看。假设你认为明天会下雨,而且明天确实会下雨。但是你没有看天气预报。你只是因为明天是周二,而你认为每个周二都会下雨,所以你才认为明天会下雨。但这个想法并不对,事实上,还很愚蠢。那么,你'知道'明天会下雨吗?"

"不知道。"雷克斯思考再三后说,"你认为会下雨的理由必须是可靠的,否则你就不是真的知道。"

虽然我的问题有一点误导性,但我把雷克斯引到了我想让他关注的地方。只花了几个步骤,他就重塑了传统的知识观。哲学家们一直认为,知道某事就是拥有关于它的**被确证的真信念**(Justified

True Belief, JTB）[8]。

让我们反过来看。首先，要知道某事，它必须在你的大脑里，就像雷克斯说的那样。但它必须以正确的方式存在于你的大脑里。仅仅**希望**某事是真实的并不能让你知道它。你必须**相信**它是真实的。

其次，你无法知道那些不真实的东西。你的信念必须是真实的。

最后，你的信念必须是合理的。也就是说，你必须有足够的证据来证明它。光靠猜测是不管用的，依靠明显错误的信息（比如每个周二都会下雨的想法）也是行不通的。

这种对知识的解释——被确证的真信念——被广泛认为是对的，直到一个叫埃德蒙·盖梯尔（Edmund Gettier）的人提出了疑问。

☆ ☆ ☆

盖梯尔当时任教于韦恩州立大学，即将面临终身教职评审。但是他没有写过任何东西，因此获得终身教职的机会渺茫。[9]俗话说，不发表就出局。盖梯尔的同事告诉他必须写点什么，否则他的工作就保不住了。于是，他将自己仅有的一个想法写成了一篇论文。这篇发表于1963年的论文，只有短短三页。标题就抛出了一个问题："被确证的真信念是知识吗？"

盖梯尔认为不是，而且给出了两个简洁的反例。[10]它们比较复杂，我这里用一个受他启发的简单例子来说明。你相信你家里有一本《烹饪的乐趣》。你几年前买了它，后来还用了好几次。而且确实如此，你家里**有**一本《烹饪的乐趣》。但你家里的这本**不是**你买的那本。你的伴侣把那本借给了别人，还没还回来。凑巧的是，一位朋友不知道你已经有这本书了,在你生日那天又送了你一本。它还没拆封,就放在你家的客厅里,等你打开。

你知道你家里有一本《烹饪的乐趣》吗?你相信有一本,而且你的信念是真实的。不仅如此,你相信你有一本是合理的——你亲自去买的书,而且你常常用它。因此,假如 JTB 理论对知识的解释是对的,那么你就知道你有一本《烹饪的乐趣》。但盖梯尔说这是错的,并且几乎所有遇到过这种事的人都会同意这一点。你只是运气好家里有一本。这并不表示你知道。

盖梯尔的论文震惊了哲学界;它说明哲学家们不知道知识是什么。这促使哲学家们拼命地修补 JTB 理论——指出知识还需要哪些东西——从而避免所谓的盖梯尔难题[*]。哲学家们提出了几十种解决方案。但它们都不管用。[11]

琳达·扎格泽博斯基说,这种现象不是偶然的。她彻底打破了许多人解决盖梯尔问题的希望。她认为,在"你可以正当地相信某些虚假的事情"这一(合理的)前提下,无论你如何完善 JTB 理论,你始终可以举出盖梯尔式的反例。实际上,她写下了这种反例的产生过程。[12]

首先,你讲一个关于某个得到确证的信念的故事。接着,你给这个故事加一点厄运,结果证明这个信念是错误的。但不能到此为止!为了完成这个故事,你还得给它加一点幸运,让这个信念最终还是正确的。

扎格泽博斯基的一个故事是这样的。[13] 玛丽相信她的丈夫在客厅里。为什么?她刚刚走过去的时候看到他在那里。但是,厄运来了,

---

[*] 盖梯尔的另一个难题——取得终身教职——随着这篇文章的发表迎刃而解了。

玛丽看错了。她看到的是丈夫失散多年的双胞胎兄弟，他意外地出现了。但是，幸运的是，她的丈夫也在客厅里；她走过去的时候，丈夫坐在她看不见的地方。

玛丽知道她的丈夫在客厅吗？没错，她相信丈夫在那里，而且他真的在那里。她相信它是合理的吗？是的。她走过去的时候，看到一个和丈夫长得一模一样的人。如果玛丽知道（她可能不知道）丈夫有一个双胞胎兄弟，那么她就知道至少有一个人长得像他。但她没有理由预料到他的双胞胎兄弟这天晚上会出现，因为他已经失散多年了。因此，玛丽有一个被确证的真信念，即她的丈夫在客厅里。尽管如此，她并**不知道**丈夫在客厅里。她只是凭运气猜对了。

人们仍然在提出各种解决盖梯尔难题的方案。我们不会在这里探讨这些方案，因为它们可能是非常复杂的。但许多哲学家开始认为扎格泽博斯基是对的——这个难题永远无解。其中一些哲学家认为，一直以来，试图用确证、信念和真相这些更简单的观念来分析知识的做法，都是错误的。[14]

我们并不总是能够把观念分解成更简单的观念。

快问快答：什么是椅子？

如果你说"它是可以坐在上面的东西"，那么，你的床就有意见了。很多大石头也会表示抗议。如果你现在认为"要有腿，它必须有腿"，那么请你上谷歌搜索"没有腿的椅子"。你将看到许多明显的反例。

但是，即使你说不清椅子是什么，你也能轻而易举地认出它。有的人认为，知识也是如此。

盖梯尔是怎么想的？他将如何解决他的难题？我们无从知晓。埃德蒙·盖梯尔是20世纪最知名的哲学家之一，每个搞哲学的人都知道他的大名。但他也是一个一闪而过的奇迹。那篇文章发表过后，盖梯尔教了几十年书。但他再也没有写过一个字。

为什么？其实很简单。他"没什么可说的了"[15]。

☆ ☆ ☆

这可能是史上最完美的"扔麦"*方式。

但是我要告诉你一个小秘密。盖梯尔并不是第一个发现盖梯尔难题的人。

8世纪，一位叫作法上（Dharmottara）的印度哲学家讲了一个这样的故事：你在沙漠中行走，口渴难耐。你看到前方有水。可惜，那只是海市蜃楼。但你走近时，却发现一块岩石下有水。你在到达那里之前知道有水吗？法上说你不知道，你只是碰巧了。[16]

盖梯尔没有抄袭法上。他只是在1 200年后碰巧提出了同样的想法。在两人之间，意大利哲学家曼图亚的彼得也想到过这个想法。[17]他生活在14世纪。但盖梯尔也不知道彼得。不是所有的古老文献都被翻译了。人们也就无从得知上面写了什么。

这是哲学所面临的一个问题。或者说，这是多个问题汇聚而成的一大问题。来自遥远时代和地域的哲学家常常被忽视。而他们并不是唯一被忽视的人。长期以来，哲学这个领域也排斥女性。在前文中，我将怀疑论恶魔的思想归功于笛卡儿。最近的学术研究表明，他受到了西班牙修女阿维拉的特蕾莎（Teresa of Ávila）的影响[18]，特

---

\* "扔麦"是指在表演或演讲结束之际故意摔掉或扔掉麦克风，以此引人瞩目。——编者注

蕾莎在她关于知识的著作中把恶魔用于不同的目的\*。可是，笛卡儿几乎被每一个学生学习，而特蕾莎却几乎无人问津。

新一代的哲学家们正在努力纠正这种情况。他们在世界各地的古老传统中寻找新的思想。由此，英语世界的哲学家们现在知道了法上。并且，人们正在努力挖掘和赞扬那些被排除在哲学史之外的女性——或者没有得到应有重视的女性。[19]事实证明，特蕾莎并不是唯一影响笛卡儿以及那个时代的哲学思想的女性。在后文中，我们将见到一位与他争论意识问题的公主。

拓展哲学的范围是很难的，至少当我们回顾过去时是这样。很多东西都已湮没在历史中。但是我们可以确保不再犯同样的错误——通过倾听当今更广泛的哲学家的声音。

☆ ☆ ☆

想到这一点，是时候告别笛卡儿了。而且，我正好知道有合适的女性哲学家来接替他。像盖梯尔一样，盖尔·斯泰恩也曾任教于韦恩州立大学。她在1977年英年早逝，年仅37岁。[20]她是一位认识论学者，一个研究知识——知识是什么以及我们如何获得知识——的哲学家。

我们在前文提到的那种差异，让斯泰恩困惑不已。在日常的对话中，我们默认自己知道很多东西。但一旦谈起哲学，我们似乎就开始怀疑自己的知识。在读到笛卡儿的时候，我们甚至不确定自己是否还知道什么事情。

---

\* 特蕾莎的恶魔把她的错误信仰变得令人着迷，提醒她尘世是多么欢乐，并试图劝她放弃认识自我和认识上帝的沉思之路。

这是怎么回事?

斯泰恩提出了一个简单而有力的观点[21]:一些词语的含义会随着语境的改变而改变。通常这个道理是显而易见的。我在家里算高的,但在工作的地方不算高。为什么? 参照系改变了。孩子们比我矮,朱莉也比我矮,所以我相对于他们是高的。但我比一般的美国男性矮,所以在工作的地方没人觉得我高。

我的朋友JJ高6英尺*3英寸,在工作场所中算高的。但相对于篮球运动员,他就不算高了。哪怕全世界最高的人也不是在所有情况下都算高的。把他放在长颈鹿旁边,他就是矮的。

显然,"高"和"矮"的意思是会变的。"大"和"小"也一样。不过,有些词语尤其受语境的影响,比如"空"。

如果我平时说"冰箱是空的",意思是"我们晚饭没东西可吃了"。你要是打开冰箱,可能还会看到很多东西:苏打水、调料等等。但如果我们已经就对话的语境达成一致,你就会同意冰箱是空的,因为里面没东西可以拿来做饭了。

现在换一个语境:搬家师傅要来了,我们正急着做准备。"冰箱是空的吗?"我问。现在的"空"有了新的意思。如果苏打水还在里面,那它就不是空的。我们不能任凭物品在里面晃来晃去,否则搬完家,我们就有烂摊子要收拾了。

我们很容易认为,这就是"空"的真正含义——没有食物或饮料——而我在第一种情况下说的"空"只是含糊的表达。但是我们应该抵制这种诱惑,因为即使是没有食物或饮料的冰箱也不是在所有情况下都能算作"空"的。如果我们在做一个实验,需要在冰箱

---

\* 1英尺约等于0.3米。——编者注

里制造真空,那么它只有在所有空气都消失后才是空的。但是在大多数情况下,"空"不意味着没有任何物质。人们需要它是什么意思,它就是什么意思,它的含义随着情况的变化而变化。

斯泰恩认为,"知道"一词对语境敏感,就像"空"一样。[22] 在不同的情况下,不同的标准决定了人们是否"知道"某件事。斯泰恩说,标准取决于**相关选项**(relevant alternative),而相关选项是随着情况的变化而变化的。

举一个典型的例子。你正在圣迭戈动物园,看到前面有黑白条纹的动物。"那里有斑马!"你说道,并走过去看它们。你知道你看到的是斑马吗?当然了。假设天气晴朗,你的眼神也很好,不可能把斑马看成其他动物。

可是……你能排除你看到的是经过巧妙伪装的驴子的可能性吗?在你的位置上,你不能排除。你必须走得更近,才能判断那个看上去是斑马的东西实际上是不是乔装打扮的驴子。不过,斯泰恩说,你不需要排除这种可能性,就能知道你看到的是不是斑马,因为这种可能性不是一个相关选项。[23] 你没有理由担心动物园会把驴子伪装成斑马。

在有些地方,你需要担心这一点。在墨西哥的蒂华纳,涂着斑马条纹的驴子一直是旅游景观。[24] 因此,如果你认为你看到了一匹斑马,你应该有所怀疑。只有确定它不是一头伪装的驴子,你才知道你看到的是斑马。*

这个例子如何帮助我们消除怀疑论?这么说吧,假设你刚去了动物园,跟一位朋友说你喜欢看斑马。

---

\* 它们实际上被称为"斑驴"(zonkey),看上去就像穿着斑马裤的驴子。它们很漂亮。

"你不知道你看到的是斑马。"她说。

"我当然知道。"你回呛。

"它们可能是经过巧妙伪装的驴子。"她辩解。这说明她要么是一个疯子，要么是一个认识论学者。

斯泰恩说，在这个例子中，你可以二选一。你可以坚持说你**知道**你看到的是斑马，因为我们没理由认为伪装的驴子是一个相关选项。你也可以允许你的朋友改变对话的语境，这样的话伪装的驴子就成了一个相关选项。[25] 怎样让相关选项发挥作用呢？假如你的朋友没有证据表明动物园的驴子是假扮的，那么她就是在玩怀疑论者的游戏——寻找怀疑的依据。这是一场精彩的游戏。它让我们了解到努力收集关于世界的信息要面临哪些限制。但你没必要跟她一起玩这场游戏。

大致上说，斯泰恩的观点如下。**当我们像怀疑论者那样说话时**，怀疑论者是对的——我们不知道任何事。但在哲学之外，我们没有理由像怀疑论者那样说话。事实上，在日常生活中，像怀疑论者那样说话是很傻的。用平常的标准来看，我们知道的事情很多，而且我们需要把这些事传达给别人。[26]

☆ ☆ ☆

你必须提防玩怀疑论游戏的人，他们比你想象的要常见得多。虽然在哲学领域，这种游戏颇具趣味，但一旦延伸到其他领域，其危害性不容小觑。

N.安赫尔·皮尼略斯最近在讨论气候变化时提出了这个观点。[27]他也是一位认识论学者，关注人们质疑科学的方式。

表明碳排放导致了气候变化的证据无处不在。[28] 我们正缓慢地破坏着地球，却未能采取足够的措施来阻止这种破坏。为什么？原因有很多。但很大一部分原因在于，有些人因向大气层排放碳而获利，他们不想就此罢手。当然，他们不会直言不讳，因为这让人难以接受。相反，他们会说：我们知道得不够多，不足以展开行动。

一些政客也采用同样的策略。2017 年，新罕布什尔州州长克里斯·苏努努被选民问及碳排放是否会导致气候变化时，他的回答是：

> 我不能确定。我在麻省理工学院研究过它。我与世界上最优秀的一些人一起研究地球和大气科学。我自己看过数据……我认为我们应该继续关注它。我们必须继续研究它，了解它的全部影响，无论是对环境、社会、经济的影响，还是其他可能发挥作用的因素。碳排放是不是地球在过去 150 年持续变暖的主要原因，我不确定。也许是吧。[29]

这听起来似乎很有道理。苏努努研究过这个问题。碳排放可能要对此负责。他没有排除这种可能性。他只是不知道而已。

但是请注意苏努努是怎样用"确定"一词来抬高知识的标准的。我们确定地知道碳排放导致了气候变化吗？恐怕不确定。但是我们同样不确定的还有另一件事：我们此刻是不是在做梦。问题在于，为什么我们要绝对的确定性呢？如果现在不采取行动，后果将不堪设想。而且，即使我们无法百分之百确定，我们离确定也只有一步之遥了。

这是一种蓄意的策略，也是一种由来已久的策略。早在 20 世纪 80 年代，埃克森石油公司就决定"强调科学结论的不确定性"[30]，尽管它自己的科学家已经确信人为气候变化构成了真正的威胁。但这种做法并非埃克森公司首创，在这之前，烟草公司就质疑吸烟和癌症之间的联系，即使它们的科学家已经证实了这一点。布朗与威廉姆森公司的一份内部备忘录曾称，"怀疑是我们的产品"[31]。

我们应该如何应对这些怀疑贩子（doubtmonger）？这是一个棘手的问题。作为一名哲学家，我专业致力于怀疑，就像笛卡儿那样\*。我认为审视你所知道的，寻找可能存在的错误是十分重要的。科学家们也秉持着这种倾向，甚至会量化他们研究的不确定性。这恰恰使他们更容易成为怀疑贩子的目标。

雷克斯和我最近谈起了这个话题。我教他去质疑，去提出问题。但我希望他明白，并非所有提问都是出于善意的。所以我也教导他要质疑提问者。提问者真的是想把事情搞清楚吗？他们感兴趣的是证据吗？如果他们得知自己的观点是错误的，我是否能信任他们会告诉我？还是说，他们会将错误掩盖过去？

皮尼略斯提出了另一种策略。[32] 在公共场合，我们应该更多地谈论可能性，而不是我们所知道的东西。当然，科学共识是有**一定**可能出错的，即我们的碳排放并不是导致气候变化的原因。但是，科学家可以量化这种可能性，并且这种可能性很小。难道我们应该拿孩子的未来去赌这微乎其微的可能性吗？这就是怀疑贩子让我们做的事。

我们不需要**知道**就可以行动。我们一直是用概率来思考的。皮

---

\* 但不是完全以笛卡儿的方式从事怀疑事业。笛卡儿想要一口气怀疑一切事物。我认为我们无法做到这一点，即使这样做了，也没有什么收获。一切事物都是可以怀疑的，但我们不能一口气怀疑一切事物，否则我们就无法判断我们的怀疑是否合理。怀疑更像是一项零敲碎打的工程。

尼略斯拿彩票做了一个类比。你**不知道**你将会输。当然，你的中奖率很低。但你不可能排除另一个相关选项——你可能会中奖。因此，你可以幻想中奖。但是你无法**计划**中奖。

气候怀疑论者坚持认为，我们**不知道**碳排放会不会导致气候变化。以任何合理的标准来看，他们都是错的。我们确实知道。但我们不需要争论我们知道哪些东西，因为怀疑论者总能找到遥不可及的高标准。相反，我们应该反过来质疑他们：为什么他们情愿把我们的未来押在科学出错的微小可能性上？我们的彩票可能会中奖。但我们不应该计划中奖。

☆ ☆ ☆

让孩子们对宣传攻势有所准备至关重要，这需要教他们如何评判证据的真伪并辨别可靠的信息来源。雷克斯有时候也会参与这种对话，但他更热衷于琢磨另一个疯狂的念头。最近萦绕他心头的这个想法，与"缸中之脑"的设想颇有几分相通之处。他想知道我们是否生活在一个计算机模拟的世界里。事实上，他痴迷于这样一个念头，即我们世界的一切（包括我们自身）都可能仅仅是计算机内部的一组运作程序——我们生活在超高清版本的《模拟人生》（或某种类似的东西）中。

自从牛津大学哲学家尼克·波斯特洛姆（Nick Bostrom）提出我们很有可能生活在计算机模拟世界中，这便成了一个热门话题。事实上，这种观点吸引了包括埃隆·马斯克在内的众多名人，他们都宣称我们可能生活在"模拟人生"中。[33]

波斯特洛姆是牛津大学人类未来研究所的创办者，该研究所是一个跨学科的研究机构,致力于研究人类世界可能面临的各种威胁。这些威胁中最可怕的包括气候灾难、外星人和失控的人工智能等。换言之,该研究所旨在将我们从"基努·里维斯式"科幻灾难片的情节中拯救出来。

但波斯特洛姆更著名的观点是我们已经身在其中了。他认为,我们或许正生活在一个类似于《黑客帝国》的模拟世界中。为什么?下面是他的理论的粗略版本。[34] 人们如果能够模拟世界,就有可能会这么做。人们如果会这么做,就有可能多次这么做。事实上,假如这么做足够有意义(或足够有趣),他们可能会模拟出许多个世界——几百个、几千个,甚至几百万个。在这种情况下,模拟世界将会比现实世界更多。所以,我们很可能在一个模拟世界中。

正如我所说,这仅仅是该论证的粗略版本。波斯特洛姆并没有完全接受这个结论,因为每个步骤都有怀疑的余地。

首先,我们所处的世界可能无法被模拟。很多人认为我们的世界可以被模拟。他们为从《乓》\*到今天的科技进步所震撼,并以此推断未来发展。但进步也可能停滞不前。

其次,运行一个逼真的模拟世界可能需要耗费巨大的能量。据某些估计,所需的计算机甚至可能庞大到与一颗行星相匹敌。

再者,在计算机中创造出拥有意识的生物是不可能的。

除了这些担忧,我们还应该加上一项:即使人们能够模拟像我们这样的世界,他们可能不愿这么做。波斯特洛姆认为,科学家愿意利用模拟来了解他们的祖先。但他们可能更愿意把计算机的能力用于其他目的。或许,对于创造像我们一样受苦的生物,他们有道

---

\* 《乓》是美国游戏公司雅达利在 1972 年 11 月 29 日推出的一款投币式街机游戏,被认为是电子游戏历史上第一款街机电子游戏。——译者注

德方面的顾虑。这很难说。

但是波斯特洛姆认为有些话是我们**可以**确定地说出来的。下列命题中至少有一个是对的：

> A. 模拟像我们这样的世界是不可能的。
> B. 这样做是可能的，但人们不会多次这样做。
> C. 我们很有可能生活在"模拟人生"中。[35]

我问雷克斯他赞成哪一个命题。他回答，要么 A，要么 C。他接受不了 B 选项。"根据我对人们的了解，"他说，"只要我们能做，我们就会去做。"所以他倾向于 C 选项。他认为我们身处"模拟人生"中。在某种更基础性的现实中，人们学会了如何模拟世界并创造了我们的世界。

我比雷克斯更怀疑这一点。即使模拟我们这样的世界是可能的，我也怀疑所需的能量太大，以至无法多次这样做。想要模拟整个宇宙，连量子层面也不放过，这肯定要耗费太多能量。因此，人们不得不挑选他们想要保留的部分——或许包括人类的大脑，以及他们切身的环境。这就带来了另一个问题：人们必须对我们大脑运作的方式有充分的理解。而我们离这一步还很远[*]。

人工智能的进步可能有助于解决所有这些问题。但是这一理论的每个步骤的关键词都是"可能"。

---

[*] 从某些方面看，模拟整个宇宙是更加容易的。你只需要设定初始条件，袖手旁观，看看会发生什么。

☆ ☆ ☆

虽然模拟理论是一种猜想,但它有趣极了。

它引发了伦理问题。**你**会创造一个人们会感到痛苦的世界吗?有什么充分的理由让人们遭受奴役或大屠杀?如果(像我认为的那样)没有理由这样做,那么我们还能说自己身处拟模拟世界之中吗?

它引发了神学问题。如果模拟理论是正确的,那么大多数世界都有其创造者——设计它们的工程师。相对于这些世界而言,这些创造者是全知全能的。他们算是神吗?

它引发了形而上学问题。如果创造者控制着故事的走向,那么我们是否拥有自由意志?或者,如果说我们只是为了他们而存在,只是在他们希望我们存在的时候才存在,那么我们是否在某种程度上是被奴役的?[36]

它引发了现实问题。如果你认为自己身处模拟世界,该怎么办?雷克斯想给全知全能的工程师传达一条信息。他想象自己把这条信息刻在田野上,就像麦田怪圈\*那样。"嗨!我们知道我们生活在模拟世界中。请再多给我们一些昔客堡†店吧。"但这么做可能是危险的。如果他们不想让你知道自己在模拟世界中呢?他们可以终结整个世界,或者把你删除掉。这下完蛋了。

---

\* 麦田怪圈,在麦田中运用某种力量使农作物倒伏之后形成的各种几何图案。——译者注
† 昔客堡,位于美国纽约市的连锁快餐店。——译者注

☆☆☆

最后,模拟理论还引发了认知问题:我们能知道什么?实际上,它听起来颇像"邪恶天才"故事的科技升级版。这就像是"缸中之脑",但这一次连缸都没了,因为你的大脑也是模拟出来的。

又一次,你曾经笃定的一切认知似乎都摇摇欲坠。倘若你处在模拟世界之中,那么你并没有拿着这本书。书不存在,你也没有手拿着它。这一切的一切,都不过是精心设计的幻觉。

又或者,它不是。

大卫·查默斯(David Chalmers)堪称哲学界的摇滚明星。过去的他,一直是这副模样——身着皮夹克,留着长发(现在剪短了,因为头发白了)。他是纽约大学的哲学和神经科学教授,也是意识领域的首席专家。

对于我们生活在计算机模拟世界的可能性,查默斯并不感到忧虑。他也不认为这种可能性会动摇我们的知识体系。即使我们生活在模拟世界中,查默斯说,你仍然认为自己拥有双手,事实也确是如此。不仅如此,就像你认为的那样,手是由物质——电子、夸克等——组成的。只不过,物质是由一些出人意料的东西——计算机的二进制位——组成的。[37]

但你的手仍然是真实的。它们不像电影道具那样是虚假的,也不像你最喜欢的虚构人物的手那样是想象出来的。想象出来的手除了在虚构世界能发挥作用,别无用处。但你的手却妙用无穷,可以翻阅书籍,烹饪佳肴,胜任许多需要灵巧动作的任务。毫无疑问,一旦失去它们,你将会感到莫大的缺失。这正是真实存在的标志。

**但是我的手并不是真实的!** 你或许会坚持反驳。我们的手只不过是模拟出来的。全知全能的工程师才拥有真正的双手,而我们却被困在悲哀的模拟之中。事实上,**我们或许**只是是可悲的模拟。

这里有一个微妙的混淆。[38] 按照我们既有的理解,我们拥有双手。即使我们发现(或只是假设)我们生活在模拟的世界中,这一点也不会改变。我们只是了解到,现实的本质与我们的想象截然不同:它从根本上来说是计算性的,而非物理实体。

让我们通过雷克斯的双手来理解这一观点。雷克斯一直都知道自己拥有双手,并且对它们略知一二——手掌内有骨骼和肌肉支撑着。随着认知的深入,他还了解到骨骼由分子构成,分子又由原子构成。将来的某个时候,他会了解到原子是由质子、中子和电子组成的。接着,他会知道质子和中子是由夸克组成的。在此之后,他可能会了解到电子并不像教科书中经常描绘的那样,是绕着原子核运动的小球。它们是分散的,有点像云雾。

在探索的每一步,雷克斯都会对他的手的本质有更多的了解。但是,在任何时候,雷克斯说:"哦,不!我没有手。手是由肌肉和骨骼组成的。但是占据我的手的位置的东西是由电子和夸克组成的。"这样说是毫无意义的。如果他真的这么说了,我们会告诉他,他的手**确实是**由肌肉和骨骼组成的,只不过这些肌肉和骨骼本身又由电子和夸克组成罢了。

如果我们真的生活在模拟世界中,那么这个故事还可以延伸一步。基本的物理物质将由某种计算性的东西(比如计算机的二进制位)组成。如果雷克斯发现了这一点,他对他的手的性质有了更深入的了解。他并不会发现:他的手不是真实的,或者他根本没有手。

你很可能对这种说法感到困惑,因为你很容易代入全知全能的工程师的视角。如果**他们**生活在一个本质上物质的世界中,那么他们会认为我们的世界是虚拟的,是现实的模拟版本。从他们的角度来看,我们是有着虚拟手的虚拟人。然而,从我们的角度来看,我们仍然是拥有手的人,和以往没有任何区别。

事实上,比查默斯更进一步,我认为,即使从全知全能的工程师的角度看,我们也**不是**虚拟的人。我们就是人。成为一个人就是占据某种道德地位——成为权利和责任的承担者。这种道德地位并不取决于我们最终是由物质还是由二进制位组成,而是取决于我们是不是能够分辨理由,能不能感受到痛苦,等等。

任何提出模拟拥有人的世界的想法都面临着严肃的道德问题,因为这些世界中的人将成为道德关切的对象。这些问题与准父母在选择是否生孩子时所面临的问题有一些相似之处,因为每个人的生命都不可避免地伴随着一些苦难。它们也与上帝(如果确实存在上帝的话)在选择创造世界时所面临的问题有一些共同之处。模拟是一种创造行为,而不是想象。我希望任何先进到足以模拟世界的社会都能认识到这一点。

无论如何,我们的现实没有受到模拟理论的威胁,我们的大多数信念也没有受到影响。模拟理论不是一个**怀疑性的**假说,而是一个**形而上学的**假说。它描述了我们的世界运作的一种可能方式;它并没有说我们永远无法知道。

☆ ☆ ☆

孩子们喜欢假装——假装这个世界并非表面看上去的那样。我猜想,这也是他们喜爱怀疑论和模拟理论这类哲学命题的原因吧。

有一阵子,笛卡儿的梦境怀疑论成了雷克斯最喜欢的哲学话题,我也因此对其产生了浓厚的兴趣。事实上，作为父亲，我最温馨的时刻之一便要归功于笛卡儿。

当时雷克斯7岁。他给我做了一张生日贺卡。他在上面写道：**我爱你，故我在**。

在此，我提议，我们用 te amo（我爱）替换 cogito（我思）。它同样成立。任何心理状态都能说明这一点。因此，当你审视内心的时候，请试着寻找爱吧。

不过，在你对我和雷克斯的父子情深羡慕不已之前，我得提前声明，他更爱朱莉。

一天放学回家的路上，他证实了这一点。当时雷克斯在上二年级，我们正聊着梦境怀疑论。那时候，我们经常玩一个小游戏：由雷克斯想办法证明自己不是在做梦，我来负责反驳。

雷克斯说："如果我们俩做着同样的梦，那岂不是很奇怪？既然我们能交谈，就说明我们肯定是在做同一个梦。"

"是挺奇怪的，"我说，"但是假如我不是真的，我只是你的梦里的一个角色呢？"

这可把他的小脑袋难住了。他想了半天。他重复地念叨这句话，又对它做了延伸。

"那我的朋友们也可能是梦里的角色吗？"他问道。

"是呀，没错。"

我们拐个弯到了自家车库门口。朱莉和汉克刚到家。

"那妈妈呢？"雷克斯指着前方问道。

"她也可能是你梦里的角色。"

雷克斯的脸耷拉了下来。

然后，他轻声说："那……我可不想醒来了。"

第 9 章

# 真理

"我认识了一种新动物!"汉克说。

"什么动物?"

"它叫作又辟节水母\*。"(我实在无法还原一个二年级学生说话的方式。)

"太酷了,"我说,"你知不知道我一年级的时候,班上也有双臂栉水母?"

"肯定没有,"汉克说,"科学家们刚刚发现它。2015 年之前科学家都没见过它。"

"他们应该来多塞克太太的课堂看看,"我说,"因为其中一个孩子就是双臂栉水母。他的名字叫斯帕基<sup>†</sup>。"

"这不是真的。"汉克说。

"当然是真的,"雷克斯帮腔道,"爸爸的小学里有很多动物。他上幼儿园的时候坐在一只企鹅旁边,他最好的朋友是一只猴子。"

---

\* 原文为汉克的错误说法,中译文做了类似的处理。——译者注

† 双臂栉水母的拉丁文为 Duobrachium sparksae,因为发现这种水母的科学家迈克尔·福特的妻子名叫伊丽莎白·安·斯帕克斯(Elizabeth Ann Sparks)。——译者注

我以前就玩过这一套把戏。雷克斯已经过了吃这一套的年纪，但我很高兴他帮我说话。

"那它有多大？"汉克问。

"一年级学生那么大吧。"我说。

"它们可没那么大，"汉克说，"它们小得很。"

"我知道\*，"我说，"我只是想帮斯帕基保守秘密。其实，他是三个双臂桠水母叠在一起，穿着一件大衣。三个轮流当头。"

"它们生活在水里，"汉克一脸不屑地说，"就像小水母似的。"

我要是早知道这条信息就好了。

"没错，"我说，"你可以听到大衣里有咕噜咕噜的声音。有一次，斯帕基还让我看过里面，每一只都在水缸里，托举着上一个。"

"它们怎么走路呢？"汉克问。

"这个嘛，我一直没搞清楚。那件大衣很长，拖到了地上。"

"我打赌最下面那只用了它的触手。"雷克斯说。

"或者斯帕基可能有一辆滑板车，"我回答道，雷克斯也点头同意，"如果哪天在同学会上见到他，我得好好问问。"

"它们没有脸。"汉克气呼呼地说。

"确实，在海里的时候没有，"我说，"但斯帕基用马克笔给自己画了一张脸。"

汉克一拳砸在桌子上。"撒谎！"他大叫道，"**别再对我撒谎了！！！**"

---

\*  其实我不知道。

☆ ☆ ☆

我总在把汉克逗弄得太过火时感到一丝歉疚。但坦白说,逗弄他本身是件有趣的事。而且这也让汉克有机会跟我斗智斗勇。他不是简单复述他所学到的知识,而是灵活地运用它来证明我错了。

不过,这让他确实有点崩溃。他认为我撒谎了。他说得对吗?我不这么认为。诚然,我说了一些不实的话——我自己也清楚。但我只是在假装,汉克也明白这一点。因此,我不觉得我在撒谎。不过撒谎和假装之间的界限比你想象的要模糊得多。

几天后,我问雷克斯:"撒谎和假装有什么区别?"

"撒谎的时候,你会说一些不真实的话。"雷克斯答道。

"假装的时候,难道不会说一些不真实的话吗?"

"会的,不过撒谎是为了欺骗别人。"

"难道假装就不能用来欺骗人吗,比如在数学考试结束后?"雷克斯数学考得不错的最明显标志,就是他在宣布分数前那愁眉苦脸的样子。

"我想也许是吧……"雷克斯迟疑地说。他意识到这个问题的复杂性。

在某种意义上,一切撒谎都是假装。在撒谎的时候,你表现得好像某件事是真的——但它其实并非如此。所以,这里面就包含了假装。但雷克斯说错了一点。在撒谎的时候,你不一定说的是假话。

几天后,他自己意识到了这一点。睡觉的时候,他说:"我一直在思考撒谎和那个叫盖梯尔的家伙,我有一个例子想告诉你。"

"说说看。"我说。

"某个周一晚上,你问我有没有把垃圾倒掉。我记不清了,但我还是说倒了,因为我不想麻烦。可实际上,我确实倒了垃圾。我只是给忘了。这算撒谎吗?"

"你认为呢?"

"我说的是真话,"雷克斯说,"但那是一个巧合。我当时认为那是假话。所以,我认为我撒谎了。"

"我也这么认为。"我说。然后,我意识到现在就是周一晚上。"雷克斯,你倒垃圾了吗?"

"也许吧。"他笑着说。(事实上,他确实倒了。)

我认为雷克斯把撒谎和盖梯尔难题联系起来是很酷的。表面上看,它们之间似乎没什么关联。盖梯尔难题关乎你知道什么,而不是你说了什么。但它们之间确实存在联系。在盖梯尔难题的例子中,你相信某件事是真的,但你只是歪打正着,因为你的证据没有你想象中那么充分\*。在雷克斯的例子中,他说的话是真的,但他只是歪打正着,因为他以为自己的话是假的。(盖梯尔难题之所以备受关注,部分原因在于他总体的策略——事情巧合地解决了,但仅仅是侥幸——在整个哲学领域都取得了丰硕的成果。)

更令人印象深刻的是,雷克斯说得对。谎言可以是真的。但每个谎言都有假的地方,那就是你展现自己的方式。但你撒谎时,你会声称相信一些你实际上并不相信的东西。[1]

通常情况下,你这样做是为了欺骗你的听众。但事实上,并非

---

\* 简单复习一下,省得你要翻到书的前面。在盖梯尔难题的例子中,你有一个正当的真信念,但有些环节出了问题,所以你的信念不能算作知识。我们举的例子如下:你相信你家里有一本《烹饪的乐趣》,因为你买了好几年,而且用过好几次。凑巧的是,你的伴侣把那本借出去了。但是一位朋友送了你一本新的;它还没拆封,就放在你的客厅里,等着你生日那天。你的信念既是正当的,也是真实的。但是你不知道你家里有一本《烹饪的乐趣》。你只是碰巧猜对了。

所有谎言都旨在欺骗。我从我的朋友西娜·希夫林那里学到了这个道理。她也是一位法哲学家。几年前，她带我体验了比普通保龄球好玩得多的直瓶制保龄球，让我大开眼界。（她还说要带我玩短瓶制保龄球，但是我不相信还有这种玩意儿。）不过，保龄球对她来说只是业余爱好。她研究承诺、契约、言论自由，以及……撒谎。

大多数人撒谎是为了欺骗别人。但人们也可能出于其他理由歪曲自己的心理状态。希夫林设想了一个证人在审判中做伪证[2]，尽管他清楚每个人都知道他的故事是假的。他欺骗不了任何人，甚至也不想欺骗任何人。那么，他为什么要撒谎呢？也许他只想逃避真相。说出真相可能会牵连别人，或者引发众怒。所以他编了这个故事，尽管他知道没人会相信。

当你把雷克斯关于垃圾的故事和希夫林关于审判的故事结合起来时，你会发现雷克斯最初试图定义谎言的方式在两个方面（说的是假话，目的是骗人）都错了。但更好的理论就在眼前了。如果某人在我们有理由期待他说真话的情况下说出了他自己不相信的话，那么他就是在撒谎。[3] 这一点至关重要。我们并不总是期待诚实。在即兴喜剧表演中，我知道演员会说他们自己不相信的话。[4] 否则这个行当就没有意义了。同样的，在读小说时，我不期望作者只说他自己相信的话。

希夫林把我们对真话不抱期待的情况叫作**悬置语境**。[5] 但是，我们要明白对真话不抱期待是什么意思。如果你经常对我撒谎，我就不会期待你对我说真话。[6] 这不是希夫林所谓的对真话不抱期待。她感兴趣的是那些我们有充分的理由接受假话的情况。她把这些情况称为**正当的悬置语境**。[7] 她说，在这些情况下，你无须对任何人说真话。所以你说假话也不算撒谎。[8]

我们所面临的正当的悬置语境比你想象的要多。在见到认识的人的时候，你会说各种客套话。诸如：**很高兴见到你。一切顺利。我喜欢你的发型**。希夫林说，这些表达都是"社会语境所要求的"。[9] 简单来说，我们需要彼此问候，确认彼此的关系。但是，希夫林指出"合格的听众"知道这些话"并不是为了让对方将内容当真而说出的"。[10] 因此，不说真话是可以接受的。你可以说**一切顺利**，而实际上诸事不顺。实际上，希夫林甚至都不认为你这样做是在撒谎。

有些人会觉得这种观点很奇怪。他们会说这是一种**善意的谎言**。但是他们大概率会同意：说这种谎言是没关系的（你没有义务告诉每个人你过得怎么样，即使他们开口问你）。所以我们在这一点上不应该被标签束缚。我们可以用不同的方式使用"谎言"这个词。重要的是道德意图。在正当的悬置语境中，说你不相信的话是没关系的。

接着我们回到前面的问题：撒谎和假装有什么区别？前面我们说过，在某种意义上，一切撒谎都是假装。但很多假装是在正当的悬置语境中发生的。例如，在和一个孩子玩耍时，你假装成超级英雄或巫师，这时你就悬置了你对真话的期待，这样一来你就可以获得想象的世界所带来的乐趣。在告诉汉克我一年级的班上有双臂桮水母时，我就想获得这种乐趣。

孩子们一直很喜欢我讲的荒诞故事，他们自己也编故事。但慢慢地，他们会逐渐离开那些世界。这也许是看着他们长大最让人伤感的部分了。

☆ ☆ ☆

3岁那年,我知道了撒谎是不对的。当时,我哥哥马克7岁。父母觉得我们闹腾得太厉害,就把我们赶到了屋外。可马克并不打算让他们有片刻安宁。他让我站在门口,闹出尽可能大的动静。这听起来可真好玩。于是我尖叫、唱歌、猛敲门。然后,我母亲开了门,她也被吓了一跳。我们被叫回屋里。

"是马克让我吵的。"看到她板着脸,我马上说道。

马克把责任推到我身上,然后我才知道为什么他不和我一起吵。

我记不清后来发生了什么。我们在不同房间被"审问"。刚开始他坚持同一套说辞。但过了一会儿,他改口说是他指使我干的。

我不记得我们受到了什么惩罚,但我记得他的惩罚比我的更重。而且我记得原因是,**他撒谎了**。我不清楚为什么撒谎这么重要。但他做的错事让我可以少受惩罚。所以我记住了:不可以撒谎。

但是为什么不可以呢?这一点从来没人说清楚。哲学家也不清楚答案。至少我家里的几位哲学家不清楚。

"撒谎有什么错?"有一天吃晚饭的时候我问汉克。

"你没说真话。"

"的确如此,"我说,"但这有什么错?"

"你撒谎了。"汉克说。

我们似乎陷入了循环。

"但撒谎有什么错?"

"你试图让某人相信一些不真实的事情。"

我们的对话有了进展。这使得汉克与很多哲学家不谋而合。很多哲学家认为,撒谎之所以是错的,是因为它欺骗了别人。

第9章 真理

但是,慢着,骗人有什么错?标准的说法是这样的。在欺骗别人的时候,你操纵了他们的心理状态以实现你的目的。在这个过程中,你干扰了他们在世界上表达自己意愿的能力。[11]这就呼应了我们在前文中提到的康德的观点:我们应该把人当作人,而不是可以为我所用的物。

到目前为止,这个说法还说得通。但它没有涵盖所有情况。就像希夫林告诉我们的,并非所有谎言都是骗人的。她所说的那个做伪证的证人不是故意误导别人的。但这不代表他就不用负责了。无论你出于何种目的,在法庭上撒谎都是错的。除了希夫林所指出的问题,"撒谎的错误在于骗人"这种观点还有其他问题。大多数人认为,撒谎比单纯的误导更恶劣。事实上,人们即使在欺骗别人的时候也往往会避免撒谎。

哲学家们喜欢讲亚历山大的亚他那修(Athanasius)的故事。[12]他遇到一群抓他的人,这群人要迫害他,甚至杀死他。但这群人不认识他,于是问道:"亚他那修在哪里?"他回答道:"离这里不远。"然后这群人就离开去找他了。按理说我们应该认为亚他那修很聪明。他没有撒谎就误导了抓他的人!但是,对想要杀你的人撒谎有什么错呢?为什么不说亚他那修已经逃走好几天了,或者说他已经死了?

"尽管撒谎吧。"詹妮弗·索尔说。她是一位语言哲学家。她在一篇文章的标题中提出了这条建议。[13]在该文中,她认为,撒谎并不比单纯的误导更恶劣。她举了这样一个例子:戴夫和查拉打算第一次发生性行为。[14]戴夫问查拉有没有艾滋病。碰巧的是,查拉是艾滋病病毒携带者,她知道这一点。但她也知道自己还没患上艾滋病。她不想吓跑戴夫,于是回答道:"我没有艾滋病。"戴夫放心了,同意进行无保护措施的性行为。

查拉没有撒谎。她说的是真话。但她确实以一种非常恶劣的方式骗了戴夫。当然，他可以更准确地提出他的问题；艾滋病病毒和艾滋病是有区别的。但查拉明白他的意思，而且她的回答肯定会误导他。索尔说："如果仅仅因为查拉没有撒谎，就认为她的欺骗程度有所减轻，那就太荒谬了。"[15]

在索尔看来，撒谎之所以是错的，是因为它欺骗了别人。在大多数情况下，用什么方式骗人并不重要。索尔说，假如你想欺骗别人，你不妨撒个谎。[16] 如果你的欺骗行为是错误的，那么它不会因为你说假话的事实变得更加恶劣。如果你的欺骗行为是正当的——如果你有充分的理由——那么你根本没有做错任何事。事实上，她就是这样看待亚他那修的。虽然他没有撒谎，但他撒个谎也没关系。

我同意最后一点。我不认为亚他那修有义务把真相告诉抓他的人。但我不同意撒谎与其他形式的欺骗是同等的。当然，只要欺骗行为是错的，以欺骗为目的的谎言就是错的。但正如希夫林所解释的，谎言之所以是错的，还有另一个原因。

为了说明这个原因，我们必须倒退一步——倒退到导言中我们考察色谱变换的部分。在那里，我们担心自己无法了解别人的想法。我们无法直接地了解别人的心理状态。但有时候我们需要了解这些心理状态。如果没有办法知道别人在想什么，我们就很难一起生活，更不用说一起工作了。希夫林说，语言是我们战胜彼此的想法之间的不透明性的最好工具。它可以帮助我们获得更深的理解。

有了这种理解，我们就可以互相关心，互相学习，一起执行项目和计划。没有这种理解，我们就将过着枯燥乏味的生活。因此，我们有理由尊重语言，爱护语言让我们互相理解的能力。

第9章 真理

希夫林说，谎言之所以是错的，是因为它歪曲了撒谎者的心理状态。这样一来，它就削弱了语言的能力，让其无法做到只有语言才能做到的事情——帮助我们互相理解。谎言会堵塞交流的渠道，让未来交流的可靠性大打折扣。希夫林说，如果谎言无处不在，那我们就失去了"获得诸多关键真理的可靠途径"。[17]

希夫林的解释并不是面面俱到的。谎言之所以是错的，还可能有其他原因。谎言可能是不尊重人的，可能会削弱信任，也可能是欺骗性的。在任何一种情况下，其中的某种错误都可能比希夫林所强调的那一种更加严重。查拉的欺骗使戴夫面临严重危险。这种情况已经够糟糕了，再撒个谎也不太会让情况变得更糟。但是在很多情况下，误导别人是一种更小的错误（我们都知道两个男孩隐瞒了他们玩《我的世界》的时长）。在这些情况下，避免明目张胆的谎言**确实是**有好处的。这么做为诚实的交流提供了可能性。

☆ ☆ ☆

"喂，小伙子们，我有个问题要问你们。有人想杀你们的朋友，所以你们把他藏在阁楼上。"

"他叫什么？"汉克问。

"杰克，"我说，"然后想杀他的人出现了，问他在哪儿。"

"**他**叫什么？"汉克又问。

"这不是重点。"

"那就叫他鲍勃吧。"雷克斯说。

"行。鲍勃想知道杰克在哪里。你们会怎么告诉他？"

"他不在这儿！"雷克斯说。

"所以你打算撒谎?"

"这不是撒谎。"

"但他在阁楼上啊。"

"没错,但我说他不在这儿,意思是说他不在我们站着的地方。"

显然,我养出了安娜堡\*的亚他那修,而且还养了两个。

"汉克,你会怎么说?"

"我会说我刚才看到他在街上。"

"真的吗?"

"对啊,他过来的路上,在上阁楼之前,我看到他在街上。"

"为什么不撒个谎?你可以说杰克不在镇上。"

"我觉得没必要撒谎。"雷克斯说。

"如果有好处的话,我们可以撒谎吗?"

"我认为可以,"雷克斯说,"我不必帮鲍勃杀杰克。"

康德肯定会拒绝这个建议。至少,根据人们对他的短文《论出自人类之爱而说谎的所谓法权》[18]的常见解读,他肯定会拒绝。在这篇文章中,康德考察了我告诉孩子们的那个例子——一个凶手站在门口,问被追杀的那个人在哪里。他似乎在说,你即使在凶手面前也不能撒谎。

这太不可理喻了。没人认为这是对的,连最坚定的康德主义者也不例外。或许康德本人也不这么认为。这个故事出自他和瑞士裔法国政治理论家邦雅曼·贡斯当(Benjamin Constant)的一次争论。著名的康德学者艾伦·伍德回顾了这段历史,他认为这两个人主要关心的是"在**政治语境下**……说真话的义务"。[19] 事实上,伍德认为

---

\* 安娜堡(安阿伯)是作者任教的密歇根大学所在的城市,作者一家便居住于此。——译者注

康德所想象的不是通常的凶手。康德所描绘的是一名警察要求提供嫌犯的位置信息。[20] 伍德认为，贡斯当之所以不同意康德的观点，部分原因是他在法国大革命期间的经历让他对警察与罪犯的界限心存疑虑。[21]

伍德提出，证明康德观点的更好例子可能是这样的。你是一名宣誓做证的证人，而你面临着这样一个问题，"如果你如实回答，你的朋友就会被定罪……他被指控谋杀，而你知道他是无罪的"[22]。这是一个进退两难的处境。但是伍德说，你必须说真话，以免"法律程序成为非法的，或者纯粹的骗局"[23]。否则你就使得程序在谎言的基础上进行，从而成为"把程序变成骗局"[24] 的人。

康德可能会同意伍德，但我不确定。我同意，在极端情况下，说谎可能是正当的；这取决于故事的细节是怎样的。但是我们先把这种观点放在一边。我们应该如何看待康德原始的例子，那个引起如此多的关注和嘲笑的例子？显然，你可以撒谎。希夫林给了我们解释这种做法的工具。你处在正当的悬置语境之中。凶手没资格要求你帮忙，因为他不怀好意。正如雷克斯所说，你不必帮鲍勃杀杰克。

☆ ☆ ☆

这个站在门口的凶手得到的关注，超出了他所应得的。我们很少会遇到这样的人。即使是康德和贡斯当，他们主要关注的也是别的东西——"政治家和政客说真话的义务"[25]。

雷克斯对此也感兴趣。

"我不敢相信他撒了那么多谎。"他好几次这样评论唐纳德·特朗普。他喜欢看报纸上罗列的那些谎言。[26]

当然，很多政客嘴里没几句真话。特朗普的惊人之处在于，他明目张胆地敌视真相。上任第一天，他就谎称就职典礼上下了雨，并允许他的新闻发言人谎报人数。[27] 谎言从此开始生根发芽。在任期的结尾，他无视一切证据，坚称大选结果被窃取，为他的支持者冲击国会大厦埋下了伏笔。[28]

"唐纳德·特朗普是一个坏总统。"那次骚乱不久后，雷克斯在吃晚饭的时候说道。

"他对我们来说是一个坏总统，"汉克说，"但对喜欢他的人来说是一个好总统。"

"不，他是一个坏总统。"雷克斯说。

"对我们来说是坏的，"汉克坚持道，"但对喜欢他的人来说是好的。"

"汉克，你的意思是不是，喜欢特朗普的人**认为**他是好的，但这些人错了？"我问道。

"不是的，"他坚定地说，"他们认为他是好的，我们认为他是坏的，**二者之间没有谁对谁错。**"

"难道不是肯定有一方是对的？"我说，"他要么是好总统，要么不是。"

"不是的，"汉克说，"我们在我们看来是对的，他们在他们看来是对的。"

这就是相对主义——认为不同的人拥有不同的真理。我在家里居然能听到这种观点，这让我很惊讶。我不是这样看待世界的，我也不是以这种方式和孩子们探讨世界的。

我很好奇，汉克的相对主义到了什么程度？许多人怀疑道德问题——或者像"特朗普是不是好总统"这样的评断——并不存在唯一的真理。这是汉克的观点吗?还是说,他的相对主义到了更深的程度?

"汉克,"我说,"假设我们走出去,我说下雨了,你说没下雨。我们有一个人是对的吗?"

"我在我看来是对的,"他说,"你在你看来是对的。"

"但是,天上要么下雨了,要么没下,"我说,"我们不能决定下不下雨。"

"对你来说下雨了,对我来说没下。"汉克说。

一开始,我不确定汉克是不是认真的。他喜欢恶作剧。多年来,我都不知道他会不会背 26 个字母。每次让他唱字母歌的时候,他都会搞错一些字母的顺序。我以为他在跟我闹着玩,因为我常常那样跟雷克斯闹着玩。但他是如此固执,屡教不改,以至我开始怀疑他是否知道顺序很重要。

等到他上幼儿园后,我就明白了他是在耍我——从 3 岁就开始耍我了。在老师面前,他清清楚楚地了解这些字母,还有很多我们不知道他了解的东西。

所以我很怀疑这个家伙,而且总是留意他在搞小动作时露出的微笑。我心想,**这可能是一个天大的恶作剧。他才 8 岁,就发现了最让我恼火的观点。**但随着晚上的探讨逐渐深入,我明白了汉克是心口如一的。他经过深思熟虑,认为我们每个人都拥有自己的真理。

☆ ☆ ☆

为什么?他的想法的关键是他对雷克斯说的那句话:"他们认为

他是好的，我们认为他是坏的，**二者之间没有谁对谁错**。"

说最后一点的时候，汉克把一只手和鼻子齐平，上下移动，以表明"二者之间没有东西"的观点。不过他真正的意思是二者之间**没有人**——没有解决争议的中立仲裁者。

在讨论权利的第1章中，我跟你们说过汉克喜欢听我讲那些法律案件，他每次都会问："法官是怎么判的？"他想知道正确答案，以为法官已经解决了问题。如果没有法官，不同的人就会有不同的答案。

类似的观点吸引着我的很多学生——尤其是（但不只是）那些把体育看得很重要的学生。裁判在一生中不停地做出判定：界内还是界外，坏球还是好球，接到球还是没接到。他们的判定是不可更改的，不允许上诉。裁判说什么就是什么。他说在界内，那就是在界内。似乎他拥有让事情成真的能力。

但事实上任何裁判都没有这种能力。如果有的话，即时回放早就让我们知道这一点了。在网球比赛中，球在界内还是界外取决于它的落地位置与边线的关系，而不是裁判的判定。在理想的情况下，裁判是追查真相，而不是确定真相。[29]

这有助于提醒人们，我们可以在没有裁判的情况下比赛。我们打网球时可以自己决定球在界内还是界外。大部分时候，我们会达成一致。有时候我们会不一致。我们有不同的观点，自身利益会左右我们看待事物的方式。这是设立裁判的一个理由。但裁判不过是额外的一个人，他可能是对的，也可能是错的。真相是独立于他而存在的。

人们很容易对此感到困惑，因为在某种意义上裁判**的确**说什么就是什么。如果足球比赛的裁判说一名球员越位，那么我们就把他

**当作**越位那样继续比赛，无论他是不是真的越位了。裁判有权决定我们接下来把什么**当作真相**。但是事实在裁判做出判定前就已经存在了，即使这场比赛没有裁判，事实也是一样的。没有中立的仲裁者在任何情况下都不意味着没有真相。

☆ ☆ ☆

尽管如此，许多人还是对客观真理的概念持怀疑态度。有些圈子流行说真理是一种社会建构。但是正如我们在关于种族的第 7 章中所了解到的，我们的概念是社会建构这个事实并不意味着它们所对应的对象也是一种社会建构。我们可以决定什么是行星。但是一旦我们做出了决定，冥王星就要么在范围内，要么在范围外。如果误判了事实，我们的决定就可能是错的。

除了汉克，几乎没人在下没下雨这件事情上提出相对主义的观点。在物质世界的问题上，我们大多数人都同意真理是存在的，不必多言。如果汉克在瓢泼大雨面前坚称没下雨，那么我不会认为他拥有自己的真理；我会认为他疯了——或者又在耍我。

但是，在评价性判断的问题上，汉克有更多朋友。唐纳德·特朗普是一位好总统吗？堕胎是错误的吗？贝多芬比巴赫更好吗？有人说，不存在正确答案。不同的人有不同的观点。

说这话的人并没有完全拒绝真理。相反，他们拒绝的是客观真理——那种适用于我们所有人的真理。为了拯救真理，他们把真理**相对化**了。他们说，堕胎是对还是错，没有唯一的答案。但是对于不同的世界观来说，**存在**不同的答案。对提倡生育自由的女权主义者来说，堕胎是允许的。对于遵循教会教导的天主教徒来说，堕胎是禁区。哪一种世界观是对的呢？汉克的朋友们说，我们不能问这个问题。女权主义者有他们的真理，天主教徒有他们的真理。

这是一种灰暗的看待世界的观点——我们所有人都被分成不同的阵营。这是一个我们可以发生冲突但不能交流的世界。根据这幅图景，在某种重要的意义上，女权主义者和天主教徒是鸡同鸭讲。她提出的主张是相对于她的世界观而言的。他提出的主张是相对于他的世界观而言的。他们在各自的道德框架下都是对的。但是在汉克看来，二者之间没有东西可以使得一套框架优于另一套框架。所以争论这一点是没有意义的。任何说服对方的尝试都无法真正地诉诸理性，因为理性也是相对于世界观而言的。（女权主义者的考量与天主教徒不同。二者之间没有东西可以说明谁对谁错。）

这种思维方式在哲学外部比在哲学内部更加常见。事实上，大多数哲学家都认为彻底的相对主义（针对一切事物的相对主义）不是融贯一致的。[30] **"不存在客观真理"** 的主张意味着什么？这一主张本身是适用于我们所有人的客观主张吗？如果是，那么它就自己推翻了自己。还是说，它是一个主观性的主张，只相对于主张它的人而言是真实的？如果是这样的话，这一主张与"存在客观真理"的主张就是相容的。它只是告诉了我们提出这一主张的人的心理。

稍微温和一点的相对主义，则不会自己推翻自己。道德相对主义是可以理解的。**"不存在客观的道德真理"** 的说法不会自己推翻自己。问题在于这个说法是不是正确的。

道德相对主义的标准论证，是从一个合情合理的观察出发的。我们的道德观点存在分歧，有时甚至是巨大的分歧。这一观察不仅适用于此时此地，当你把目光投向遥远的地方或遥远的过去时，它就更加明显了。此外，人们所持有的道德观在很大程度上是由他们成长时所处的文化和社会所塑造的。假如出生在另一个时空中,我们对许多道德问题的思考就会有所不同。事实上,我们一些最根深蒂固的道德信念在过去的年代并不常见。奴隶制在许多历史时期被广泛接受,而现在我们认为它是罪大恶极的。

更重要的是,很多道德分歧似乎是无法解决的。想想我们为了堕胎以及堕胎是否应该合法争论了多长时间。我们已经吵了几十年——其实是几百年——双方依然对峙着。

相对主义者为我们提供了一种解释——类似于汉克的解释。二者之间没有东西可以决定谁对谁错。我们每个人都有自己的框架,没有哪套框架优于其他框架。但这种解释是有代价的。这意味着,奴隶制的对错不是一个事实问题,而只是相对于我们碰巧持有的道德观点而言的。种族灭绝也一样。我们可以对一个纳粹分子说:"我们认为你们不应该杀犹太人。"但如果他不接受我们的世界观,我们无法给他一个理由。我们不得不承认:他拥有他自己的真理,就像我们一样。最初合情合理的观察现在看来是荒谬的。

因此,我们可能从最初的观察中得出了错误的结论。罗纳德·德沃金就是这么认为的。[31] 他总喜欢说,分歧并不意味着不确定性(indeterminacy)。事实恰恰相反。我们之所以会争论堕胎的对错,几乎可以肯定是因为我们认为存在正确的答案——而且这个答案很重要。我们或许无法达成共识。但是共识并不能奠定真理。分歧也不意味着真理不存在。

没错,假如出生于另一个时空中,我们的思考就会有所不同。但是有所不同的不仅是我们的道德观点。我们的科学见解也会不同。在较早的时代,我们肯定会认为太阳是绕着地球转的。现在我们知道地球是绕着太阳转的。我们过去的思考有所不同,但不能因为这一事实就质疑我们现在的判断。我们可以解释我们错在哪里，以及我们现在的观点为什么更有说服力。我认为，奴隶制的道理也一样。

我们的道德观点是偶然形成的，但这并不意味着它们就不是真理。相反，它说明我们应该对这些观点保持谦卑。我们应该想一想我们是不是错了。我们应该跟观点不同的人聊聊。我们随时都应该根据我们所学到的知识来修正我们的观点。但我们不应放弃真理的概念和对真理的探索。

可是，我们到底在寻找什么？构成道德真理的是什么？这是一切哲学中最棘手的问题之一。正如德沃金所说，没人会认为"宇宙的无数能量或物质粒子中有一些特殊的粒子——傻子\*——其能量和动量所创造的能量场构成了特定的人类行为或者制度的道德或不道德、美德或罪恶"。[32] 但是，如果"傻子"无法构成道德，那么什么才构成道德？我在这里无法公正地评价关于这个问题的争论。但是我可以提供一个窗口，展示我看待这个问题的方式。这很像德沃金的方式。

在我看来，道德真理取决于我们为了支持某种道德主张而给出的理由。正如德沃金所指出的，如果你问一个人为什么她认为堕胎是错的，她不会说堕胎是错的这个事实嵌在宇宙本身的秩序里。[33] 相反，她会给出一些理由。她可能会说上帝禁止堕胎，说这是对人类生命固有尊严的不尊重，或者说杀死无辜的生命是错误的。一旦她给出了理由，我们就可以问：这些理由成立吗？她有没有忽略什么？她有没有把这个问题想透彻？在理想的情况下，我们会和她一起思考。也就是说，我们会一起推理。

---

\* 作者在这里玩了一个文字游戏，"傻子"的英文是 moron，和其他物质粒子的后缀相同，比如电子（electron）、质子（proton）和中子（neutron）等。——译者注

现在想象一下，当我们正在谈话时，一个怀疑论者打断了我们。"你的话没有意义，"他告诉我们，"你的理由站不住脚。"我们问他为什么这么想。他给出了他的理由。接着我们可以问：这些理由成立吗？他有没有忽略什么？他有没有把这个问题想透彻？

理由是无法回避的。就像德沃金曾经说过的："对于任何主张，哪怕是最复杂的怀疑论的理论或论点，最好的做法都是看看我们在深思熟虑之后是不是认为它是对的。"[34] 如果我们认为它是对的，那么我们最好相信它——直到我们有理由不这么认为。

☆ ☆ ☆

汉克的相对主义没持续多久。我在一天他临睡时打破了它。

有几个晚上，我们不阅读，而是进行他所谓的"男人之间的聊天"。这些聊天一般很无聊，但有时候也是严肃的。有一天晚上，我们继续聊相对主义。我试图说服汉克放弃相对主义，但没有多大作用。不过我有一件秘密武器，一晚上都没拿出来用。

我关掉了灯。接着我给他唱摇篮曲。准备离开他的房间时，我说："晚安，汉克。你是我认识的最可爱的 6 岁小孩。"

"我不是 6 岁，"他说，"我 8 岁了。"

"是吗？"我说，"可能对你来说是 8 岁，但对我来说你才 6 岁。"

"我 8 岁了。"他激动地说。

"对我来说不是，"我说，"据我所知，你才 6 岁。"

"我 8 岁了，"他坚决地说，**"有些事情就是千真万确的。"**

☆ ☆ ☆

汉克说得对。但是为什么我们无法在真理的问题上达成一致呢？阮氏波\*对这个问题思考了很多。他是《洛杉矶时报》的美食专栏作家，这差不多是我梦寐以求的工作。（各位美食编辑请注意：雷克斯和我可以写塔可的评论。汉克则对寿司情有独钟。）但是，阮氏波从美食转向了哲学。他写了关于信任、游戏以及共同体运作方式的文章。

他的思考的关键是对**认知气泡**（epistemic bubble）和**回音室**（echo chamber）的区分。他说，认知气泡是"**一种因遗漏而排除其他相关声音的信息网络**"[35]。我们越来越生活在这样的气泡中。我们把自己按照地域进行分类，所以我们周围都是想法相似的人。我们社交媒体上的动态都是观点相似的朋友所发布的。算法则根据喜好为我们定制互联网服务。

认知气泡是有害的。它们屏蔽了与我们的观点相悖的信息，让我们过分自信。它们让我们相信每个人的想法都和我们一样，即使事实并非如此。它们甚至对我们掩盖了全部问题。尽管如此，阮氏波并不担心认知气泡。他说，它们是"易碎的"[36]；想戳破一个认知气泡，你只需让人们接触"他们所遗漏的信息和观点"。

他更担心回音室。这两个词语听起来相似，但它们有一大区别。回音室是"**一种主动贬斥其他相关声音的社会结构**"[37]。回音室的问题不在于它遗漏了信息，而在于它破坏了可靠的信源。

阮氏波把拉什·林博（Rush Limbaugh）作为一个主动创造回音

---

\* 阮氏波全名为 Christopher Ba Thi Nguyen，一般写作 C. Thi Nguyen。——译者注

室的例子。几十年来，林博主持着一档广受欢迎的广播节目，借此宣传他的保守观点。他的听众可以获得外部信息。许多听众也接触其他形式的媒体，因此他们并不置身于认知气泡中。但林博教导听众不要相信任何与他意见相左的人。[38] 他描绘了一幅对手们处心积虑地对付他和听众的画面。他质疑对手们的品格，认为他们居心不良，而非仅仅犯了错。林博已经离开了人世，但他帮助创造的右翼回音室依然存在。事实上，它在有线电视新闻和社交媒体的助推下急剧扩张。林博和他的追随者所播下的不信任的种子为国会大厦的暴风雨埋下了伏笔，许多人只要听到右翼人士说出来的谎言就深信不疑。

在左翼人士当中也有回音室（虽然影响力远远不及林博）。在《温和种族主义：进步派白人如何使种族伤害延续》一书中，罗宾·迪安杰洛（Robin DiAngelo）列举了一系列种族主义的行为和态度。[39] 这个清单上有一些是显而易见的种族主义行为——比如黑脸扮相，或者拒绝学习他人名字的正确发音。另一些则不那么明显。例如，将神经多样性（neurodiversity）纳入组织的"多样化工作"[40]是不是种族主义行为，是有待商榷的（毕竟它不是零和游戏；你可以根除种族主义，让工作场所对各种类型的人都友好）。但迪安杰洛不想听到她的清单条目受到任何质疑。事实上，她说质疑她的清单本身就是种族主义行为。她的清单上的最后一项是"不明白为什么清单上的行为是有问题的"[41]。迪安杰洛这样说，是尝试让自己的观点免受批评[42]——提前反驳任何反对意见，不管反对的理由是什么。这是一种让回音室发挥作用的好办法。

如果我们的回音室少一点，我们的政治状况肯定会更好。不过，就像阮氏波指出的，不是所有回音室都是政治领域的。[43] 反疫苗群体也是一个回音室。它使得人们在没有阴谋的地方看到了阴谋，让人们对医生和科学家的信任荡然无存。还有一些回音室与饮食、健身、传销有关。阮氏波说，你用一个简单的问题就可以判断出这些回音室："一个群体的信仰体系会不会主动削弱那些不认同其核心教条的外来者的可信度？如果会，那它多半就是一个回音室。"[44]

回音室比认知气泡更具有弹性。光是让人们接触到外部信息，并不足以破除回音室效应，因为他们还是会透过回音室的滤镜去看这些信息。话虽如此，办法还是有的。阮氏波说，要摆脱回音室，人们可以试试和笛卡儿类似的做法：彻底怀疑。他们要把在回音室中获取的信念悬置起来，再树立新的信念。

但是阮氏波又说，后面这一步用笛卡儿的方法是行不通的。如果坚持要找到绝对确定的基础，你就什么信念都建立不了。他建议你重启自己的认知操作系统，平等、公开地信任自己的感觉和信任他人。你应该把自己暴露在世界面前，接触大量的信源，而不是自动假设任何信源都是不可信的。最终你必须决定哪些信源可以信任。但是，他认为，如果以开放的心态面对这一切，你就更有可能相信值得信任的信息。

☆ ☆ ☆

阮氏波影响了我对养孩子的想法。家庭是一个认知气泡，至少对小孩子来说是这样。起初，孩子几乎所有的信息都来自父母，可能还有兄弟姐妹。确保孩子获得优质的信息是相当重要的。但同样重要的是，不要教育孩子不信任你可能反对的信源，从而形成一个回音室。

我们在这一点上需要达成一种平衡。我希望我的孩子知道不是每个人都可以信任。我希望他们当心那些不可信的人。我也希望他们知道哪些信源是我信任的。但最重要的是，我希望他们能够自己对信源进行评估。

在第 8 章中，我教导雷克斯要质疑提问者：提问者真的是想把事情搞清楚吗？他们对证据感兴趣吗？如果他们得知自己的观点是错误的，我能否相信他们会告诉我？还是说他们会搪塞过去？这些问题同样可以用来评估新闻来源。我们还可以再加上几个问题：他们是受过训练的记者吗？他们有没有咨询过专家？他们会刊登勘误信息吗？他们是不是想挑唆我？还是说他们想向我传达信息？

雷克斯早已走出了我们的认知气泡。他会自己在网上闲逛。汉克很快也将跟上脚步。我们希望，我们已经教会了他们心胸开阔，并且为他们提供了工具去批判性地思考什么值得信任，从而让他们免受回音室的影响。

☆ ☆ ☆

家庭是个认知气泡，这一事实是维持童年的奇幻信念的关键。只要你掌控了信息，圣诞老人听起来就不是天方夜谭。在碰到其他知道真相或心生疑惑的孩子后，孩子们才会开始怀疑。

我们不相信圣诞老人。但我们确实觉得有义务保持对他的信仰。我们不想让孩子们毁了他们朋友的圣诞节。这就闹出了很多好笑的对话，比如雷克斯提议让圣诞老人来我们家。他的提议没有实现，但牙仙子确实来过。孩子们很喜欢她。他们期待她留下的字条——还有 1 美元硬币。有一次，雷克斯和我在回家的路上想搞清楚牙仙子对牙齿做了什么。他认为牙齿是仙界的一种货币形式。我试着解释说，一个由奇幻生物组成的社会要控制它的货币供应。收集牙齿就像开采黄金一样：不是发达的经济体的运作方式。

早在换第一颗牙齿之前，汉克就开始怀疑牙仙子了。一个朋友告诉他牙仙子不是真的——是妈妈和爸爸假扮的（可见认知气泡多么容易被戳破）。我们不想让汉克的童年有遗憾。所以我们撒了谎。事实上，我们创造了一个回音室。

"我不知道他为什么这样说，汉克。我觉得他搞错了。牙仙子来找过雷克斯，也找过妈妈和爸爸。"

这个谎言让我们成功应付了六次换牙，直到怀疑再度出现。但是现在回头看，我不禁怀疑：这样撒谎是可以的吗？汉克问了一个直截了当的问题，而我们没有告诉他真相。

或许我们当时处在一种悬置语境之中。我们在前文中说，"假装"会让我们处在一种悬置语境之中。但是在大多数例子中，孩子都知道你在假装。在这个例子中，我们却主动地尝试对汉克掩盖这一点。我们在一种截然不同的意义上戏弄了他。也许我们不应该这样做。希夫林认为，只有每个人都知道（或能够发现）我们平时预设的说真话的语境已经失效，我们才处在一种正当的悬置语境之中。[45]

但我认为她错了，而且不光是在涉及孩子的例子中错了。你哄骗他人参加一个惊喜的生日派对，这不算撒谎。当然，你可能说了一些假话——你要出去吃一顿安静的晚餐，或者有急事要赶回家。但是在一定限度内，我们都有说假话的余地，以此给他人带来惊喜或快乐。这就是我们想为汉克做的事。我们想让他享受这种幻想，至少是片刻的幻想。因此我认为我没有对他撒谎，至少在道德意义上没有。

☆ ☆ ☆

为汉克编织奇幻世界是我特别喜欢的消遣方式。有一次我告诉他,佐治亚大学橄榄球队的教练柯比·斯马特想让他打下一场比赛。

"打哪个位置?"汉克问。

"跑卫,"我说,"他觉得你可以从别人的双腿下面跑过去。"

"我也可以骑在别人的背上。"汉克说。

"好主意。没人能看到你在上面。"

"我还可以站在四分卫的肩膀上投球。"

"在上面要小心,"我说,"听起来很危险。"

我们这么聊了一会儿。但汉克知道我说的不是真的。他当时6岁,看了许多橄榄球比赛。

所以当他说"你只是在假装,对不对?"时,我感到很惊讶。

"你觉得呢?"

"快告诉我。"他说。

"汉克,你明明知道。"

"快告诉我。"他说。

于是我承认了。多年来,每次我假装发生什么事的时候,我都不得不承认。汉克会在某个时候说:"你只是在假装,对不对?"如果我没有马上打消他的疑虑,他就会感到沮丧,央求我说出他早就心知肚明的事情。

希夫林帮助我理解了汉克的心理。我们接受在正当的悬置语境中的假话。但是希夫林指出,我们需要一些方法来退出这些语境——停止对语境的悬置,回到人人都说真话的预设上来。[46]

假设你的朋友问你是否喜欢她的衣服。她可能想听听你的真实意见，也可能想要得到肯定。如果你很了解她，你可能知道她想要哪一种答案。如果你的答案想让她安心，那么你就处在一个正当的悬置语境中。你可以说"很好看"，即使你心里不这么想。

但是假设你的朋友接着说"不是，老实说，你是怎么想的，我想知道"，那么，你的答案应该是诚实的。她已经取消了悬置语境。

希夫林认为撒谎是坏的。但她认为，在向别人保证你说的是实话之后撒谎是更坏的。[47]她用白旗在战争中的用途来做类比。白旗意味着投降、停火或请求谈判。滥用白旗——为了突袭或搞破坏而假装投降——是一项战争罪。[48]为什么？"即使我们相互为战，"希夫林说，"我们也必须保留一个出口，可以通过谈判来结束冲突。"[49]

当然，战争是一种截然不同的悬置语境。但希夫林的类比让我明白了汉克的真正目的——他想知道他有一条出路。他喜欢假装。但他必须知道，如果他想要，我们就会对他说真话。他必须知道他的"白旗"是管用的。

有一天上床睡觉时，汉克挑明了这一点——并且认可了我们关于牙仙子的做法。朱莉给他盖被子的时候，他正提到当天掉的那颗牙。

突然之间，他严肃起来。"在我当爸爸之前，"他问道，"你们会不会告诉我牙仙子是真是假？"

"会，"朱莉说，"我会在你当爸爸之前告诉你。"

"好的，"汉克说，"如果我要做某件事，我就想先了解它，这样我才不会把它搞砸。"接着他就睡了，不再问牙仙子是不是真的。

汉克想知道他有资格知道。但他（目前）还不想知道。

# 第 10 章

# 心智

成为贝莉是什么感受？我们在家里常常聊这个话题。你可能还记得，贝莉是我们家的一只小小的金德利犬。

雷克斯喜欢解说它的生活。但不是像体育解说员那样。他不会说："贝莉酷爱追松鼠萨米……它能不能追上……快追上了……糟了！第 100 万次失手。"

相反，他会从贝莉的视角出发："看哪，有一只松鼠。快抓住它。跑快一点！看哪，又一只松鼠……追逐开始了……或者我该歇会儿了。"

这种解说很有趣，因为我们可以确定贝莉不会有那样的内心独白。它能听懂几个单词，但只有几个而已。这种解说有趣的另一个原因是，它想象贝莉有人类的思维和动机，同时我们可以确定它的内在生命是截然不同的。为什么？它通过闻屁股来欢迎其他狗。它会吃兔子的粪便（它还因此有了寄生虫）。它会无缘无故地朝着气球吠叫。

有时候我们能看出贝莉在想什么。我们知道它什么时候饿了，什么时候要尿尿，什么时候想玩耍。我们知道它不喜欢洗澡。它爱朱莉和孩子们。它不太给我面子，这表明它有良好的判断力。

但我们不了解成为贝莉是什么感觉。即使只从感知上说，它对世界的体验也一定与我们大相径庭。它通过鼻子收集大量信息——比我们嗅到的信息多得多。科学家认为狗的鼻子的灵敏程度是人的鼻子的 1 万倍到 10 万倍。[1] 狗的大脑中负责嗅觉的部分的占比是人类大脑的类似部分的 40 倍左右。狗还有一个我们没有的器官，负责检测信息素。

带着如此敏锐的嗅觉生活是什么感受？我可以猜想，但我并不清楚。要是可以钻进贝莉的脑袋，并像它那样感知世界，我敢说我一定会因事物显得那样不同而感到惊讶。但即便在那个时候，我也不知道成为贝莉是什么感受。想要做到这一点，我不仅需要狗的感知，还需要狗的信念、狗的欲望等。

我有一次问汉克："成为贝莉是什么感受？"

"完全不同的感受。"他说。

"此话怎讲？"

"它有不同的规矩。"

我们还不在同一个频道上，但我很好奇。"你的意思是什么？"

"它必须在外面撒尿。我不用。我可以吃巧克力。它不可以。"

"你认为它对世界的体验与我们不同吗？"

"是的，"汉克说，"它看不到我们能看到的所有颜色。"

他说得对。狗能看到的主要是蓝色、黄色和灰色。[2]

"你觉得它现在脑子里在想什么？"

贝莉一边啃着玩具，一边呆呆地看着我们。

"我不知道，"汉克说，"你应该问它。"

我问了它。它向我转过身来，但没有赏脸回答我。

贝莉是我们家的重要一员。但在大多数情况下，它的心智是一个谜。

☆ ☆ ☆

在很长的一段时间里，儿子们的心智对我们来说也是一个谜。他们会说话之后情况就好多了，因为他们有时候会分享自己的想法。但他们还是婴儿的时候，比贝莉更加神秘。贝莉会动，所以你往往知道它在想什么。但婴儿只是躺在那儿，观赏着这个世界。

我母亲对他们的心智之谜非常着迷。孩子刚出生的时候，她一个劲儿地问："他的大脑里在想什么？"

"他在想你什么时候能不问了。"我说。

但是，毫无疑问，我也有这个问题。我想每个和婴儿待在一起的人都会这么问。他们如此专注地注视着这个世界。但他们的想法对我们来说是完全无从理解的。

老实说，也不是**完全**无从理解的。心理学对婴儿的心智运作方式进行过研究。但这不是一件容易的事，因为他们无法亲口告诉我们。所以心理学家像婴儿观察世界那样专注地观察婴儿。他们会盯紧婴儿在看哪里，以及目光停留了多久。等到婴儿长大一点之后，他们会让孩子玩游戏，这样他们就可以看到孩子有哪类认知能力。

这些方法虽然是有局限的，但揭示了很多东西。你如果上一门发展心理学课程，就会明白婴儿如何引导自己的注意力，他们的记忆力如何起作用，以及他们如何找出事情的原因。但你不会知道**成为一名婴儿**（甚至幼童）是什么感受。没有人知道。对于我们而言，他们至少和狗一样陌生，甚至更加陌生。

我们很容易认为小孩子的思想与成年人一样，只是没那么复杂。但这种观点是错误的。正如顶尖的发展心理学家艾莉森·高普尼克所说：

孩子并非仅仅是发育不全的成人，也并非仅仅是逐渐完善和复杂的原始成年人……他们的心智、大脑和意识形式虽然和成人的同样复杂有力，却完全不同，服务于不同的进化功能。人类的发展更像是一种蜕变，就像毛毛虫破茧成蝶一样，而非只是纯粹地成长——只不过在成长的道路上，孩子似乎更像是从充满活力、四处游荡的蝴蝶，慢慢变成了行动缓慢的毛毛虫。[3]

孩子的心智能够实现成年人无法比拟的惊人壮举。只需要看看孩子学习语言的过程，你就巴不得自己仍然拥有同样的技能。

孩子与众不同的地方不光是技能。他们的想象力也更加丰富。他们不停地创造着世界。我们则不然。我们要工作，几乎没时间去假装和玩耍。但不光是工作妨碍了我们。我们的大脑的运作方式也不同。我们被锁在这个世界里。我们可以想象其他世界，但没法像孩子那样从中感受到乐趣。

男孩们还小的时候，我跟他们一起玩角色扮演游戏，常常对他们从中获得的乐趣惊叹不已。我希望我也能捕捉到这种快乐。有时候我很开心——但主要是为他们的开心而开心。通常我会觉得无聊透顶，希望游戏结束，这样我就可以接着做一些有意义的事。

按理说我应该对此感到内疚。

人们说："你会怀念那些日子的。"

这倒是真的。我已经开始怀念我的男孩们了。而且我告诉了他们。

"你怎么会怀念我呢？"汉克问，"我就在这里啊。"

"你确实在这里，"我说，"但一分钟前的你不在了，他不会回来了。"

但我怀念男孩们，也是在怀念我自己。我曾经是一个疯狂的孩子，也会创造自己的世界，但我再也回不去了。我甚至不记得那时的情景，只有一些碎片和片段。和孩子待在一起的时候，你会不由自主地希望用他们的方式来看待世界，在游戏中忘掉自我。

即使是最了解孩子的科学家也有同样的愿望。另一位顶尖的发展心理学家约翰·弗拉维尔告诉高普尼克，他"愿意用自己所有的学位和荣誉来换取在一个孩子的脑中待五分钟，再一次真正地感受两岁孩子的世界"[4]。

我喜欢这幅画面：一位出色的科学家搬进一个孩子的头脑里，试图重获我们曾经拥有的东西。它说明了我们对成为一个小孩子的感受所知甚少。虽然高普尼克、弗拉维尔和其他人对婴儿心智的运作方式已经有所了解，但他们的内在生命依然是一个谜团。[5] 我们都曾经是婴儿，但没有人知道成为婴儿是什么感受。

☆ ☆ ☆

我们问的问题——成为贝莉是什么感受？成为婴儿是什么感受？——让人想起 20 世纪哲学中最有名的论文之一，托马斯·内格尔（Thomas Nagel）的《成为蝙蝠是什么感受？》。

作为一位哲学家，内格尔涉猎很广。他的作品涉及利他主义、客观性、理性的本质……还有税收政策。但他最为人所知的是提出了成为蝙蝠会有什么感受的问题。这是一个有趣的问题，因为蝙蝠可以做我们做不到的事情。它们会飞。它们会利用回声来定位。正是这一点吸引了内格尔的注意力。蝙蝠发出尖锐的叫声，利用回声来收集周遭的信息。这种声呐感官使得蝙蝠能够"精确地判断距离、

尺寸、形状、动作、质地，可与我们靠目光做出的判断相比"。⁶

成为蝙蝠是什么感受？我们不知道。我们也不知道如何才能知道。内格尔解释道：

> 试着想象某人手臂上有膜，因而能够在黄昏和早晨四处飞翔，并用嘴巴捕食昆虫；想象某人视力极差，凭着一种反射高频声音信号的系统感知周围世界；想象某人白天躲在阁楼里，双脚倒挂头朝下——这都没有帮助。⁷

内格尔说，这样做（顶多）能够让我们了解到像蝙蝠一样生活是什么感受。但这不是他想知道的。他想知道的是"**蝙蝠**作为蝙蝠是什么感受"⁸。他看不出如何才能知道这一点，因为他受限于他自己的心智可用的资源。

一些哲学家觉得内格尔太悲观了，部分原因是有些人**可以**利用回声来定位。最著名的例子可能是丹尼尔·基什（Daniel Kish），他被称为现实版的蝙蝠侠⁹。基什是一位盲人，他13个月大的时候就失明了。但他很快就找到了办法，像蝙蝠一样运用声呐来收集他周遭的信息。他运用得如此之好，连骑自行车都不在话下。事实上，他说他可以看见。在基什大脑的扫描结果中，处理视觉信息的部分确实是活跃的，这表明他的回声定位有可能产生某种类似视觉的体验。¹⁰

那么基什能否**告诉**我们成为蝙蝠是什么感受？内格尔会说，不能。¹¹能够利用回声来定位的人或许对成为蝙蝠的感受有一定了解。他们与蝙蝠有更多共同之处，所以他们更能理解蝙蝠的视角。但是，他们无法完全了解蝙蝠的感受。基什所了解的是，一个人能做蝙蝠做的事是什么感受。但他不知道蝙蝠做这种事是什么感受,就像我们不知道幼童做我们也能做的事是什么感受。

我们在这里探讨的问题和我在幼儿园发现的问题是一样的,当时我意识到,我不知道红色在母亲的眼里是什么样的。用此处的说法就是,我当时想知道母亲看红色的东西是什么感受。我意识到我无法知道。

那又如何呢?你可能会问。这个世界上我们不知道的事情多了去了。不知道红色在他人眼里是什么样的有什么好大惊小怪的?我们不知道其他星球上有没有生命,冷核聚变是否可能,以及人们为什么关心卡戴珊家族。世界本就是一个扑朔迷离的地方。

的确如此。不过,如果有足够的时间和资源进行研究,我们就**可以**知道其他这类事情。但是,不知道母亲眼里的红色是什么样的,这个事实源于不同的——而且似乎无解的——问题。我们不清楚时间和金钱是否帮得上忙。问她本人也没用,哪怕她真的知道。母亲无法告诉我红色在她眼里是什么样的,因为我们没有语言来描述红色的红色性(redness)。用哲学术语来说,这种体验是**不可言说的**(ineffable)。它也是**私人的**。母亲的体验是她自己的,我无法一窥究竟。

我们每个人都从自己的视角看待世界,而且无法调用他人的视角。我们无法钻进他人的脑袋,这并不是偶然的。事实上,仔细想想的话,那个想法本身就是不合理的。想要像幼童那样体验世界,你必须既**成为**一个幼童,同时又以某种方式仍然是你自己。但如果你是你自己,你就不可能是幼童。[12] 你不可能拥有不属于你自己的体验。[13]

我们不应该高估这个问题。我们善于读懂他人的内心。在汉克高兴或悲伤的时候，我能够看出来。在他饥饿或生气的时候，我也能看出来。他把自己的情绪写在脸上。

我之所以能看出来，部分原因是我有类似的情感，以类似的方式表达这些情感。当心理状态显露在行为中时，我们很容易觉察到它们。

但是我们会犯错。而且不是所有的心理状态都会显露出来。所以我们也不该低估这个问题。事实上，我们无法调取他人的内心，这一事实深深地影响了我们相处的方式。它给了我一定的隐私。我可以把我的想法藏在心里。它也会让我对别人感到惊讶，因为我不总是知道他们在想什么。这在大多数情况下是一件好事。但它也有坏的一面。我们无法感受到他人的感受，这一事实让我们很容易忽视他人的痛苦。

☆ ☆ ☆

当然，这种观点假设了他人有痛苦。也许我们不应该这样假设。一直以来，我们都理所当然地认为，成为婴儿、贝莉、蝙蝠甚至他人是有某种感觉的。也就是说，我们理所当然地认为其他生物也有内在生命。但凭什么这么肯定？我知道我是有意识的。也就是说，我知道成为我自己是有某种感觉的。事实上，我对此的了解比对其他一切的了解都更深。但我为什么要认为你也是有意识的，认为成为你是有某种感觉的？

或许笛卡儿的恶魔已经在我的世界里放满了看上去有思想和感情，却根本不能体验世界的生物。我也可能是计算机模拟出的主要角色，是唯一被编程者赋予了心智的角色。也许我遇到的其他人都是一具空壳——只是一种表象，就像电子游戏中的角色一样。（请注意,你从来没有想过**成为**不停努力拯救公主的马里奥是什么感受,或者成为一遍又一遍地吃同样食物的吃豆人是什么感受。)

当哲学家怀有这样的担忧时,他们就会思考僵尸。但不是流行文化中的那种僵尸。在哲学中,僵尸不想吃你的大脑。他们带来的困扰是截然不同的。

什么是哲学上的僵尸?理解这个概念的最简单方法是想象我和这个僵尸是双胞胎。他在各个方面都和我一样,除了一点。他的身高、体重、年龄都和我一样——事实上,他跟我是一个模子里刻出来的,连最基础的粒子(电子、夸克等)都一样。他以和我同样的方式行事。他以和我同样的方式移动、说话,甚至在完全同样的时间说完全同样的话。他在写一本书,每个字都和这本书一样。他是我的替身,除了唯一的区别:他没有意识[14]。

解释清楚我们的意思是至关重要的,因为意识是一个含糊的概念。有时,当我们说某个人有意识的时候,我们的意思是他能察觉到周围的世界。在这个意义上,当你醒着,而不是睡着或昏迷时,你就是有意识的。在这个意义上,我的僵尸兄弟是有意识的,至少在大部分时间里是**有**意识的。当他醒着的时候,他知道周围发生了什么,并且可以做出反应;事实上,他的反应和我的反应完全相同。

他的不同之处在哪里呢?他缺乏哲学家所谓的**现象意识**(phenomenal consciousness)。他所做的全都是行为,而没有体验。想想吃塔可是什么感受——你的嘴里混合着各种味道。再想想听巴赫或巴赫曼-特纳加速齿轮乐队是什么感受。或者感受微风拂过你的头发。这些体验我的僵尸兄弟都没有。他之所以那样行动,是因为他在所有情况下都像我一样行动。但他的内在是空的。输入值产生了输出值,就像在一台计算器或计算机中那样。但是,对他来说,不存在与这些数值有关的体验——或内在生命。他的内在是一片漆黑的。

那么问题来了,我知道我不是僵尸,因为我知道我能体验世界[*]。但我为什么应该认为他人也能体验世界?我无法获得他人的体验,所以我无法区分一个他人有内在生命的世界和一个他人没有内在生命的世界。我周围的每个人都可能是僵尸,而我不得而知。

这是一个怀疑论的假设,类似于我们在第 8 章中思考知识时所做的假设。我认为我们在第 8 章中很好地讨论了这一类假设。有趣的是,从我看待世界的视角来看,我不能排除这种可能性。但我会把其他人都当成有意识的。事实上,我会相信这一点。我有充分的理由。

正如我所说的,我知道我是有意识的。想怀疑别人没有意识,就要认为我自己是特别的。这是一种不可思议的做法。为什么**我**应该是唯一能产生体验的人?我只不过是 1976 年出生在亚特兰大市郊区的一个傻小子。自高中以来,我就从未想过这个世界是为我而存在的,只有我可以享受。现实或许的确如此,但很难想象。从它关于你的说法来看,我不应该认真对待这种想法。

因此,我不认为你是一具僵尸。但你是僵尸的可能性本身就会带来一个难题。

问题不在于你有没有意识。问题在于你为什么有意识。为什么我们有内在生命?为什么成为你会产生某种感觉?为什么成为我会产生某种感觉?为什么成为婴儿、蝙蝠或贝莉会产生某种感觉?为什么我们当中有人会有意识?为什么我们不全都是僵尸?

我曾经问过汉克,用一种兜圈子的方式。他当时 8 岁。

"你会弹钢琴上的中央 C 这个音吗?"

---

[*] 当然,我的僵尸兄弟也会这么说。

"当然了。"他说。他上了好几年钢琴课。

他走过去,按下那个键。

"它是怎么发出我们听到的声音的?"我问他。

汉克解释了钢琴发声的方式:琴键带动琴槌,琴槌敲击琴弦,琴弦振动发出声音。

"没错,"我说,"可是它是怎么让你的脑子里发生一些事情的?"

"这个嘛……声波吧。"

"声波是什么?"

"波状的东西。"汉克笑着说。

于是我解释道:"琴弦在振动的时候,会撞击一些空气分子,它们会撞击另一些空气分子,这些分子接着撞击其他分子,循环往复,直到你耳朵里的空气分子受到撞击。"

"然后它们会撞击我的鼓膜。"汉克。

"是的。这会激发你耳朵里的神经,然后它们就会向你的大脑发送信号。"

"这就说得通了。"汉克说。

"是的,但我的问题是,当你的大脑收到这个信号时,为什么你会把它体验成你所听到的声音呢?"

"我不知道,"汉克耸耸肩说道,"我什么专家都算不上。"

他确实不是什么专家。但事实上,和其他人一样,汉克可以回答这个问题,因为**没有人知道答案**。

100多年前的生物学家托马斯·亨利·赫胥黎最生动地说明了这一点。他写道:"像刺激神经组织所导致的意识状态这样惊人的现象是如何产生的,就如同传说中阿拉丁擦拭神灯时出现的灯神一样难以解释。"[15]

我们进一步来破解这个谜团。从汉克的耳朵传到他的大脑的信号在几个不同的地方得到处理，每个地方都有不同的分工。大脑的一个部分对声音的持续时间、强度和频率进行解码。另一个部分识别了声音的位置。还有一些部分对声音的意义进行了分类——是鸣笛声、歌声、哭声，还是说话声？科学家们很了解这一切是如何发生的，而且他们所了解的事情还在不断增加。他们不知道的是，为什么在发生这些情况时你会体验到声音。也就是说，他们不知道为什么听到中央C会产生某种感受。他们不知道为什么我们的内在不是波澜不惊的。

大卫·查默斯（他曾帮助我们思考模拟世界的假说）把这个问题称为"意识难题"[16]。他的用意是把它和其他较容易解决的问题（尽管我们也还不知道全部答案）区分开来。这些容易解决的问题与大脑处理信息的方式有关——识别信息，把它与其他信息整合，存储信息，让它进一步发挥功用，等等。这些过程都是神经科学家所研究的，而且我们有充分的理由认为，随着研究的深入，他们会逐渐理解这些过程。事实上，他们已经理解很多了。

难题在于搞清楚为什么所有信息处理过程都附带着一种感觉。我大脑中的某个系统不仅能检测到频率为262赫兹的声波，还能将探测到这种声波的事实传递给大脑的其他部分，让它们也能使用这一信息。但是，这一切为什么会让我产生听到中央C的那种感觉？它到底为什么会让我产生感觉？

☆☆☆

哲学家思考心智已经有很长时间了。笛卡儿相信心智和身体是不同的实体（这被称为二元论）。他可以想象没有身体的心智以及没有心智的身体，所以它们一定是不同种类的东西。[17] 他说，心智是一种能思考的东西，身体则是能在空间中延展的东西。[18] 当然，它们是相互关联的。但如何关联是一个棘手的问题。笛卡儿说，心智不是在身体里的，像水手在船里那样。[19] 相反，心智与身体是浑然一体的，从而形成了单一的整体。笛卡儿认为这种相互关联发生在松果体中，它是位于大脑中部的一个小器官。[20]

这种观点从解剖学角度来看是荒谬的。现在我们知道了松果体的主要功能是分泌褪黑素。不过，早在科学家发现这一点之前，哲学家们就找到了反对笛卡儿观点的理由。他最早的批评者之一是一位公主——波希米亚的伊丽莎白，他们有书信来往。[21] 伊丽莎白竭力要求笛卡儿解释像心智这样的非物质实体如何能够影响像身体这样的物质实体。她不相信他能做到。

伊丽莎白的观点用更现代的话来说就是，身体是物质的，而据我们所知，物质世界的**因果关系是封闭的**。每个物理事件都有一个物理原因。[22] 这就没有给非物质的心智留下任何影响物质性的身体的余地。

我们可以用一个问题来概括这种批评：在笛卡儿的想象中，松果体里发生了什么事？机器中的幽灵是怎么让机器动起来的？[23] 如今，几乎没有人是笛卡儿式的二元论者。主流的观点正好与其相反。它认为只存在一种东西——基本上就是物理学所研究的东西——世界上的一切事物要么是这种东西，要么是由它组成的。简而言之，按照这种观点（通常被称为**唯物主义**），心智就是大脑。心智状态（信念、欲望、感觉）就是大脑状态。*

---

\* 也有人说心智状态是大脑状态的功能。区分二者的目的是保留一种可能性，即与我们构造不同的生物，比如 CPU（中央处理器）由硅制成的机器人，也可能拥有与我们相同的心智状态，比如疼痛。这可能是一种更可信的唯物主义观点。但正文里的版本更简单，所以我还是会用它来论述。

第 10 章　心智

这种观点有很多优点。它对科学友好，因为它没有假设存在机器中的幽灵。想了解心智，我们只要研究大脑就够了。不仅如此，我们还可以清楚地看到，心智和大脑之间有许多关联。大脑的损伤往往会影响到心智。许多精神疾病的根源都是大脑的生理构造。而且我们一直在研究大脑如何完成心智的事务，比如存储记忆。

尽管如此，不是每个人都同意心智就是大脑这一唯物主义的观点。至于为什么，我们可以问问雷克斯，以及一位叫弗兰克·杰克逊的哲学家。杰克逊是一位顶尖的心灵哲学家。当代哲学中最有影响力的故事之一，就是由他创作的。[24]

有天晚上，我给雷克斯讲了这个故事。

"有个科学家叫玛丽，"我说，"她住在一个完全黑白的房间里。房间里只有这两种颜色。"

"为什么？"雷克斯问。

"因为玛丽是一个实验的对象。把她放在房间里的人不希望她看到黑白以外的任何颜色。"

"她穿什么颜色的衣服？"雷克斯问。

"只有黑白两色的衣服。它们覆盖了她的每一寸皮肤。另外，房间里没有镜子，所以她看不到自己。"

"这个实验真奇怪。"雷克斯说。

"是啊，而且它变得越来越奇怪了。因为玛丽研究的是颜色以及我们感知颜色的方式。这个实验发生在遥远的将来，所以科学家们非常了解颜色以及我们看到颜色时大脑中会发生什么。玛丽也了解这些——从她的黑白书籍和黑白电视中了解到这些。她只是没见过黑白以外的颜色。"

"好吧。"雷克斯说。

"后来有一天,他们决定,是时候让玛丽看看红色的东西了。于是他们给了她一个苹果。"

"她一定觉得很棒。"雷克斯的说法预见到了杰克逊的观点。

"为什么?"

"因为她终于知道红色是什么样了。"

"你确定她之前不知道吗?还记得吗,我说过玛丽非常了解看到红色时大脑中会发生什么。"

"没错,"雷克斯说,"但她不知道红色**看上去**是什么样的。她必须亲眼看到才能知道。"*

☆ ☆ ☆

如果雷克斯是对的,那么唯物主义就错了。玛丽了解一切物理事实——知道看到红色的东西时大脑中的神经元会做什么。但她仍然不知道看到红色的东西是什么感受。这意味着有一些事实不是物理事实,比如看到红色时的感受。不仅如此,这还意味着心智并非只是大脑,因为事实证明,你即使知道关于大脑的一切,也仍然不知道关于心智的一切。

雷克斯是对的吗?在我们讨论这个问题之前,我再给你们两个反对唯物主义的论点。

---

\* 关于玛丽,我想补充一下。做这个思想实验要花很多工夫,而且它完全行不通。你要用黑色和白色把玛丽包裹起来,不让她看到自己,还要寄希望于她在闭上眼睛时不会有任何杂色的体验。因此,我认为最好想象玛丽是一位人类性爱方面的专家。她非常了解我们身体对性刺激的反应。只是由于宗教原因,她自己从未达到过性高潮。然后有一天,她达到了高潮。她是否了解到了某种新东西?我认为是的。她了解到了性高潮是什么感受。事实上,我们很容易想象,她对这次体验会感到惊讶——她高兴(或失望)地发现了她研究的神经活动所带来的感受。

第一个论点是我向我妈妈提出的，当时我说我不知道红色在她眼里是什么样的。我们可以想象我有两个母亲。她们的身体在每个方面都是相同的。其中一个和我以同样的方式体验到红色。但另一个把红色体验为蓝色。如果这两个母亲都可能存在——可能不是在这个世界，而是在其他世界——那么唯物主义就错了，因为关于她大脑的物理事实不能完全决定她的体验。

至于第二个论点，我们可以想象我有第三个母亲。她在身体上与前两个一样。但她无法体验到任何事情。她是一具僵尸。同样地，如果这个母亲可能存在——可能不是在这个世界，而是在其他世界——那么唯物主义就错了，理由同上。关于我母亲大脑的物理事实不能决定她的体验。

要理解这一点，一个简单的方法是问：上帝（暂且假设有上帝，这个话题后文还会探讨）为了创造世界需要做多少事情？[25] 在唯物主义的图景中，上帝创造了物质世界之后就大功告成了，因为一切存在的东西都是物质。心智已经存在了，因为心智就是大脑。与此相反，我们一直在说的论点认为，上帝创造了物理事实之后仍有事情要做。他必须决定有没有哪些生物应该有意识，如果有的话，这些生物应该有怎样的体验。

这些论点——以及其他类似的论点——把一些哲学家重新拉回二元论的立场。[26] 近年来，大卫·查默斯比任何人都更能重燃人们对二元论的兴趣。但他并不拥护笛卡儿的二元论。他不认为机器中有幽灵。相反，查默斯认为，心智和大脑可能是某种更深层、更基本的现实的两个不同方面，这种现实既不是物理的，也不是现象的。他认为**信息**可能是世界的基本组成部分，它同时表现为物质和心智。[27] 事实上，他认为所有物质都可能有与之相关的体验——这种观点被称为**泛心论**（panpsychism）。[28] 因此，除了担忧你的朋友和家人是否有意识，你可能还需要担忧你的体重秤。

☆ ☆ ☆

但你不用太担心，因为我要说，许多哲学家拒绝了上述的反唯物主义的论点，其中最激烈反对的是丹尼尔·丹尼特。丹尼特是狂热的航海爱好者，也是美国最知名的哲学家之一。他的作品讨论了自由意志、宗教和进化等。但他最著名的还是关于意识的作品。

丹尼特认为雷克斯对玛丽的看法是错误的。他认为玛丽在看到红色的苹果时不会了解到什么新的东西。他很喜欢续写这个故事。他想象拿一个蓝苹果而不是红苹果来骗玛丽。他说玛丽一眼就能看穿这个骗局，因为她知道自己的大脑认出了蓝色，而这个苹果按理说应该是红色的。[29]

为什么会这样？丹尼特坚持认为，如果玛丽了解**一切**物理事实，她就能识别出她对蓝色和红色的反应方式的细微差异（例如，蓝色可能会影响她的情绪，而红色不会）。这就足以让她知道自己体验到的是哪种颜色。我认为丹尼特的观点是对的。但我认为这还不足以证明雷克斯是错的。问题不在于玛丽是否能以某种方式搞清她有没有看到红色的体验，而在于她是否已经知道看到红色是什么样的体验。光是知道红色影响她的某些方式还不够。她必须知道红色影响她的**所有**方式。就像雷克斯所说的，我们很难看出她有什么办法能够预见到红色的红色性。

除非：丹尼特认为没有任何事物符合"红色的红色性"的描述。心灵哲学家会谈论感质（qualia）。这是一个时髦的词语，指的是我们的体验的性质：红色的红色性，蓝色的蓝色性，你在疲倦、饥饿或焦虑时的感受，或者你在受伤时疼痛的感受。简而言之，感质就是构成你的现象意识的材料，或者说大多数人是这么认为的。但丹尼特不这么认为，他否定感质的存在。[30]

丹尼特说，我们所认为的感质实际上只是判断和倾向。[31] 我们判断事物是红色的。我们倾向于以某些方式对红色的东西做出反应。但除此之外，不存在某种看到红色的体验，当然也不存在红色的红色性。如果我们认为自己拥有私人的、不可言说的体验，那就大错特错了。

丹尼特怎么看待色谱变换的问题？他认为这是无意义的。事实上，他说这是"哲学中最有害的模因\*之一"[32]。我们没有关于红色或蓝色的私人体验，所以它们不会在我们当中被混淆。事实上，他的说法还要大胆得多。在思考僵尸的可能性时，丹尼特写道："僵尸是可能的吗？它们不只是可能的，还是现实的。我们都是僵尸。"[33]

天哪。这一主张太疯狂了。很难说丹尼特是不是真的相信它。在所有哲学作品中最奇怪的脚注之一中，他说脱离语境引用这一主张是一种"严重的学术不端"[34]行为。但老实说，我不知道在什么语境下这一主张会显得不那么疯狂[35]。† 哲学家们开玩笑说，丹尼特的

---

\* 模因（meme），理查德·道金斯在《自私的基因》中提出的概念，与生物学上的基因相对，指的是文化传承的基本单元。——译者注

† 在这句话所在的段落中，丹尼特反对了我们拥有**副现象**的感质这一观点。说某物是副现象的（在这个意义上）就是说它没有任何因果作用。如果僵尸是可能的，那就说明意识体验是一种副现象——它不会影响世界上发生的事情——因为僵尸在意识以外的方面和我们是一样的。丹尼特拒绝副现象论也许是对的——副现象论即使在意识体验的捍卫者当中也是有争议的。不过他的僵尸论还体现在其他地方；在同一本书的前面段落中，他认为感质只是"反应倾向的总和"。我们大多数人都认为红色包含了比倾向更多的东西。红色的红色性是存在的。焦虑不安也一样。倾向可能是一个问题，但是焦虑不安的感觉也很重要。

《意识的解释》其实应该叫作《意识的胡扯》。但是我要说，如果你读了这本书，并真的搞懂丹尼特在说什么，你可能会开始认为他是对的。他虽然有些毒舌，却也是犀利的。他能够教你很多关于你的大脑的知识。但最终你不禁怀疑自己是不是失去了理智——或者打一开始就没有理智。

虽然丹尼特的观点有很多拥趸，但他没有说服所有人。查默斯指出，在反观内心的时候，他发现了一系列丰富的精神状态（感觉和情绪），而丹尼特要么否认它们，要么以一种没能捕捉它们本质的方式重新描述它们。例如，看到红色的感觉似乎并不像是一种判断或倾向。曾经有一次，查默斯怀疑丹尼特真的是一具僵尸（这两个人对彼此都很刻薄）。[36] 用好听点的话说，他认为丹尼特只是习惯于从外部思考心智（外察而非内省），因为这有利于某种科学探究。但查默斯坚持认为有一种源自内省的知识，它无法按照唯物主义的观点来解释。玛丽可以把大脑研究得非常透彻，但是在看到红色之前，她不会知道那是什么感觉。

这一争论仍在继续。对于查默斯的巧妙论证，许多唯物主义者不为所动。而且许多神经科学家不认为查默斯的"难题"比他们研究的其他问题更难。他们说，我们也许还无法理解大脑中的物理材料是如何产生现象意识的，但是不妨给科学一点时间。科学会搞明白的。

☆ ☆ ☆

我对这一切的看法是什么？我没有看法。

朱尔斯·科尔曼是我几十年来的良师益友。他是我在法学院的老师。他给我上了最重要的一课。

我还是一名学生的时候在大厅里见到他，我们聊起了哲学。我不记得当时的问题是什么了。但我记得我试图分享我的观点。

"我的观点是……"我开口说道。

他打断了我。

"你太年轻了，不应该发表观点，"他说，"你可以有问题、好奇心、想法……甚至倾向。但不应该有观点。你还没有准备好发表观点。"

他指出了两点。第一，发表观点是危险的，因为你会拼命维护它们。这让你很难听得进别人的话。科尔曼作为哲学家的一大美德是他愿意改变自己的观点\*。这是因为他更关注问题，而不是答案。他想要理解事物，并且他愿意让他的理解力指引他到任何地方，即使这需要他原路返回曾经走过的地方。

第二，你的观点是要努力得来的。除非你能够维护它，论证它，说明相反的论点错在哪里，否则你就不应该有观点。当科尔曼说我太年轻了，不应该发表观点时，他不是真的在拿年龄（我当时 26 岁）说事。他的意思是我在哲学上是一个新手。二十多年后的今天，我有了很多观点。我可以说出我为什么支持它们，以及我认为别人错在哪里。但我不会对每个问题发表观点，因为我还没有付出相应的努力。

心灵哲学是一个我尚未付出努力的领域。我读了很多心灵哲学的作品，因为我有很多疑问。在阅读的过程中我惊讶地发现，顶尖

---

\* 弗兰克·杰克逊也有这个美德。在维护了关于玛丽的故事几十年后，他改变了观点，认为玛丽其实在看到红色时不会了解到什么新的东西。但在这个问题上没人听他的。这个故事依然流传着，关于它的争论仍在继续。

的哲学家提出的观点五花八门。支持和反对的论据层出不穷,我根本无法一一评估。如果你逼我采取立场,那我会和汉克一样说:"我什么专家都算不上。"

但这不能阻止我尝试搞清楚意识是如何介入世界的。别人比你懂得更多——读得更多,研究得更多,思考了更多种可能性——但这个事实绝不会削弱你在思考这个问题的过程中付出的努力。把某个问题想透彻,凭自己的努力获得某种洞见,这是值得的。你不必成为世界上最好的钢琴家才有资格弹钢琴。你也不必成为世界上最好的哲学家才有资格进行哲学思考。

事实上,发现有些哲学家懂得比你多是一件好事,因为这样你就有机会向他们学习了。但是,如果仅仅接受他们字面上的意思,你是学不到什么东西的。你想要的是在比你更专业的人的帮助下自己解决问题,而不是听从他们的判断。这就是我从不对我的孩子指手画脚的原因之一。即使我会告诉他们我如何看待某个问题,我也不会告诉他们应该怎么思考这个问题。我更希望他们通过自己的方式得出观点。

☆ ☆ ☆

正如我所说,我仍在努力得出我自己关于意识的观点。我可能永远也无法得出它。但既然我写了这本书,我就要分享一下我的大致想法。我发现有一个人在这个领域的作品非常有趣,那就是盖伦·斯特劳森(Galen Strawson)。在讨论惩罚的第 3 章中,我们了解了盖伦的父亲彼得·斯特劳森的观点。(哲学在某些家族是有传承的。)但盖伦自己也是一位出色的哲学家,是研究自由意志、个人身份和意识本质等问题的首屈一指的思想家。我之所以喜欢他的作品，是因为它们凸显了我们的无知。

斯特劳森对丹尼特的僵尸论不以为然。他说这是"有史以来最愚蠢的主张"[37]，因为它否认了一个再明显不过的事实：我们确实体验到了这个世界。如果科学与这一事实不相容，应该被抛弃的是科学才对。但是斯特劳森说它们**并非**不相容。事实上，他是一个彻底的唯物主义者，相信世界上的一切事物都是物理性的，包括心智在内。

这是怎么一回事呢？斯特劳森说，问题在于我们思考物理质料的方式。我们先是假设物理质料（比如物质、能量）无法体验到这个世界，随后我们想搞清楚为什么物质的某种组合（比如婴儿、贝莉、蝙蝠）**确实**体验到了这个世界。斯特劳森想要倒转我们的视角。他说，你毫无疑问知道物理质料能够体验世界，因为**你**就是一种体验到世界的物理质料。[38]问题不在于解释意识；他说，我们很清楚意识是什么。事实上，你对意识的了解比你对其他任何事物的了解都要深。问题在于我们对物理质料的了解不够深，无法搞清意识是如何介入世界的。

斯特劳森认为，最简单的假设是一切物质都能体验到这个世界。[39]这就把我们带回到了泛心论上。斯特劳森认为，即使在最小的尺度上，体验也是世界的一部分。

成为一个电子是什么感受？他不知道。也许只是有不停的"吱吱"声。[40]

成为一张餐桌是什么感受？可能没有什么感受。我们说一切物质都能体验到世界，不意味着物质的一切组合方式都能体验到世界。桌子内部的电子也许能体验到世界，但桌子可能不是一个独立的主体。

那么你的体重秤呢？很难说。它确实能感受到你的体重。但你不用担心它会对你评头论足。泛心论**不是**认为一切事物都会思考；它主张的是，体验是世界本身的构造的一部分。

这完全是一种猜想，而且是疯狂的猜想。但正如查默斯所强调的，我们需要猜想，因为我们不了解的东西太多了。我们正处于需要想法的阶段，所以我们可以思考各种可能性。[41]

我们能否搞清意识是如何介入世界的？有些哲学家说我们不能。[42] 贝莉永远无法理解广义相对论。这超出了它的认知能力。或许意识也超出了我们的认知能力。这可真是个坏消息。不过只有一个办法可以搞清楚。我们必须反复思考这个问题。

☆ ☆ ☆

当汉克还小，也就四五岁的时候，我们会在他准备泡澡时玩一个游戏。我让他脱衣服，于是他就脱掉衣服。接着我让他脱掉手肘或膝盖。有一次，我让他脱掉想法。

"你总不想弄湿它们吧。"我说。

"我的想法在哪里？"汉克问。

"你把它们弄丢了吗？"

"没有啊。"他哈哈大笑。

"那就脱掉它们。"

"我做不到，"他说，"我不知道它们在哪里。"

"汉克，你要管好你的东西。如果你没法管好你的想法，爸爸妈妈就不给你买想法了。"

"我知道它们在哪里了。"汉克说。

"在哪里?"

"不在这里。"他光着身子跑走了。

雷克斯 10 岁时和我有过一次类似的对话。

"我不知道我的心智在哪里。"他说。

"你觉得它在哪儿?"

"它可能在我的屁股里。"他说。

"你的屁股受伤时会影响思考吗?"

"会,"他说,"因为我在想我的屁股。"

我们还有过更严肃的关于意识的对话。最近我们聊起了意识能有多普遍。我们想知道机器人或计算机会不会有意识。世界上存在意识这个事实本身让我们感到惊讶。有一次,我给雷克斯念了赫胥黎的那段话,赫胥黎在这段话里对"像刺激神经组织所导致的意识状态这样惊人的现象"大为赞叹。我们聊了几分钟。然后雷克斯结束了对话。

"我们可以不聊意识了吗?"他问道。

"没问题。"我说。

"太好了。你刺激我的神经组织了。"

# 第 11 章

# 无限

"你今天在学校学了什么?"

"没什么。"

"真的吗?什么也没学?一整天都没学吗?"

"没学。"雷克斯对我的问题很不耐烦。接着他又加上一句:"但是我确实明白了一件事。"

"什么事?"

"宇宙是无限的。"

"其实科学家并不确定这一点,"我说,"有的科学家认为宇宙是无限的。但另一些科学家认为宇宙虽然确实很大,但它是有限的。"

"不对,宇宙**必须**是无限的。"雷克斯带着一种在 7 岁孩子身上少见的坚定说道。他所接受的全部物理教育不过是看过几集《宇宙解码》。

"你为什么这么说?"

"好吧,想象一下你搭乘一艘飞船到达宇宙的边缘。然后你朝边缘打了一拳。"

他朝面前的空气打了一拳。

"你的手肯定会到达某个地方,对不对?"

"如果它突然停在某处呢?"

"这就说明有某个东西挡住了它,"雷克斯说,"那样你就还没有到达边缘!"

☆ ☆ ☆

第一个提出这一论点的人不是雷克斯。人们通常认为是那位叫阿基塔斯(Archytas)的古希腊哲学家。[1] 不过这只是有记录的情况。可能某个 7 岁的孩子早就想到这一点了。

阿基塔斯是柏拉图的友人。有一次,柏拉图在西西里岛遇上了一群难缠的家伙,阿基塔斯(他刚好和柏拉图一样,既是政治家又是数学家)派了一艘船去解救他。[2] 阿基塔斯是这样表述雷克斯的论点的:

> 如果我到达天空的最边缘处……我能把手或手杖伸出去吗?如果不能伸出去,那就是矛盾的。但是如果伸出去了,外面肯定还有物体或空间。[3]

等等,好像说得太快了。这段话听起来有点奇怪。在宇宙边缘没法把手伸出去为什么是矛盾的?

雷克斯有个答案,阿基塔斯也一样。正如雷克斯所说,如果你没法往前走,那一定是某种东西挡住了你。假设它是一堵由乐高积木拼成的墙。如果积木可以不断叠加,那么宇宙就是无限的——而且大部分都是由乐高积木做的\*。如果这面墙不是无限的,你能够找到

---

\* 我们堆乐高积木的速度说明它们确实是宇宙中的主要物质形式。

穿过去的办法，那么你就应该可以往前走，至少在某个东西挡住你之前。如果你碰到了一个障碍物，那么你所要做的就是重复雷克斯的论证。结论似乎是不可避免的：宇宙是无限的。

但你不一定要相信雷克斯的话，甚至也不用相信阿基塔斯的话。几百年后，罗马诗人兼哲学家卢克莱修也做出了同样的论证。他想象朝着宇宙的边缘投掷标枪。标枪有可能会飞出去，在这种情况下，你以为的边缘并不存在。标枪也有可能被什么东西挡住，在这种情况下，在看似边缘的地方之外还存在某些东西。[4]和前文所说的一样，你可以无限地重复这一论证。空间是没有尽头的。

或者说卢克莱修是这么认为的。但是你或许想听听科学家的意见。艾萨克·牛顿在你来看够不够格？事实上，他和雷克斯观点一致。"空间向各个方向无限延伸，"他说，"因为我们只要想象任何地方的任何限制，就必须同时想象它之外的某个空间。"[5]

牛顿是对的吗？在想象一个有边界的空间时，你是否也会想象它之外的空间？思考片刻，看看你能不能想到牛顿没有想到的可能性。

☆ ☆ ☆

在你思考的同时，我们先聊聊学校。我不知道那天雷克斯本来应该学些什么。我几乎从来都不知道，因为雷克斯从来都不说。大多数时候他都会说他多么无聊。但无聊有无聊的好处。在我们的例子中，这个连乘法表都没学会的男孩与艾萨克·牛顿比拼智力，得出了相同的空间观。

雷克斯对学校的不满和我小时候一样。它太死板了，而这几乎是必然的。老师有那么多孩子要管，有那么多课要上。他们很难对每个孩子因材施教。这在有些科目中比在其他科目中更容易。比如在阅读课上，任何像样一点的图书管理员都可以帮孩子找到一本符合其兴趣和能力的书。但在数学课上，因材施教就更具挑战性了。你可以让孩子们前进一步，也可以让他们后退一步，但是每个孩子都要按照一套标准的进度学习。老师几乎没有时间去培养个别孩子的兴趣。

我试图通过询问孩子们对什么感到好奇来弥补这一缺憾。事实上，相比于问他们在学校学到了什么，这种问法能引出更好的对话。有一天，汉克说他对无穷大感兴趣。很多孩子都对此感兴趣。你一旦开始学习数学，很自然就会问：最大的数字是多少？

汉克确定答案是无穷大。但这不是因为它在数学课上出现过。他是从一年级的朋友那里听说的。

但他的朋友错了。无穷大不是最大的数字。不存在最大的数字。**汉克喜欢**学这些东西。

"选一个超级大的数字。"我说。

"一百万。"汉克说。

"好的。后面的数字是什么？"

"一百万零一。"

"我觉得你需要一个更大的数字。"

"一万亿。"汉克说。

"好的。再后面呢？"

"一万亿零一。"

我们继续了几轮问答，过程中还学了"拍它"和"艾可萨"*这两个词。接着我问道："那么古戈尔（googol）呢？你知道那是多大吗？"

"不知道。"

"它是一个大得要命的数字，是1后面加上100个0。这是我能说出的最大数字。"

"它是最大的数字吗？"汉克问。

"不是。你觉得它后面的数字是什么？"

"一古戈尔零一。"他兴奋地说。

"它的后面呢？"

"一古戈尔零二。"

"哇，你刚刚帮助我学到了新数字。"

汉克为自己感到骄傲。

我接着问："你认为我们会不会把数字用完？还是说我们总是能够再加一个？"

"我们总是能够再加一个。"他说。

"那么存在一个最大的数字吗？"

"不存在。"

"没错，"我说，"'无穷大'一词是我们用来表示数字可以不断叠加这个事实的。不管你数到多大，它们都没有尽头。"

☆ ☆ ☆

在很长的一段时间里，每当我问雷克斯对什么感到好奇时，他

---

\* 原文为 quadrillion 和 quintillion，分别表示 $10^{15}$ 和 $10^{18}$。——译者注

的回答都是：空间。

那么让我们回到正题吧！

你有没有想到牛顿没有想到的可能性？在想象一个有边界的空间时，你是否必须想象它之外的空间？

答案是否定的。牛顿错了。雷克斯也错了。据我们所知，宇宙可能是无限的。但雷克斯所做的论证并不成立。

想说明这一点，最好有一个气球。所以在雷克斯结束他的论证后，我拿了一个气球。

"我们看看这个气球的表面，"我说，"它是有限的，还是无限的？"

"我认为它是有限的。"雷克斯迟疑片刻后说。

"如果我们把它切开铺在桌子上呢？它会不断延伸吗？"

"不会，"这回雷克斯更自信地说，"它是有限的。"

"好的。现在想象一只蚂蚁在气球的表面上爬。它朝一个方向一直爬。它会不会被挡住或到达边缘？"

"不会。"雷克斯在我用手指比画着蚂蚁的轨迹时说。

"如果它一直爬会发生什么？"

"它会回到起点。"雷克斯说。他的手也在气球上比画着。

"没错！它会回到它出发的地方，因为气球是折叠起来的。"

我们又比画了几条路线，以确定这个观点是对的。

然后我解释道："这个气球的表面是有限的。但是蚂蚁可以一直爬而不会到达边缘，因为边缘根本就不存在。"

"蚂蚁能跳起来吗？"雷克斯问。

"问得好，"我说，"我们假设它不能。把这只蚂蚁想象成完全平面的，因为气球的表面就是整个宇宙。它的上面、下面甚至里面都没有空间。所以它除了气球表面无处可去。"

"明白了。"雷克斯说。他仍然在研究那个气球。

"空间有三个维度,"我说,"不像气球表面那样有两个维度。但一些科学家认为它运作的方式是一样的。虽然它是有限的,但它没有任何边缘。"接着我问道:"如果宇宙是这样运作的,那么你认为我们乘坐宇宙飞船一直前进会发生什么?"

"我们会回到出发的地方。"雷克斯说。

"没错!"

"太棒了!"

"不过你要记住,我们不知道这是不是真的。宇宙可能是无限的。但它也可能是有限的、折叠起来的。"

☆ ☆ ☆

雷克斯关于无限的论证,让我想起我上学无聊的时候也曾重复过一个古老的论证。不过我当时比雷克斯大一点,在上 10 年级[*]。

我在琼斯先生的班上看到了我的朋友尤金。我决定跟他说说我想了一整天的事。

"你好,伙计!我能揍你吗?"我问。

尤金是学校里块头最大的孩子,远远大过其他孩子。当他还是一名新生时,橄榄球队不得不向亚特兰大猎鹰队求助,才拿到合适的头盔,因为他们找不到跟他的头匹配的头盔。后来他在铅球项目

---

[*] 在美国的学制中,高中为 4 年制,10 年级是高中的第二年。——译者注

奖学金的资助下上了大学。*

"为什么?"他问我。

"因为我要证明一件事。"

现在他也想证明一件事:"来吧,反正应该不会痛。"

我收拳蓄力,随即停了下来。

"我不能打你。"我说。

"没关系,打吧。"

"不,我的意思是,我**不能**打你。我办不到。"

接着我向他演示了我的意思。

"想要打到你,我的拳头必须向你移动一半距离。"

我把拳头向前移动一半距离。

"接着我从这里再向前移动一半距离。"

我又把拳头向前移动。

"一半,一半,又一半。"

我每次都把拳头向前移动一半距离。

"这意味着我永远不能打到你。无论我移动几次,都还剩一段距离。"

到此刻为止,我的拳头已经直逼尤金的胸口了。值得高兴的是,他是一个温柔的大块头,也是一个数学高手。

"我知道你感觉我碰到你了,伙计,但这是不可能的。"

琼斯先生全程都站在我们身旁。他最终打断了我们:"谁教你芝诺悖论的?"

"芝诺是谁?"我问。

---

\* 另外,尤金在我们当地的鸡翅店创下了纪录,一口气吃了 176 个鸡翅。他停下来只是因为跟家里通了个电话——他妈妈说她已经准备好了晚餐。

"你去查一下。"他说。*

☆ ☆ ☆

埃利亚的芝诺生活的年代稍早于阿基塔斯和柏拉图,大约与苏格拉底同时代(公元前5世纪)。他是巴门尼德的朋友,巴门尼德提出了所有哲学中最惊人的思想之一:世上只存在一种事物,而且它是恒久不变的;与其相反的一切表象都是幻觉[6]。哲学家把这种思想称为**一元论**(monism)。

芝诺提出了许多悖论,它们都为这种一元论提供了支撑。他最有名的悖论是关于运动的。我在琼斯先生的班上展示的就是第一个悖论。这就是所谓的**二分法悖论**(the dichotomy),它的表述如下:如果你想从一个地方移动到另一个地方,你就必须向前移动一半距离,再一半距离,再一半,再一半……这个过程是**无限的**。这似乎是一个无解的难题。

还有一种思考这个难题的方式:起初,尤金与我的拳头的距离是固定的。想要打到他,我就必须移动这段距离的 1/2,然后是 1/4,1/8,1/16,1/32……这个过程是**无限的**。这似乎同样是一个无解的

---

\* 简单介绍一下比利·琼斯。他是一个能够把学生调动起来的天才。他教拉丁语、德语和化学,但他也有本事教一大堆别的科目。在外人看来,他的课堂看起来一团糟,因为每个孩子都在琢磨不同的事情。孩子们按照自己的速度学习。如果你提前完成了作业,他就会给你新的挑战。很多作业都是他自己独创的问题。他会用一种你不懂的语言来布置你的化学作业,以此增加难度。或者,他会给你出一个脑筋急转弯,要求你用一串化学元素符号所拼成的单词来回答。(例如,Archytas 就是氩、碳、氢、钇、钽、硫这几个元素符号所拼成的。)他还会对你的兴趣产生兴趣,帮助你围绕这些兴趣开展活动。在琼斯先生的课堂上,没人会感到无聊。我们因此而喜欢他,从他身上学到的东西比从其他任何人那里学到的都多。我从未遇到过比他更好的老师,也不认为我认识比他更好的人。

难题。距离会越来越短。但距离的数量是无限的，所以我不知道如何走完所有的距离。

事实上，我们还可以把这个悖论颠倒过来，这样它就更加费解了。起初，我要移动一半距离。但是为了移动一半距离，我必须先移动一半的一半，也就是 1/4 距离。为了移动 1/4 距离，我必须先移动 1/8 距离，为了移动 1/8 距离，我必须先移动 1/16 距离……这个过程是**无限的**。

无论我要移动的距离有多短，情况都是如此。因此，我似乎哪儿也去不了——哪怕只是一点距离。为了移动一点距离，我必须先移动无数的距离。但我的时间不是无限的。所以我被困住了。运动只是一种幻觉。

至少芝诺是这么认为的。他没有说服太多人。据说，第欧根尼在听到这番论证后仅仅是站起来走路，用他的双脚反驳了这一观点。[7]这个做法很可爱。但这不能算反驳，因为芝诺的要点是，事情可能不像表面看上去那样。想要证明运动是可能的，你必须找到芝诺的推理中的漏洞。

在很长的一段时间里，我以为我找到了漏洞。几天后，我回到琼斯先生的课堂，告诉尤金我搞清了这个悖论。想要打到他，我的拳头必须移动无数段有限的距离。我似乎没有足够的时间做到这一点。但时间是可以像空间一样被分割的。我所经过的空间中的每个点，与我到达那个点的时间是一一对应的。

用一张图可以帮助我们理解。

```
P1 ─────────────── P2
        空间

T1 ─────────────── T2
        时间
```

在从 P1 移动到 P2 的过程中，我必须经过空间中的无数个点。但是从 T1 到 T2 的时间也包含了无数多的点。所以我有足够的时间。事实上，我的时间中的每个点，都对应了我需要经过的空间中的每个点。

这个故事让我很满意，所以我不再去想芝诺了。几年后我才知道亚里士多德也提出了和我一样的办法[8]。但这个办法没有完全解开这个谜团（亚里士多德也意识到了这一点）[9]。问题在于，我们不知道时间在上图中是如何运作的。想要度过 1 秒，就必须先度过 1/2 秒。想要度过 1/2 秒，就必须先度过 1/4 秒。这个过程是无限的，所以即使一秒钟也似乎是无限长的。[10] 这是说不通的。

☆ ☆ ☆

解开这个谜团的是现代数学——尤其是微积分的发明（发明者为牛顿和戈特弗里德·莱布尼茨）。解决过程的细节还存在一些争议。[11] 但关键在于，无数的有限距离的总和不总是无限的。事实上，我们所探讨的这组数列（1/2，1/4，1/8，1/16……）的总和只是 1。因此，这些极短距离的总和，不是在有限时间内无法走完的距离。[12]

话虽如此，但还有一些人认为解决办法不来自数学，而来自物理学。芝诺假设空间是无限可分的——我们可以把它分割成越来越小的碎片。但事实可能并非如此。量子力学的最新进展表明，空间可能具有一种颗粒状的结构，而不是连续性的结构。也就是说，可能存在无法进一步分割的最小空间单元。果真如此，我的拳头就不必经过无数个点才能打到尤金。它只需要经过一系列有限的超小空间单元[13]，这很好办到——只要他不反击。

☆ ☆ ☆

我刚刚表示,芝诺悖论的解决办法来自数学或物理学——而不是哲学。而本章开头的问题——宇宙是无限的吗?——当然要由科学来回答。那么这些问题怎么会出现在一本关于哲学的书里呢?

我让它们出现在这本书里,部分目的是让我们能够思考哲学与其他领域的关系。阿基塔斯既是哲学家又是数学家,这并不是偶然的。同时在这两个领域有所建树的思想家数不胜数,其中包括笛卡儿和莱布尼茨这样响当当的名字。这没什么奇怪的,因为哲学家和数学家采用的方法或多或少是相同的——他们都认真地思考谜题和难题。擅长一方面的人并不一定擅长另一方面,因为谜题和难题是不尽相同的。但有些人在这两方面都很出色。

哲学家常常也走在科学的前列,亚里士多德尤其如此。事实上,直到近代,科学才不再被视为哲学。在科学发展史上的大部分时间里,它仅仅被视为**自然哲学**,以区别于其他哲学分支,比如**道德哲学**或**美学**。我们之所以将其视为一种独立的事业,主要是因为它采用了不同的方法。科学家当然会认真地思考。但他们也通过观察和实验来考察世界。

哲学家也会以观察和实验为手段,但使用的频率较低。哲学家最感兴趣的许多问题是无法通过实验来回答的。实验无法告诉你正义是什么\*、爱是什么、美是什么。实验无法告诉你惩罚在何时是正当

---

\* 至少科学家所进行的那类实验无法告诉你正义是什么。像美国实用主义者约翰·杜威这样的哲学家认为,我们通过试着实践各种伦理观念——容忍它们,观察事情的发展情况——来进行实验。我认为这种观点在很大程度上是对的。这说明至少有一类伦理知识可能是在学术界外而不是在学术界内产生的。话虽如此,专业哲学家仍然扮演着某种角色——提炼观点,产生新的观点,挖掘这些观点的内涵,等等。

的、复仇是不是正当的、我们拥有哪些权利。实验无法告诉你知识是什么，以及我们有没有希望获得知识。

我们回答这类问题的主要方法是认真思考和对话。这导致一些科学家质疑哲学，觉得哲学不是知识的来源。[14] 他们认为哲学只是空谈。但重要的是，如果哲学不是知识的来源，那么科学同样不是。说到底，每个实验都依据这一论点：**它**是了解世界的一种方式。而且每个结果都需要解释。正如我刚才说的，科学家必须像哲学家一样认真思考。如果他们的论证不成立，即使他们做了实验也无济于事。和哲学一样，科学也是在认真的思考和对话中进步的。

其实，在最深层的意义上，它们是同一种事业。我们都在尝试理解世界，什么手段合适就用什么。数学、科学和哲学在我们眼中是各自独立的领域，实际上它们都是同一棵树的分支。当别的学科更适合解决问题时，哲学家就会把问题抛给其他学科。阿基塔斯提出的关于宇宙大小的问题就是如此。科学帮助我们深入太空和深入过去，以了解宇宙的极限。芝诺的运动悖论也是如此。数学帮助我们更好地理解无限，而科学则揭示了空间的结构。

但正如我们即将看到的，有一些关于无限的谜题（目前）纯粹是哲学的范畴。

☆ ☆ ☆

比如下面这个谜题。假设宇宙**是**无限的。这对我们而言意味着什么？它会影响我们的行为方式吗？答案似乎是否定的。宇宙即使不是无限的，也是无比巨大的。据估计，我们可观测的范围的直径为 930 亿光年。[15] 当然，大部分范围我们永远无法看到。我们中很少有人能逃离这个暗淡蓝点。目前，火星是人们计划去的最远的地方。所以我们可能会想，就算宇宙是无限大的，那跟我们又有什么关系呢？

提出模拟假说的尼克·波斯特洛姆认为，可能跟我们有很大关系。至少，如果你认同一种特定的道德观，它就会跟你有很大关系。一种常见的**功利主义**说法告诉我们，我们应该让宇宙中的快乐相对于痛苦的比重最大化。这是一种很吸引人的观点。我们的行为会产生结果。我们希望这些结果是好的。衡量结果好坏的最重要标准很可能就是它们对人们苦乐的影响。而且这不仅适用于人。如果苦乐是最重要的，那么，无论感受到它们的是谁或是什么，苦乐都是重要的。因此，有了这样一个公式：行动时要让宇宙中的快乐相对于痛苦的比重最大化。

波斯特洛姆说，只要宇宙是有限的，这个公式就是成立的。如果宇宙是无限的，它就不成立了。[16] 为什么？假设我们看不见的宇宙部分和我们看得见的部分一样充满了星系、恒星和行星。我们似乎可以肯定，其中一些星球上有人。他们可能和我们一模一样。也可能他们虽然和我们构造不同，但仍然是能感受到苦乐的物种。如果是这样的话，他们的苦乐就会对宇宙中快乐和痛苦的比重产生影响。

这样的人有多少呢？波斯特洛姆说，假如宇宙是无限的（而且其余部分就像我们所说的那样），那么我们可以认为这样的人是无限多的。只有一小部分行星上有人。但如果宇宙是无限的，那么这些行星的数量也应该是无限的。这就产生了一个问题。如果宇宙中的人是无限的，那么宇宙中的快乐也是无限的。痛苦也一样。我们做什么都无法影响它们之间的比重。

☆ ☆ ☆

如果你是一个数学高手,你可能已经知道为什么了。但即使你不知道,也不用担心。我们只需了解更多关于无限的知识就行了。我们可以看一个我跟孩子们提过的谜题。

想象你是希尔伯特酒店\*的一名夜班服务员。这家酒店只有一条走廊。但走廊很长。事实上,它是无限长的,两边有无数个房间,并且连续编号。

这天晚上每个房间都住了人。这家无限的酒店里有无限数量的客人。所以生意很火爆。你准备休息一会儿。但是你刚躺下,就来了一位疲惫的旅客。她问你能不能给她一个房间。

"抱歉,"你说,"我们客满了。"

"你确定不能帮我腾出个房间吗?"她问道,"外面的天气很差。"

你真的想帮她一把。但是你不知道该怎么办。没错,你有无数个房间。但目前它们都住了人。她无论沿着走廊走多久,都找不到空房间。

她正要离开的时候,你突然想到一个办法。你**可以**给她腾出个房间。你只需要麻烦一下其他客人。

你知道怎么做吗?

我第一次问孩子们时,他们不知道。但他们现在知道答案了,而且他们喜欢把这个谜题抛给其他孩子——以及大人。

答案很简单。首先,你拿起电话,拨通每个房间,请每位客人收拾好自己的东西,搬到下一个房间去。1 号房间的客人搬到 2 号房

---

\* 它得名于 19 世纪和 20 世纪之交的伟大数学家大卫·希尔伯特。

间。2 号房间的客人搬到 3 号房间。以此类推,无限向后延长。

到最后,酒店里的每位客人都有新的地方可以睡。只有第一个房间是空的。所以你就有地方让这位疲惫的旅客住进去了。

这里我们得出一个结论:无穷大加一等于……无穷大。

更妙的是,不管来了多少人,这个办法都管用。如果你有两位疲惫的旅客,只需要请每个人往后搬两个房间即可。有三位旅客,就搬三个房间。以此类推。(不能无限地搬下去——你不能要求人们往后搬无数个房间。)*

这里我们又得出一个结论:无穷大加任何有限的数字都等于……无穷大。[17]

☆ ☆ ☆

接着我们回到波斯特洛姆这边。如果宇宙中的痛苦是无限的,那么我做什么都无法增加痛苦的量。当然,我可以给人们带来痛苦。但是,不管我的前女友们怎么说,我都只能带来有限的痛苦†。当你

---

\* 但是你可以接待无数的新旅客。你只需要让每个人把房间号翻倍,让新旅客住奇数号房间。这里我们得出两个结论:第一,无穷大加无穷大等于无穷大;第二,奇数的数量等于奇数加偶数的数量。这可能是我最喜欢的一个数学事实。

在希尔伯特酒店里,你还可以做很多事情!你可以接待无数辆巴士,每辆巴士载着无数客人。每一个有理数(可以用分数表示的数字)都可以对应一位客人。但有些数列过于庞大,以至房间无法容纳——例如,不可能每个实数都对应一位客人。为什么不可能呢,你的酒店不是有无限多的房间吗?因为事实上无穷大也分大小。实数集(包括无理数,比如无法用分数表示的 π)大得难以计数——实数的数量大于整数的数量,尽管整数集和实数集都是无限的。事实证明,数学比在学校里看上去更加有趣。

† 我开玩笑的。我娶了高中的初恋女友,所以我没有前任女友——在宇宙的任何地方都没有。有时候你会看到人们说,在无限的宇宙中,一切可能存在的东西都存在。这个说法是错的。你尽管在宇宙中寻找,但你绝对找不到我的前任,即使朱莉总是说我很快就会有一个前任了。

把有限的痛苦加到无限的痛苦上时，你所得到的不过是……无限的痛苦。

快乐也一样。

结果是，在无限的宇宙中，功利主义完全不在乎我们做什么。我们伤害别人还是帮助他们是无关紧要的。快乐和痛苦的平衡是永远不变的。我们根本不能影响它。所以我猜想，我们可以自由地做任何我们喜欢的事，不管这件事有多可怕。

除非功利主义错了。这个话题太大了，无法在这里讨论。但我想说的是，我认为它错了。而波斯特洛姆的论证就是体现这一点的一个证据。在我看来，人是作为个体而重要的，并非仅仅作为快乐和痛苦的载体而重要的。

功利主义把人当作等待入住的房间。如果我们当中有无数人被快乐和痛苦填满了，那么再加一个也无所谓。

我更愿意把人当作前台的那位旅客。即使我们不能通过给她一个房间来增加有地方住的人的数量，**她**有没有地方住也是至关重要的。

☆ ☆ ☆

但是，等等，**她**真的重要吗？或者说，**我们**真的重要吗？

有一本图画书我很喜欢和孩子们一起读。这本书叫作《一千亿兆颗星星》[18]。书里到处可见庞大的数字。它说世界上有75亿人。还有100万亿只蚂蚁。但书里最大的数是书名中的一千亿兆。它等于1后面加上23个0。这个数字可能有10倍的偏差。据估计，在可观测到的宇宙中,有一万亿兆颗星星。[19]或者,更简单地说,有一尧它*颗星星。当然,如果宇宙是无限的,星星的数量还要更多。但我们暂且认为有一尧它颗星星。这已经足够我们思考的了。

我喜欢和孩子们一起读这本书,是因为我希望他们思考他们的渺小,或者说,**我们的渺小**。宇宙大得难以想象,即使它不是无限的。我们只占了一小部分,而且这部分没什么特别的。更糟糕的是,甚至这一部分也不会属于我们太久。如果幸运的话,我们有80年左右。宇宙已经存在了130多亿年,未来还会有数十亿年或数万亿年。我们顶多是其中的一瞬。这让我们显得微不足道。

☆ ☆ ☆

"你认为我们重要吗?"有一天在讨论宇宙大小的时候我这么问雷克斯。他当时10岁。

"不,我认为我们不重要。"他说。

"为什么呢?"

"还有那么多东西呢,"雷克斯说,"我看不出我们为什么重要。"

我们边走边说。过了一会儿,我问:"我可以打你的脸吗?"

"不可以。"他惊讶地说。

"为什么不可以?"我问道,"这又不重要。"

"这对我来说是重要的。"他微笑着说。

在短短10分钟的时间里,雷克斯表达了两种很难在头脑中共存的想法。

---

\* 尧它代表$10^{24}$。——译者注

如果你退一步从宇宙的角度来看待自己，你就会渺小到微不足道的地步。如果你从未出生，宇宙不会有什么不同。你死后世界也不会有什么变化。

这种想法适用于我们整个物种。如果我们从未来过，宇宙不会有什么不同。我们走后宇宙也不会有什么变化。

从外部的角度看，我们所做的一切都是徒劳的。即使我们成功了，这一切也会被时间冲走。

但是从内部的角度看，即使最小的事似乎也是重大的。

我们不重要，但事物对我们来说是重要的。

☆ ☆ ☆

你还记得托马斯·内格尔吗？我们在第 10 章中提过他了。他想知道成为蝙蝠是什么感受。但他也对这两种并存的想法感兴趣：我们不重要，但事物对我们来说是重要的。

内格尔认为，让这两种想法在头脑中共存会使生活有一种荒谬感。[20] 他这么说是有所特指的。内格尔说，当事物的严肃性与它的重要性不匹配时，就会让人产生某种荒谬的感觉。[21] 以前学习法学时，我参加过一次关于法律期刊的引文格式规范的培训。人们在培训中就某些句号应不应该用斜体展开了无休止的激烈讨论。这不是什么大不了的事。我们很难分辨一个句号是否用了斜体。而且没人在乎它是否用了斜体。这真是荒谬。

内格尔认为我们的一生有点类似这种讨论。我们严肃地看待它。我们担心自己的容貌、衣着、事业、项目、计划——但这一切有什么目的？到最后，什么目的也没有。因为这一切最后都会终结，我们身上发生的事都不重要。[22]

我们是微不足道的。我们深知这一点。但是，我们就像一切都很重要那样继续活着。

真是荒谬。

☆ ☆ ☆

有些人会与这种感觉对抗。他们试图放弃他们的依恋——把世俗的一切都看作微不足道的。如果他们能做到这一点，他们就会显得不那么荒谬。但是几乎没有人能做到这一点。（事实上，这种尝试往往是荒谬的。）[23]

还有一些人坚持认为，宇宙事实上是为他们而生的。他们说，他们是重要的，因为他们对于创造这一切的上帝来说是重要的。

我对上帝持怀疑态度，原因我在后面会解释。但在我看来，即使上帝存在，认为他在乎我们也是异想天开的。据我们所知，在上帝的考虑中，我们不比亿万只蚂蚁更重要。对上帝来说，好戏可能在其他地方上演。我们不处在宇宙的中心，我们甚至不处在太阳系的中心。上帝为什么要把他在乎的物种放在某个偏远的角落？为什么还要花时间去创造其他东西？如果我们是重要的，其他的一切又算什么？

我知道，你认为上帝有某个计划，这个计划在我们看来也许是神秘的。他在乎他创造的所有物种，无论这些物种在宇宙的哪个角落。也许如此。

但我从这种诉诸上帝的尝试中得出了不同的结论。某些人认为的上帝可以玩的一种把戏——只要在乎某些事物，就能使它们变得重要——我们也可以玩。

当然,我们不能使事物在宇宙的层面上变得重要。但我们可以使它们**对我们来说**变得重要。我们需要做的只是在乎它们。

我认为这算得上是一种超能力。毫不夸张地说,我们自己创造了我们在世上的意义。没有多少物种可以做到这一点。

☆ ☆ ☆

因此,即使是荒谬的,我们仍然应该在乎事物。我们应该在乎我们的家庭、朋友、人类同胞、项目和计划。它们使我们的生活有意义。

我们应该在乎自己吗?我想说应该。但是我最近读了我的朋友莎拉·巴斯的一篇论文,这让我感到犹豫。

巴斯是我在密歇根大学哲学系的同事。我的孩子们喜欢她,主要是因为她每年都给他们带圣诞小饼干。她也是我所知道的最敏锐的道德哲学家之一。

她近来一直在思考道德勇气——道德勇气是什么以及它能否被培养出来。她想知道为什么有些人愿意拿自己的生命冒险,做出牺牲,反对压迫,不惜以巨大的代价帮助他人。

巴斯不能确定:原因可能有很多。但是她猜测有些人之所以勇敢,是因为他们把自己看得很轻,把别人看得很重。[24] 他们以宇宙可能看待他们的方式看待自己,认为自己渺小到微不足道的地步。但他们把别人看得很重。

在情感和思想上,这都是很难实现的。[25] 主要的障碍是我们对自己的爱与同情——以及与之相伴的恐惧。[26] 为了获得正确的勇气,你必须将自己看作微不足道的。但仅仅从思想上认识到在你身上发生的事情并不重要是不够的。你必须像感受你的恐惧和自爱那样**感受它**。[27] 否则一旦发生冲突,恐惧就很有可能占上风。

把巴斯所描述的态度与缺乏自尊心区分开来,这是很重要的。她不希望你认为自己的生活是不值得过的,或者认为你不值得被爱和被尊重。可以肯定的是,她认为你在过马路之前应该看看两边。而且你应该期待别人善待你。[28] 只不过,当你需要勇气的时候,你要真切地感受自己的微不足道,就像感受自己的恐惧那样。

除了情感上的挑战,还有思想上的挑战。假如你把自己看作微不足道的,那么你似乎应该也觉得其他人是微不足道的。但这么做是危险的。你总不想成为那种欺压他人的人。但如果你认为他人不重要,你就很有可能欺压他人。因此,即使你不再认为自己很重要,你也必须仍然认为他人很重要。

这种看待世界的方式可能在逻辑上不太一致。但这是看待世界的一种美好方式、一种无私方式、一种充满爱的方式。

而爱并不总是合乎逻辑的。

☆ ☆ ☆

我希望我的孩子们拥有道德勇气。但这是一项很高的要求。我都不确定自己有没有这种勇气。这是很难判断的,直到你需要它的时候才会知道。

至少,我希望他们知道,从某种视角来看他们是不重要的。我希望他们练习用这种方式来看待世界。我希望他们有能力换个视角,认为自己和自己当下的担忧微不足道,从而更好地看待事物。

这就是我和他们讨论宇宙大小的原因。[29] 这就是我那天晚上从书架上取下《一千亿兆颗星星》的原因。当时汉克 7 岁，闹着不肯睡觉。在哄汉克睡觉的（似乎无限的）这段时间内，朱莉发火了。因此，当我坐下来读这本书时，汉克很难过。

读完之后，我问了他和雷克斯一样的问题："听完这一切，你认为我们重要吗？"

"不重要。"他说。接着，他自己想了想，补充道："但是，我们对我们来说是重要的。"

"当然，"我说，"你对我来说很重要。"

接着我问道："当你想到所有的星系、恒星和行星时，你会有什么感觉？"

"那也缓解不了我的难过。"他带着一副看穿我的表情说。

于是我给他唱了摇篮曲，结束了这个夜晚。

但我还是会继续尝试。

我希望我的孩子们热情地关心事物。这是使生活有意义的方式。

但关心是容易的。困难的是认识到你关心的事物并不重要，即使它们看上去是严肃的，甚至是生死攸关的。

如果我的孩子们明白了这个道理，仍然去关心事物，那么他们会显得有些荒谬。但他们已经是荒谬的了。而且和他们一样的人很多。我们都是荒谬的。*

---

\* 这并不重要。

# 第 12 章

# 上帝

"扎克有一双上帝之靴。"

"有什么?"我一边说,一边把注意力转向雷克斯。我当时正在厨房里做晚饭。(当时 4 岁的)雷克斯坐在餐桌旁,吃着最后一点餐前点心。这些点心在我们家有两个用途:能够让我们好好做饭,同时确保孩子们不会吃我们做饭的食材。

"扎克有一双上帝之靴。"雷克斯重复道,仿佛这是一个神启。

"扎克有一双上帝之靴?!"我说道,仿佛这的确是一个神启。(热情满满是我常用的育儿技巧。当你让孩子对谈话感到兴奋时,就会有好事情发生。)

"是的,扎克有一双上帝之靴。"雷克斯更加兴奋地说。

"**哪个**扎克?大扎克、小扎克,还是成年的扎克?"长颈鹿屋\*里叫扎克的人多得离谱。

"小扎克!"雷克斯得意扬扬地说。

"不可能!小扎克有一双上帝之靴吗?!"

"是的!"

---

\* 和第 2 章中汉克所在的梧桐屋一样,长颈鹿屋应该是雷克斯所在的教室。——译者注

"很酷！但是，上帝之靴是什么？"

"你知道的。"雷克斯说，仿佛这是显而易见的。

"不，我不知道，伙计。上帝之靴是什么？"

"就是上面有上帝的靴子。"

"上帝在扎克的靴子上！"我大叫起来，把这个说法当作惊人的消息，"上帝重不重？扎克还能穿上靴子吗？他是不是困在学校了？**我们要不要去帮他**？"

"不是上帝，爸爸！是上帝的图像。"

"哦，这样啊，"我的语气缓了下来，"上帝长什么样？"

"**你知道的**。"雷克斯用一种心照不宣的语气说道。

"不，我不知道，"我小声地说，"上帝长什么样？"

"就是那个戴牛仔帽的男人。"

"哪个戴牛仔帽的男人？"

"电影里的那个。"

现在我们终于说到点子上了。雷克斯只看过三部电影。第一部是《好奇的乔治》。"你说的是那个戴黄色帽子的人吗？"

"不是。"他笑着说。

第二部是《赛车总动员》。"你说的是拖车板牙吗？"

"不是！板牙不戴牛仔帽。"他说话的样子仿佛**他**才是和小孩子说话的人。

那就只剩下《玩具总动员》了。"是胡迪吗？"

"是的！上帝！"

☆ ☆ ☆

小时候，我坚信上帝长得像超人。或者他长得像乔治·华盛顿。上帝确实有超能力，这说明他是氪星人的后代。但上帝也是超级善良和年老的，所以从这方面来说，乔治·华盛顿是我的主要参照物。

我不知道雷克斯是如何得出他的观点的，但是如果你想恶心一下自己，就想象胡迪是上帝吧。不管你去哪里、做什么，胡迪那双画上去的眼睛都在盯着你。这有点令人毛骨悚然。

但是细想一下，标准的说法也一样。全知全能会导致无处不在的恐怖。

☆ ☆ ☆

所以上帝长什么样？华盛顿那样？胡迪那样？超人那样？主要的几种一神教认为，上述样子都不是。实际上，四个神学家中有三个会说，上帝不存在于时空之中。* 上帝创造了空间和时间，所以他站在时空外部。只是他并没有真的站在外部，因为"站"需要空间，而"外部"是一个位置。关键在于上帝不是时空中的存在。† 这意味着上帝长得不像任何事物。

---

\* 第四个神学家会推荐佳洁士牙膏。[当然不是，我在开玩笑。谁都知道汤姆小屋牙膏才是最好的。（美国有一个著名的"三叉戟"口香糖广告，画面上的五位牙科专家中有四位推荐了这款口香糖。因此作者所说的第四个神学家纯粹是玩笑话。——译者注）]但是统计数据不能说明问题：我这么说是为了表明，关于上帝与时空的关系存在一些争议。此外，关于上帝是不是非时间性的（不存在于时间中）或永恒的（存在于所有时间点上），也存在激烈的争议。关于神学的更多细节，对本书而言是不重要的。

† 因此，上帝并没有俯视着你——很可惜。

但是,等等,难道我们不是照着上帝的形象创造出来的吗?上帝不是在《圣经》中有时会显现吗?大多数神学家从隐喻角度解释"照着上帝的形象创造"。它指的不是字面意义上的"长得像上帝",不是说上帝有两只手臂、两条腿和粗大的腰身,而是指我们拥有上帝的某些属性,比如理性思考的能力。而尽管上帝会在《圣经》中显现——想想摩西和燃烧的荆棘——但这些故事中的人们看到的其实不是上帝,而是类似于化身的东西。

耶稣的例子要复杂一些。我这个犹太人不会试图解释三位一体。但我会说,即使按照基督教的看法,上帝也不是完全存在于时空中的。耶稣肯定长得像某种形态(尽管他肯定不像华盛顿、胡迪或超人)。但是上帝的其他面——那些据说仍然存在的面——不占据时空中的位置。这意味着我们看不到这些面。

这样就很省事了。

☆ ☆ ☆

安东尼·弗卢是一位无神论哲学家\*,他在 20 世纪下半叶任教于英国的几所大学。他讲了一个故事,这个故事是从剑桥大学一位姓名有些不可思议但又名副其实†的哲学家,即约翰·威兹德姆那里改编来的。[1] 两个人闯过灌木丛。他们来到一片空地,在那里发现了很多花,但也有很多杂草。第一个人对第二个人说:"肯定有一个园丁在打理这块空地。"

第二个人说:"没有园丁。"

---

\* 至少在一次晚年的对话之前他是一位无神论哲学家,有人认为那次对话是痴呆导致的。
† 约翰·威兹德姆(John Wisdom)的姓意为"智慧"。——译者注

这两个人不爱说话。我们叫他们"有先生"和"没有先生"。

他们决定把帐篷搭在空地上,等了一会儿,他们没看到园丁。但是"有先生"没改变主意。"这个园丁肯定是不可见的。"他说。于是他们建起了铁丝围栏。而且,为了确保在园丁来时把他抓住,他们给围栏通了电。他们还用猎犬在这块空地上巡逻。但是仍然没有园丁。围栏从来没有摇晃过。他们从来没有听到过触电的尖叫声。猎犬也没有发出警示的叫声。但是"有先生"仍然没改变主意。他坚持认为"有一个园丁",这个园丁是"不可见的、无形的、对电击没有感觉的,是一个没有气味和声音的园丁,偷偷照顾他喜欢的花园"[2]。

最终,"没有先生"忍无可忍地吼道:"一个不可见的、无形的、永远抓不到的园丁,跟虚构的园丁或者没有园丁有什么区别?"[3]

☆ ☆ ☆

弗卢认为谈论上帝是空洞的——无意义的。"有先生"说有一个园丁,所以他们就开始寻找这个园丁。由于他们没看到园丁,"有先生"就对他的主张做出了让步。他不断地弱化这个主张,直到它变得完全空洞,因为没有什么可以反驳它。

假设你和我对于冰箱里有没有鸡肉的看法不同。我说有,你说没有。我们可以怎样解决争议?很简单,我们可以看一下。假设我们看了一眼,没看到任何鸡肉。虽然你的主张获胜了,但我固执己见。我从没说过鸡肉是可见的。我说的是不可见的鸡肉。于是我们开始去感觉,但我们两个人都没有感觉到有任何禽鸟。你的主张又一次获胜了,但我还是无动于衷。我从没说过鸡肉是可以触摸的。

那是无形的鸡。

过不了多久,你就会觉得我疯了,或者没完没了地固执己见。但不管你怎么想,继续争论冰箱里有没有鸡肉都是没有意义的,因为我不会接受任何证明没有鸡肉的证据。

很久以前,人们在这个世上给上帝设定了一个角色。上帝是照料花园的人。当时的人们会祈祷下雨,或者祈祷雨停。当然,人们至今仍然祈祷。有些人甚至还会祈祷下雨。但我们很少有人会认为每一场毛毛雨都反映了神意。我们可以解释雨是怎么来的,所以我们不需要给上帝设定一个角色。但是,随着上帝不再担任我们给他分配的角色,我们把他重塑为一个不可见的、无形的角色,他的痕迹(如果确实有的话)是无法辨认的。这让人们担心,上帝不比我的冰箱里不可见的、无形的鸡肉更加真实。

☆ ☆ ☆

真的如此吗?除非你能看到、闻到、尝到和摸到,否则鸡肉就不是鸡肉。每只鸡都在空间和时间中有一个位置。但是我们为什么要认为上帝以鸡的方式存在呢?还有其他存在模式。

☆ ☆ ☆

我当舅舅几乎像当父亲一样严肃。换句话说,都不严肃。有一次,我想说服我的外甥相信6这个数字不存在。

"你好,本,你能数到10吗?"我在他5岁的时候问他。

"1、2、3、4、5、6、7……"他开始数。

"等等！停！你刚才说什么？"

"7。"

"不是，再前面。"

"6。"

"6是什么？"

"一个数字。"

"它不是。"

"它就是！"

"不对，本。它不是。要数到10，你应该这样数：1、2、3、4、5、7、8、9、10。"

他一开始不相信，但我固执己见，而且显得言之凿凿。最终，他跑到他妈妈那里去了。

"斯科特舅舅说没有6这个数字。"

"确实，斯科特舅舅的数学很好。"他的妈妈说。说到这里，我们可以停下来看看，这个被我的孩子们称作妮可姑姑的女人是多么有趣，尤其是因为她任凭我捉弄*她的孩子。

我一直逗他玩，直到他完全相信6这个数字是幼儿园-工业复合体的发明。但是，就在他接受了这套阴谋论的时候，我又推翻了自己，告诉了他真相：6这个数字其实是存在的。

但它并不存在于时空中。"6这个数字在什么地方"或"6这个数字在什么时候"的问题是没有意义的，因为6这个数字在空间和时间中没有位置。问6这个数字长什么样也是没有意义的，因为6不是一种能把光子反射到你脸上的事物。

---

\* 原文为gaslight，指的是对别人进行心理操纵、欺骗和误导别人。——译者注

**等等！你可能会想，你知道 6 这个数字长什么样。它长这个样子：**

6

但 6 只是这个数字的一个符号，就好像 God 这个词只是我们用来称呼全知全能的神的一个符号。这个数字本身还可以用这种方式来表示：

VI

或者用这种方式来表示：

Six

或者用其他任何方式来表示，只要你告诉人们你用的符号是什么意思。但这个符号与数字 6 是不同的事物。

☆ ☆ ☆

数字 6 是什么？它为什么存在？数学哲学家为此争论不休。在最低的程度上，我们可以这样说：数字 6 是因为在一个系统里扮演的角色而存在的。它是 5 的后一位，也是 7 的前一位。它与众多独立的存在之间有着数不清的关系，而这些存在是由它们互相之间的关系所界定的。正因为如此，我只好不再捉弄我的外甥了。要是没有数字6，数学的其他部分都会乱套。

但是，说数字6是因为在一个系统里扮演的角色而存在，回避了真正的难题：我们是**创造**了这个系统，还是**发现**了这个系统？如果没有我们，数字还会存在吗？我倾向于认为数字还会存在，虽然我没法在本书中论证这个观点。要是我试着论证，你们肯定会把这本书丢掉。这本书很快就会变得晦涩难懂和无聊透顶。

但是我想提出的观点只是：不是所有事物都以相同方式存在。鸡存在于空间和时间之中。园丁也一样。但数字6不一样。如果数字6可以在不占据空间和时间的情况下存在，为什么上帝不可以呢？

☆ ☆ ☆

"上帝是真的吗？"雷克斯小时候常常问。我们送他上的是宗教学校，所以他对上帝了解得很多，至少了解犹太人讲述的关于上帝的故事。我们之所以送他去那里，在很大程度上就是为了让他知道这些故事。我们希望他在他的社群和文化中感到自在。

但是，他在知道了这些故事后，一个劲儿地问："上帝是真的吗？"根据我上文所说的话，你可能会认为，我会告诉他上帝不是真的。但是我没有那样说，原因有两个。第一，我不确定；我等下会展开说说为什么我不确定。第二，更重要的是，当孩子问到一个"大问题"时，我认为重要的是开启一段对话，而不是结束对话。

所以我从不说是或不是。相反，我会分享一连串观点："有些人认为上帝是真实的，认为我们在《圣经》中读到的故事就是按照书上写的那样发生的。另一些人认为这些故事只是故事，人们编造这些故事来解释他们不明白的事情。"接着我问道："你认为呢？"而且我会认真地对待雷克斯的答案,用这些答案来开启对话而不是结束对话。如果雷克斯说上帝是真实的,那么我想知道:是什么让他这样想的?他有没有注意到《圣经》中的故事是有漏洞的(比如书中有两个创世的故事)?如果上帝是真实的,可以阻止坏事发生,世界上为什么还是有这么多坏事?如果他选择另一种观点,说这些故事只是故事,那么我会问他为什么这么多人把这些故事当真,他如何解释世界为什么会存在,等等。

这种对话要根据一个孩子的能力来进行。你可别以为雷克斯和我在炉火边坐好几个小时,一边喝着白兰地,一边探索人生的奥秘。这些对话大部分是简短的——通常只有一两分钟。但是随着时间的推移,它们会发挥作用。有时候它们会发挥惊人的作用。

☆ ☆ ☆

"上帝是真的吗?"雷克斯问。当时他4岁,距离胡迪的"神启"事件没多久。

我们进行过很多次这样的对话了,所以我直接跳到了这个问题上:"你认为呢?"

"我认为,上帝在现实中是虚构的,在虚构中是真实的。"雷克斯说道。

我惊呆了。这对于4岁的孩子来说是一种深刻的思想。它对于40岁的人来说也是一种深刻的思想。我让雷克斯解释一下他的意思。

"上帝不是真实的,"他说,"但当我们虚构的时候,他就是真实的。"

☆ ☆ ☆

哲学家对这种观点有一个称呼。他们称之为**虚构主义**（fictionalism）。当我说"我任教于密歇根大学"时，我说的是此时此地在这个世界上的某种事实。但是，假设我说"邓布利多任教于霍格沃茨学校"，如果它指的是这个世界实际发生的事情，那它就是错的。霍格沃茨不存在于这个世界上，邓布利多也不存在，所以他没法在那里任教。但是它们确实存在于另一个世界——哈利·波特所生活的虚构世界。"邓布利多任教于霍格沃茨学校"这个句子**在那个虚构世界中**是真实的。当我说这句话的时候，你立刻就明白我说的是虚构世界，所以你认为我说的是真实的，即使它在这个世界上是不真实的。

在邓布利多这个例子中做一个虚构主义者，不过是认为他存在于虚构的世界而不是我们的世界之中。当然没人会否认这一点。邓布利多显然是虚构的。但有些哲学家认为我们在显然不是虚构的事情上也应该是虚构主义者。例如，有些哲学家认为道德是虚构的。按照这些哲学家的看法，权利是虚构的，就像邓布利多一样。

这是一种可悲的看法。人们关心权利，为权利而战。这是真真切切的。因此，如果权利其实不是真实存在的，那就糟透了。

"但是不要绝望！"那些认为道德是虚构的哲学家说，"我们讲述的关于权利的故事都是好故事，都有好结果，所以我们应该继续讲下去。我们应该为我们虚构的权利而战！"

☆ ☆ ☆

我不是这类哲学家中的一员。我认为，权利和我的冰箱里看得见、摸得着的鸡肉一样真实。或者说，它和数字 6 一样真实。但有些哲学家会说我的这种观点也是错的。在我们讲述的故事之外，根本不存在 6、7 或 72。

这又是一个可悲的想法。我们可以想想在长除法运算中花去的时间！

"但这些时间没有白白浪费！"这类哲学家会说，"我们讲述的关于数字的故事是绝妙的。我们的生活里不能没有数字。所以你不管做什么，都不要不再提数字，即使它们完全是我们编造的！"

☆ ☆ ☆

我也不是这类哲学家中的一员。没有数字，我们就不可能理解世界。物理定律（如 $E=mc^2$ 或 $F=ma$*）是以数学方式来表示的。而且某些数字似乎嵌入了宇宙的结构之中，比如真空中的光速 $c$（大约每秒 30 万千米）。这是我们这里和其他地方的任何事物能够达到的最快速度。如果物理学建立在虚构的基础上，如果虚构的数学是解释我们所发现的世界的关键，那就太奇怪了。因此，我在数学方面不是虚构主义者，就像我在道德方面不是虚构主义者。

☆ ☆ ☆

但我必须承认，我认为雷克斯是对的。上帝在现实中是虚构的，在虚构中是真实的。我在上帝方面是虚构主义者。

---

\* 它们分别是爱因斯坦质能方程和牛顿第二定律的方程。

我们最近换了一间犹太会堂。在原来的犹太会堂，礼拜主要用的是希伯来语，而我不太会说希伯来语。我知道怎样说全部的祷文，我只是不知道其中大部分是什么意思。所以在犹太会堂里，我会跟着念祷词，并沉浸其中。我喜欢那种感觉。

在新的犹太会堂里，我们唱了很多相同的圣歌，做了很多相同的祷告。但我们更多用的是英语。我发现这么做简直难以忍受。事实证明，我喜欢我的宗教保持神秘感。

我其实不相信我们讲的那些故事。听到它们用英语讲出来迫使我一次又一次地面对这一事实。

☆ ☆ ☆

犹太人当中流传着一个古老的笑话。

一个孩子从主日学校回家，父亲问他学了什么。

"今天我们学了摩西如何把犹太人从埃及人的奴役中解放出来。"

"他是怎么做到的？"他爸爸问。

"他们离开得很快，快到没有时间烤面包。当他们到达红海时，埃及人穷追不舍。所以他们必须赶快开工。他们建了一座桥，蜂拥而上，等到了对岸，他们就把桥炸掉了。"

"真的假的？"他爸爸问，"他们是这样教你的？"

"不是，"孩子说，"但如果我告诉你是他们教给我的，你肯定也不相信。"

☆☆☆

我就是那个笑话里的孩子。

我不信,而且从来没信过,从第一次听到这些故事起我就没信过。

重要的是,我在假装相信。而且我不打算停止。因为假装能够让世界变得更美好。

在我们家,我们会在周五晚上点燃安息日蜡烛,在这个过程中,我们会向上帝祈祷。这是忙碌的一周中的轻松时刻,它让我们有理由聚在一起,感恩我们所拥有的一切。

一年到头,我们庆祝各种节假日,欢乐而又庄重。在这个过程中,我们与家人和朋友欢聚一堂。我们吟唱着我们民族代代相传的歌谣和祷文。

我们用宗教仪式来纪念生命中的重大事件:新生儿的割礼或者说命名仪式,童年结束时的受诫礼或者说成年礼,组建新家庭时的婚礼,以及生命尽头的葬礼。

许多没有诉诸上帝的方式也能让这些活动变得有意义。但是,不信教的人还没有形成另一套传统,所以他们错过了这种体验。

解决办法不是真的相信它,而是假装相信。

☆☆☆

至少这是我的办法。我不羡慕任何人的信仰。但信仰到底是什么?为什么我没有信仰呢?路德维希·维特根斯坦是20世纪最有影响力(也最神秘)的哲学家之一。他讲过一些特别短的故事。其中有一个是这样的:

> 假定某人是个信徒,他说"我相信末日审判",而我说"好吧,我不确定,也许吧",你会说,在我们之间存在一个鸿沟。如果他说"头上有一架德国飞机",而我说"也许吧,我不确定",你会说我们很接近。[4]

为什么我们在一个例子中很接近,在另一个例子中又差别很大?当我们讨论头上有没有飞机时,我们对世界有着共同的定位。我们试图弄清事实。我们的分歧在于如何评估证据。而且我们之间的分歧并不大。我认为你关于飞机的说法可能是对的,我只是不确定而已。

在关于末日审判的那次对话中,发生的是截然不同的事。虽然你说你"相信"末日审判,但你的意思其实不是你在评估证据后得出了结论,认为事实上会有末日审判。因为老实说这个结论的证据不是很充分。相反,你在表达一种信心(faith)。正如伯克利大学的哲学家拉拉·布查克所指出的那样,信心更多与行动有关,而不是与信念(belief)有关。[5]

为了说明她的意思,我们再讲一个故事。假设你担心我们的朋友在一件重要的事情上撒谎了。我听完你的话后说:"我知道你为什么担心,但我对她有信心。"我这样说不是为了反驳你。我的意思甚至不是我对证据的评估方式不同。相反,我是在告诉你,即使在相反的证据面前,我在行动时也打算把我们的朋友当作她在说真话那样看待——我愿意为她冒这个险。如果我真的对她有信心,那么我会告诉你我愿意接受我们已有的证据(如果我要求你试探她,那就是我**缺乏**信心的明显标志)。

对上帝有信心的人同样愿意冒这个险。他选择在行动时把上帝当成真实存在的一样,既不等待证实,也不寻找进一步的证据。他可能允许有怀疑的理由——甚至允许证据不那么充分。但他愿意无视这些怀疑,仍然以上帝为中心来安排自己的生活[*]。同样地,当你告诉我你相信末日审判时,你的意思是你承诺以某种方式看待世界并据此行事。如果我回答说"好吧,我不确定,也许吧",我就是在告诉你,我没有你的那种承诺。我们之间存在一个鸿沟,而且这个鸿沟是巨大的。你已经实现了信仰的飞跃[†],而我还站在另一边。

☆ ☆ ☆

我是不是也应该做出信仰的飞跃呢?我认为这个问题本身就不对,因为我怀疑你无法通过推理来信仰上帝。但是有些哲学家不这么看。

17世纪著名的法国数学家布莱瑟·帕斯卡也涉足哲学。他认为我们可以推理出通往信仰的道路。他的论证过程是这样的:我们先假设存在上帝。如果你——通过信仰上帝——赌他存在,他就会很高兴,你将会得到永生的好处。但是如果你赌他不存在,他就会不高兴。你可以猜到你会有什么结局。现在我们再假设不存在上帝。

---

[*] 有趣的是,如果他确定上帝存在,他就不算对上帝有信心了。只有在可能出错的情况下,相信才有意义。例如,我不会说我相信"老虎"伍兹是高尔夫球手。我确定他是高尔夫球手,不需要相信他是。但是请注意,我可以说我对伍兹赢得大师赛有信心;同样地,一个确定上帝存在的人可以相信上帝在看着他,或者其他什么事情,只要这件事是有疑问的。就像《新约·希伯来书》第11章第1节所说的,"信就是所望之事的实底,是未见之事的确据"。

[†] 丹麦哲学家克尔凯郭尔在《恐惧与战栗》中提出,信仰不能通过理性推导和遵从道德律令而获得,只有不顾理性和逻辑产生的悖谬感,凭内在体验和直觉与上帝直接建立联系,才能有真正的信仰,此即"信仰的飞跃"。——译者注

信仰他对你没什么损失。当然，你会浪费一些时间去教堂或者做善事。但是，善事在没有上帝的情况下也是有价值的。而且，就算你不去教堂，你可能也只是把时间浪费在消消乐上。或者，像帕斯卡在消消乐出现之前就说过的："假如你赢了，你就赢得了一切；假如你输了，你却一无所失。因此，你就不必迟疑，去赌上帝存在吧。"[6]

这一番论证被称为"帕斯卡的赌注"。但你也可以称之为"汉克的赌注"。在他 7 岁时，我问他上帝是不是真的。我们聊了几分钟，他就求我别说了。

"我不喜欢聊这个。"他说。

"为什么？"

"因为上帝会感到冒犯——如果他真存在的话。"

我笑了，教了他一些关于帕斯卡的知识。"你和他的想法一样：你应该相信上帝，以免他不高兴——如果他真存在的话。"

"我一直是这么想的，"汉克说，"所以我不想聊这个。"

哲学家们对帕斯卡的赌注是否有效争论不休。[7] 我们不需要对此做出评判。但我要说的是，如果你是出于私利而信奉上帝，那么我怀疑你在来世没法得偿所愿。[8] 因此，我怀疑汉克和帕斯卡在计算赌博的回报时出了错。

☆ ☆ ☆

虽然我认为你不能靠推理产生信仰，但我可以解释为什么我没有信仰，以及为什么我没有跃出那一步。正如我刚才所说，一个有信仰的人是围绕着上帝生活的。在某种意义上，这与我的取向正好相反。我是一个总在提问的人，总在怀疑的人，想要理解世界和我们在其中的位置。我宁愿置身于谜团之中，也不愿随便地给出一个解决方案。因此，信仰要求我做出我无法做出的承诺，至少在我改造自己之前无法做出那种承诺。

但对于很多人来说情况是反过来的。就像我说过的那样，我不羡慕任何人的信仰。事实上，我钦佩许多信徒，因为他们的信仰激发了他们的善行。这个世界由于宗教艺术和宗教活动变得更加丰富多彩。而且这不是偶然的。对很多人来说，信仰是目标、方向和深层动力的源泉。对于犹太人来说，目标是 tikkun olam——修复世界。但是许多信仰——以及许多信徒——都有类似的雄心壮志。而且世界无疑因为由此引发的行为而变得更好。

但信仰也会滋生仇恨。这同样不是偶然的。有人坚信雷克斯的前半句话，即上帝在现实中是虚构的，这样的人往往不会以上帝的名义去仇恨他人*。我可以讲我的故事，你也可以讲你的故事。只有在我们相信这些故事时，它们才会变得水火不容。

当然，没有仇恨的信仰是可能的，而且很多人的信仰都是如此。但是，宗教仇恨是世界上如此多冲突的根源，所以我希望雷克斯的观点能够被广为接受。如果让我来选，我宁愿在上帝方面做一个虚构主义者，转而去相信其他一些事物——相信我们彼此，相信我们有团结起来修复世界的能力。

如果我们做到了这一点——如果我们齐心协力修复世界——我想上帝会高兴的。如果上帝存在的话。你可以把这叫作"斯科特的

--------

\* 当然，这样的人可能会由于其他原因而仇恨他人。我在这里提出的说法不是为了进行比较。我只想说宗教是仇恨的来源之一。我们都熟悉其他的仇恨来源：民族主义、种族主义、性别歧视等等。所有这些信仰体系都与宗教有某种共同之处：它们让自认为是某个群体的一员的人有了某种优越感。我猜想，它们所引发的大部分仇恨都是在这个基础上产生的。

赌注"。这个赌注比"帕斯卡的赌注"更好。

☆ ☆ ☆

有一天晚上,我告诉（当时9岁的）雷克斯,我写下了我们关于上帝的对话。他一脸担忧地看着我。"这可能会冒犯到*一些人。"他说。

我笑了。我怀念他的错误用词。这次我没敢纠正他。我想让我的小男孩尽可能久地保持纯真。

雷克斯说得对。很多人不喜欢全能的上帝是虚构的这种想法。但正如我向雷克斯解释的那样,哲学家必须说出他的想法,即使他认为别人不喜欢他说的话。这就是我的工作。

但我不仅要告诉你们我的想法,也要坦诚地告诉你们我的疑虑。

关于这个世界我们有太多不理解的地方。我们不知道意识是什么、它为何存在、它有多普遍。而且,在更根本的层面上,我们不知道世界为何存在,物理法则为何是现在的样子,甚至不知道为什么会有物理法则。

上帝正是许多人所给出的答案。大多数宗教都始于一个创世的故事。它们没有一个是真的。但它们即使是真的,也无法解开这个谜团。它们只是把谜团推向了别的地方。如果真有上帝,而且如果上帝创造了我们所知的世界,那么我们依然会奇怪：上帝为何存在?

---

\* 这里雷克斯说的是 offensing,正确的应该是 offensive。——译者注

☆ ☆ ☆

或许上帝必须存在。有些哲学家就是这样想的。11 世纪时，圣安瑟伦说他可以证明上帝存在。⁹ 这个证明过程从一个奇怪的想法出发：安瑟伦说，我们可以想象一种比可以想象到的任何存在都更伟大的存在。换个更普通的说法就是，我们可以想象一种比可以想象到的其他任何事物都更棒的事物。

我们来试试吧。想象你能想到的最棒的事物。我也会和你一起想。

我想到的是塔可。你想到的是什么？也是塔可？我猜是这样。

而安瑟伦想到的是上帝（说句公道话，他毕竟没吃过塔可）。不仅如此，安瑟伦说上帝必须存在，因为实际存在会让伟大者变得更加伟大。安瑟伦说，因为上帝<u>正是</u>最伟大的，所以他必须是真实的。大功告成（或者像逻辑学家喜欢说的那样，QED*）！

你如果觉得安瑟伦在蒙混过关，那么你不是唯一这么想的。他笔下的墨水还没干，他的证明就遭到了一个叫高尼罗的修士的嘲笑。¹⁰ 高尼罗说，他可以想象一个比可以想象到的任何岛屿都更大的岛屿。实际存在会让这个大岛屿变得更大。所以按照安瑟伦的逻辑，这个完美的度蜜月胜地一定存在！

哲学家们给安瑟论的证明起了一个别致的名字——本体论证明。雷克斯说这个证明是荒谬的："我想象出来的某个事物不会仅仅因为我能想象出来就成为现实。"大多数哲学家或多或少都会这么认为。多年来，人们一直在尝试改善这个证明过程。¹¹ 但我没听说过谁仅凭

---

\* QED 是拉丁语 quod erat demonstrandum 的缩写，其大概的意思是"这就是所要证明的"。它被用来表示成功证明完毕。

安瑟伦的证明就信仰上帝的。

（如果你真的相信了，那么我有一座岛想卖给你。高尼罗说这座岛**很棒**。）

☆ ☆ ☆

说到底，我认为上帝不能帮助我们解释世界的存在。正如我所说的，上帝只是推开了这个谜团。

那么，我们如果不借助上帝还能怎样解释世界呢？也许，必然存在其他什么可以解释世界的存在。阿尔伯特·爱因斯坦曾经说过，他想搞清楚"上帝在创造世界时有没有选择"[12]。但爱因斯坦是在隐喻的层面上讨论上帝的。他所问的不是神学问题。他想知道物理法则是否必须是现在的样子。[13] 我怀疑，想要令人满意地解释世界为何是现在的样子，唯一的希望就是发现物理法则只能是现在的样子。但即便如此，我们也还是不知道世界为何存在。

为什么一开始会有物理法则？为什么不是一片虚无？或许这是最大的问题。[14]

或许没有什么能解释世界为何存在。或许世界的存在就没有原因。或许我们无法知道。又或许是我错了，上帝才是解开谜团的钥匙。

我并不坚持认为上帝不存在，因为我没打算抱着这么坚定的立场。

我只是怀疑而已。我甚至怀疑我的怀疑。这是一个哲学家最好的品质。这也是我努力培养孩子们拥有的品质。

第 12 章　上帝

☆ ☆ ☆

"你认为上帝是真的吗?"我在快写完本书时问雷克斯。他当时11岁。

"不是。"他毫不犹豫地说。

"如果上帝是真的,他就不会让那么多人死去了。"当时疫情正在肆虐。在那时,已有超过250万人死于新型冠状病毒感染。

"你为什么这么说?"

"上帝应该关心我们,"他说,"如果他真的关心我们,又有能力阻止它,那么它就不太可能发生。"

这就是恶的问题——我认为,每个思考上帝的人都很清楚这个问题,即使不称呼他为"上帝"。J. L. 麦基对这个问题的解释最为出色,在道德和上帝的问题上,他都是一个坚定的怀疑论者。"用最简化的形式说,"麦基说,"这个问题是这样的:上帝是全能的,上帝是全善的,但恶依然存在。"[15]麦基认为,世界上邪恶的存在使得对全能全善的上帝的信仰变得不合理*。

你只要放弃上帝是全能全善的观点,就能解决这个问题。[16]只要去掉其中一个条件,就很容易解释恶的存在。上帝要么是无法阻止它,要么是懒得阻止它。但如果你像很多信徒那样坚持认为上帝是全能全善的,问题就更加麻烦了。这样一来,恶的存在就带来了一个难题——跟雷克斯提出的难题差不多。为什么一个全善的上帝在能够阻止人们受苦的情况下任凭他们受苦呢?

---

\* 麦基指出,为了说明这是不合理的,还必须对他关于这个问题的表述做一些补充:"要补充的原则是:善与恶是对立的,善总是尽可能地消除恶,并且全能者能做的事情是不受限制的。"

人们对这个问题给出了很多答案，但大部分都不合理。有人说，善需要恶——善不能离开恶而存在。我们不清楚这种观点对不对。但这不重要，因为你只要采取这种观点，就质疑了上帝的全能。[17] 这就证明有一件事情是上帝做不到的：创造没有恶的善。还有一点是，如果善需要恶，或许只要一点点恶就够了。世界上的每一种恶都是绝对必要的吗？为什么我们不能拥有一个跟现在一模一样的世界，但其中没有我那一天感受到的那种疼痛？上帝为什么不能让我的坐骨神经不那么痛？我的理疗师托尼让我的背部好受多了，他甚至没有自称是神。

但他是一个英雄。有些人说这正是上帝允许世界上存在恶的原因。他不关心快乐和痛苦。他关心的是由于快乐和痛苦而变得可能的东西：同情、仁慈和英雄行为（就像托尼缓解了我的背痛）[18]。当然，快乐和痛苦也使怨恨、恶意和无情变得可能。[19] 我们不清楚哪一方会获胜。有时候，似乎坏人占了上风。

"但这不是上帝的错！"上帝的支持者说。上帝希望我们拥有自由意志。这是他所追求的善。为了获得这种善，他必须放弃控制。如果我们选错了，那是我们的问题，不怪他。这是历史上对雷克斯的问题最有影响力的回答。但是我不买账，原因麦基说得很清楚："如果上帝创造出的人在进行自由选择时有时喜欢善，有时喜欢恶，为什么他不把人创造成总是自由地选择善的样子？"[20] 有的人会说，如果上帝保证我们总是选择善，那么我们就不自由了，但这种说法没有回答麦基的问题。麦基不是想象上帝控制了我们的选择。他只是说上帝可以预见我们会选择什么。因此，只要他愿意，他就可以创造出每次都选择善的人。

有些人说这一点即使是上帝也办不到。但是别忘了，在本书导言中，汉克抱怨朱莉在他决定午餐吃什么之前就预测到了他的选择，为他准备了一个汉堡。有些人认为预知别人会怎么做是与自由意志不相容的。我不这么认为。即使我们知道汉克会怎么决定，他也是自己做的决定。上帝应该比我们更擅长这个把戏。他应该能预测汉克在任何情况下会怎么做。而且不光是汉克。他应该能预测我们任何人在任何情况下会怎么做，因为全能就意味着全知。至少看上去是如此。但如果你仍然想说我的神仙伙计做不到这一点，那么他听起来更像是无能，而不是全能。

我认为恶的问题给信仰设下了严重的障碍，而且我无法忍受那些用陈词滥调来敷衍地回答这个问题的人。莱布尼茨坚持认为我们生活的世界是所有可能世界中最好的一个。[21] 如果还有一个更好的世界，上帝早就创造出来了。因此，除了有坐骨神经痛（还有奴隶制之类的），我们可以确信这个世界已经是最好的了。我认为这种观点是愚蠢的（伏尔泰也这么认为[22]）。这种观点假设，如果可以的话上帝会做得更好，这样一来，它就免除了上帝对如此多痛苦的责任。我认为恶的问题需要一个更有说服力和更清晰的解决方案。

玛丽莲·麦科德·亚当斯也这么认为。她是一位哲学家，也是一位圣公会牧师。她是第一位在牛津大学担任神学钦定教授的女性。1978年，她帮助创立了基督教哲学家学会，后来成为这个学会的领导者。（如果我给你留下的印象是哲学与信仰之间存在冲突，那么亚当斯明显提供了反例。历史上有很多哲学家都非常虔诚，当今也是如此。）

亚当斯认为我们无法通过把世界视为整体来解决恶的问题。她认为，上帝必须对特定人群的生活中可怕的恶做出回应，不是一劳永逸地，而是一个一个地回应。[23] 她列出了她所关注的那些恶：酷刑、强奸、饥荒、虐待儿童、种族灭绝，还有其他极端的可怕情况，在此就不一一提及了。[24] 她说，也许这些恶确实可以存在于一个最好的世界里——由于我们很难理解的原因。但她不喜欢这样一种看法，即上帝把人们遭遇的可怕事情作为"手段来实现他让全世界变得完美的目标"[25]。她问道："如果告诉一个不小心撞死他心爱的孩子的卡车司机，这是上帝为了创造出道德上的善与恶达到最佳平衡状态的世界所付出的一部分代价，这个司机能够从中得到安慰吗？"[26] 亚当斯认为不能。在她看来，如果上帝允许任何人的生命被恶吞噬，那他就算不上"善良或慈爱的"[27]。

但是许多生命似乎被恶吞噬了。所以我们应该如何解决这个问题？亚当斯认为没有一个世俗的解决办法。她认为，只有借助宗教观念，那种你在实现信仰的飞跃之后才能获得的观念，才可以妥当地回答恶的问题。[28] 她认为，与上帝建立深厚的联系足以**填满**一个人的生命，以至不管他遭受了什么，生命都是值得的。[29] 这些痛苦与上帝的爱相比都是苍白的。不仅如此，上帝还可以通过将恶融入一个有机的整体来**战胜**生命中的恶[30]，这个有机整体本身的价值在一定程度上就来自苦难。（为了证明这个观点，亚当斯指出，一幅画上的一小块本身可能是丑陋的，却有助于提升整幅作品的美学价值。[31]）可怕的恶怎么会增进某种事物的价值呢？亚当斯猜想，"人类的恐怖体验"可能是"与基督**同在**的一种手段"，因为他"通过基督的受难和死亡参与了可怕的恶"。[32] 此外，她还认为，上帝可能会对一个人的痛苦表示感谢，从而改变痛苦的意义。[33]

亚当斯不确定答案是什么，但她也不担心。她说，我们应该接受这一事实："由于某些原因，我们在认知、情感和/或精神上还不成熟，所以无法理解。"[34] 她解释说，两岁的孩子可能不理解为什么他的母亲允许他接受痛苦的手术。但是,他仍然相信"母亲是爱他的,这不是由于认知上无法理解的原因,而是因为在痛苦的体验中母亲无微不至的关心和在场"[35]。

对于那些感觉到上帝在场,或者相信以后能感觉到上帝在场的人来说,我认为亚当斯已经给出了答案。我认为,用宗教观念来捍卫宗教学说是公平的。但老实说,我觉得这听起来太乐观了——就像一个旨在证明不可证明之事的"原来如此的故事"[*]。这或许是因为我在一个不认为上帝的善是理所当然的传统中长大。事实上,第一个犹太人亚伯拉罕曾就上帝毁灭所多玛和蛾摩拉的计划与他争论[36]。

"无论善恶,你都要剿灭吗?"亚伯拉罕问,"假若那城里有50个义人。"

上帝说,他如果见到50个义人,就为此饶恕这两座城市。

"如果有45个义人呢?"亚伯拉罕问,"你会因为少了5个毁灭全城吗?"

"不会,"上帝回答,"45个就够了。"

"40个呢?"

"没问题。"

"30个呢?"

"也行。"

亚伯拉罕跟上帝讨价还价到了10个。但上帝可能在耍他。事实上,上帝连10个义人都找不到,所以他摧毁了这两座城市——以及

---

[*] 原文为just-so story,出自英国作家鲁德亚德·吉卜林1902年的同名童话。1978年,斯蒂芬·杰·古尔德在《社会生物学:讲故事的艺术》一文中赋予了这个词语贬义。——译者注

城里的一切\*。如果他真的全能的话，他肯定早就知道是这样。

但是请注意，亚伯拉罕并不认为神的计划是好的。他争取了一个更好的计划，并且上帝做出了让步。

我不期待死后能见到上帝。但如果我见到了，我打算效仿亚伯拉罕与他争论一番。这个世界上有太多痛苦。事实上，每个人的生命中都有许多痛苦。

如果上帝存在，我想要答案。我认为我们理应得到答案。

☆ ☆ ☆

在雷克斯坚称上帝不存在之后，我问他记不记得他更小的时候的想法。他不记得了，于是我告诉了他之前他是怎么说的："上帝在现实中是虚构的，在虚构中是真实的。"

"这个说法听上去很巧妙。"他说。

"是的，我也这么觉得。你认为这个说法对吗？"

"可能吧。"他说。

于是我们讨论了一会儿。我跟他讲了虚构主义，以及他是如何在4岁就想到了一个复杂的哲学观念。接着我又问道："你认为呢？你当时说得对不对？"

"我不确定，"他说，"这很复杂。我不知道该怎么想。"

"这个说法也很巧妙。"我说。

---

\* 我想知道亚当斯如何看待上帝杀死的这些人。他们是不是也被上帝的善填满？有一类基督徒会说这些人是该死的，所以他们心安理得。但亚当斯认为，如果我们中有任何人可能是该死的，那么人的生命将是一个糟糕的赌注——而且与上帝是仁慈的这种看法不符。她既关心那些因恶人而受苦的人，也关心那些恶人。

童年是转瞬即逝的。与童年相伴的一些想法也是转瞬即逝的。我认为雷克斯小时候是对的。但我也欣赏他现在的沉默。

　　他现在会深思熟虑了。我希望他永远别忘了这么做。

结语

# 如何培养一个哲学家

雷克斯和他的朋友詹姆斯正在收拾东西,准备放学回家。

"是什么让那个储物柜成为储物柜?"雷克斯问道。

"什么意思?"詹姆斯问。

"我的意思是,如果你把柜门拆了,再换一个新的,它还是同一个柜子吗?"

"是啊,"詹姆斯说,"它只是换了一扇门而已。"

"那如果你把门后面的箱子换掉呢?它还是同一个柜子吗?"

"我不知道,"詹姆斯说,"这个问题很奇怪。"

"它还是在同一个地方,"雷克斯说,"但它不是用同样的金属做的。"

"我觉得这是一个不同的柜子。"詹姆斯说。

"我不确定,"雷克斯说,"它照样是我的柜子。"

☆ ☆ ☆

雷克斯放学回家后告诉了我这次对话。

"我问了詹姆斯对忒修斯之船的看法,"他说,"好吧,我问的不是船，而是我的储物柜，以及换了门之后它还是不是同一个柜子。"

忒修斯之船是一个古老的关于同一性（identity）的难题。雷克斯在波西·杰克逊系列小说中读到过它。他很兴奋地与我分享了这个故事，对我居然早就听说过感到惊讶。但这是哲学中最著名的难题之一。

经典版本是这样的：忒修斯从克里特岛返乡所搭乘的船停放在雅典港口。但随着时间的推移，木板开始腐烂。每一块木板腐烂后，都会被一块新的木板替代，直到原来的木板全都没有了。根据普鲁塔克的记载，哲学家们对港口里的船仍是忒修斯之船还是一艘全新的船有不同看法。[1]

如果你倾向于说这是一艘不同的船，那么请问问自己：它从什么时候开始不再是忒修斯之船？是第一块木板被换掉的时候吗？这听起来不太可能。你不可能仅凭换一块车门板就得到一辆新车。你也不能仅凭换一个屋顶就得到一栋新房子。事物似乎是经得起一些变化的。

但是经得起多大程度的变化呢？那艘船在最后一块木板被换掉之前一直是忒修斯之船吗？还是说这期间有某个临界点，比如一半木板被换掉的时候？这听上去也不太可能，因为这意味着单单一块木板就改变了局面——这块木板使改变的幅度超过了50%。但一艘船的同一性怎么可能取决于成百上千块木板中的一块呢？

如果说一块木板不能改变局面，那么也许所有木板都无法改变局面。也许关键在于木板的排列方式，而不在于它们是不是船的原件。按这种说法，港口里的船仍然**是**忒修斯之船。

但这个结论也不是万无一失的。我们的老朋友托马斯·霍布斯在这个旧难题上又提出了新难题。[2] 他假设每块木板在从忒修斯之船上拆下后都会被秘密保存起来。(也许这些木板没有腐烂——可能它们只是沾上了灰尘。)在所有的木板被换掉后,一名大胆的造船商重新组装了原来的木板。

无疑**这是**忒修斯之船!它的所有零件都以相同的方式排列。(如果你把你的车拆掉并在车库的另一头重新组装,它仍然是同一辆车,对不对?)但如果重新组装的船是忒修斯之船,那么港口里的船是什么呢?它们总不能都是忒修斯之船。它们不是同一艘船。

这个难题有没有解决办法呢?事实上,我认为有**很多**办法。我倾向于认为,对同一性问题的回答取决于我们对它感兴趣的原因。如果你希望摸一摸忒修斯本人摸过的东西,那么港口里的船在这个意义上不是他的船。如果你想注视这世代敬仰的东西,那么它就是忒修斯之船。是的,那才是他的船。(假设你从雅典旅行回来,一位朋友问"你看到忒修斯之船了吗",那么,"我看到了,但我知道它其实不是忒修斯之船"这个回答是自洽的,它反映了对同一性的不同思考方式。)我认为,最初的问题之所以令人困惑,是因为我们不清楚为什么要关心这艘船是不是忒修斯之船。缺乏了关心的理由,我们就没法判断它是不是。

和我们见过的很多难题一样,忒修斯之船的悖论可能看上去是荒谬的。但很多事物都会遇到同一性问题。例如,列奥纳多·达·芬奇的一幅画是一件有价值的物品。但假设修复者把达·芬奇的一些颜料去掉或盖住了,这幅画还是达·芬奇的画吗?如果你说不是,那么甚至《蒙娜丽莎》也不再是了,因为它被修改过很多次了。达·芬奇的画似乎不一定要跟他画出来的一模一样。但是,我们要修改多少次,它才不再是达·芬奇的画呢?这个问题的答案可能值几百万美元。[3]

我们也可以从更为个人的角度探讨这类问题。是什么使得你和上周的你是同一个人？是什么使得你和去年的你是同一个人？是什么使得你和舞会照片上的你是同一个人？你的"木板"已经慢慢被换掉了。这会让你成为另一个人、另一个身体中的同一个人，还是同一个身体中的同一个人（即使不是由相同的材料组成，也不是以相同的方式排列）？同样，答案还是取决于我们为什么要问这个问题。在某些意义上，我还是你在本书导言中看到的那个孩子——那个在意红色在他妈妈眼里是什么样子的孩子。而在某些意义上，我甚至不是写下本书导言的那个人。从那时起发生了太多事情。（你好，新冠！）

我们不再进一步讨论这些难题。我将把它们留给你自己去解决。你也可以找你自己的那个詹姆斯一起去解决。每个哲学家都需要一个对话者，最好是不止一个。

☆ ☆ ☆

我的儿子早就是我的对话者了。但是，当雷克斯开始和他的朋友们谈论哲学时，我觉得太酷了。那个喜欢坐淘气凳的小孩子已经成了"二年级的苏格拉底"。我只希望他的结局比苏格拉底好。（苏格拉底因为提出一些令人不快的问题而以腐蚀雅典青年的罪名被处死。）

很长时间以来，我们都清楚我们正在培养一个哲学家——事实上是两个。你是否也应该试着这么做呢？我认为不应该这样问。如果你有一个年幼的孩子，不管你有没有意识到，你都**已经在**培养一个哲学家了。唯一的问题是，你是支持这样做、忽视这样做，还是试图扼杀这个过程。我自然认为你应该支持它。

为什么？还记得雷克斯在本书开头教给我们的关于哲学的道理吧：**哲学是思考的艺术**。而且这正是你想让孩子掌握的一门艺术。我们的目标**不是**培养一个专业的哲学家。我们的目标是培养一个能够清楚细致地思考的人。我们的目标是培养一个独立思考的人。我们的目标是培养一个关心别人想法并与他们一起思考的人。简而言之，我们的目标是培养一个会思考的人。

☆ ☆ ☆

如何培养一个哲学家？最简单的办法是与你的孩子交谈，问他们问题，再质疑他们的答案。问题不一定要很复杂，而且你不需要懂得任何哲学知识就能提问。事实上，一些常见的问题就可以帮助你应对大多数情况了：

- 你认为呢？
- 你为什么这样认为？
- 你能想到你可能出错的原因吗？
- 你说的是什么意思？
- 什么是……？

目的是让孩子提出一个论点——并且让他们看到另一面。因此，要让孩子们多说一点。但是当他们束手无策时要毫不犹豫地帮助他们。最重要的是把这当作一次平等的对话。即使你不同意，即使你觉得很傻，也要认真对待孩子说的话。要跟你的孩子讲道理，不要告诉他们该怎么思考。[4]

☆ ☆ ☆

如何展开一段哲学对话？你可以准备一下，我在本书附录中为你指出了一些入门的资源：书籍、播客和网站。几乎每本图画书都提出了一些哲学问题，你只是与它们擦肩而过了。没关系。我也不是每本书都不放过这样的问题。有些晚上，你只想好好享受故事本身，或者赶紧读完这本书。但如果可以的话，展开一场对话是很有趣的。

话虽如此，就算没有书籍或其他任何东西，你照样可以和孩子展开对话。即使你只是倾听你的孩子——听他们抱怨和好奇发问——哲学问题也常常会冒出来。当孩子说某件事不公平时，你可以问什么是公平、让事情变得公平是不是他们的工作、他们有没有从不公平中受益。提问时你的心里不一定要有答案。你只需要让对话自然发展。

跟一个吵闹的孩子进行深入的对话是很难的。但根据我的经验，哲学可以帮助孩子平静下来。还记得汉克因为没有拥有雷克斯的权利而哭泣吗？我温柔地和他交谈，认真地对待他。他缓了过来，让我们可以进行严肃的对话。这并不总是有效的。孩子有时候只需要一个拥抱，有时候需要自己待一会儿。但认真对待孩子会起到安抚作用。

好奇心和抱怨一样有效。别白白浪费了好奇心。不用担心你知不知道答案。先聊一会儿，再一起做研究。你当然要以科学的方式来研究。但是你对**任何事情**都要提出问题。我小的时候，总是想知道哪些东西是最好的。我父亲总是会回答我。

"最好的音乐是什么？"

"《蓝色狂想曲》[*]。"他说。

"最好的电视节目是什么?"

"《独行侠》[†]。"

答案都带有他的特色。但这同时也错失了一个机会。

"最好的音乐是什么?"

"这是个好问题,"我会说,"你认为怎么才算是好音乐?"

就这样,我们开始了关于美学的对话。而且你不需要知道任何美学知识就能开展对话。我当然没有美学知识。你只需要看看孩子怎么说,再分享你的想法。

最重要的是放低姿态,积极回应孩子们问的怪问题。如果你的孩子想知道他的一生是不是在做梦,不要否定他。如果她想知道为什么白天总是会到来,先看看她认为的答案是什么。如果孩子问的问题把你难住了,你就停下来和孩子一起思考这个世界。

☆ ☆ ☆

还记得那天晚上我试图说服汉克放弃他的相对主义吗?我们在睡前进行了"男人之间的聊天"。我坚持说他6岁,而实际上他8岁了,这让他很受打击。

我没告诉你在那之前发生了什么。

在争论真相的过程中,汉克问我为什么这么在意这件事。

---

[*] 美国作曲家乔治·格什温1924年创作的曲目,是美国音乐会中最受欢迎的曲目之一。——译者注

[†] 美国20世纪中叶著名的电视剧集,也有同名的广播、动画、电影,讲述了一名得克萨斯骑警行侠仗义的故事。——译者注

"我是一位哲学家,"我说,"我们想了解一切。但我们尤其想了解真理。"

"你不是一个好哲学家。"汉克说。

"为什么不是?"

"你的论点没有说服力。"

我笑了——随后决定不能让他的相对主义撑过这个晚上。这有点像雷克斯第一次玩桌上冰球才几分钟就给我提建议那样。

**孩子,你以为我不知道自己在做什么吗?等着瞧吧。**

所以我打击了汉克。但我有点后悔。因为说服别人不是哲学的真正目的。至少,这不是我搞哲学的目的。

罗伯特·诺齐克——20世纪最伟大的政治哲学家之一——描述了一种他称为强制性哲学(coercive philosophy)的风格。他说,这种哲学的实践者在寻找"一些极为有力的论点,它们在其脑海中不断回响着一句话:如果有人胆敢拒绝接受这个结论,**他就死定了**"[5]。当然,没人做到这一点。但这种野心——通过自己思想的力量征服他人——在这个领域太常见了。很多人认为成功的标准就是汉克所说的:你有多大说服力?你有没有赢得人们的支持?

我的野心是比过去的我更深入地理解事物。如果我能找到答案,那自然是好的。如果别人在我的答案中看到希望,那就更好了。但我对哲学的看法和罗素一样:"哲学虽然不能像我们所希望的那样**回答**那么多问题,但至少能**问出**一些让人对世界更感兴趣的问题,并且揭示出隐藏在最普通的日常事物表面之下的奇异和奥妙之处。"[6]

孩子们对这种奇异和奥妙之处有着敏锐的感知。至少在我们教训他们不要这么做之前是如此。我希望你能帮助你生命中的孩子们保持这种敏感。我同样希望你自己也能找回这种感觉。

# 致谢

"你接下来要写什么?"在我提交了本书的最后一部分稿子后,雷克斯问道。

"我要写致谢的话。"我说。

"既然你讲的是我和汉克的故事,那我们会得到感谢吗?"

你们当然会得到,孩子。

首先,我最大的感谢献给雷克斯和汉克,感谢他们让我讲述他们的故事,讲述那些真实的故事,即使有时候他们不喜欢所有的细节。我也感谢他们愿意分享他们的想法,并让我和你们分享这些想法。这两个男孩从某些重要的意义上说是本书的作者。

但我需要感谢他们的远不止于此。雷克斯和汉克让我开心,让我欢笑,让我思考。他们给了我灵感,不管跟哲学有关还是无关。而我并没有充分展现他们,甚至可以说展示得远远不够;这两个男孩还有很多本事没有在书中体现出来。

雷克斯是我认识的最可爱、最善良的人。他不光聪明,还是睿智。而且他很有趣。等我长大了,我也要像他一样。

汉克很爱笑,他的笑容是我见过的最美的笑容。他头脑灵活,心地善良。他总有事情干,而且(几乎)都是些好事情。我希望他永远不要长大——不要完全长大。我们每个人心中都应该有一个小汉克。

我和朱莉是在夏令营的巴士上认识的。当时她16岁，我17岁。她可爱又善良。所以我在晚餐的时候去找了她。这至今仍然是我做过的最好的决定。

朱莉是我最好的朋友，也是我三生有幸的伴侣。我对她的爱是无法用语言表达的。她是本书中的配角，却是每个认识她的人（尤其是我们这些有幸与她一起生活的人）眼中的明星。没有朱莉的鼓励，我不会开始写这本书，也没法写完这本书。我所做的几乎一切都离不开她的支持。

孩子们还小的时候，我和朱莉会交替处理晚上的事情。第一天晚上，她负责洗澡，我负责哄睡；第二天晚上换过来。当我申请终身教职时，轮班就暂停了。在我拼命搞定申请文件的过程中，朱莉接手了夜里的大部分活儿。等到我又开始轮班后，雷克斯很不高兴。

等我再次负责给他洗澡时，他要求道："上楼去打字吧，爸爸！"他想要妈妈给他洗。我明白这一点。我也更喜欢她而不是自己。

几年后，他的愿望实现了。我有很多时间都在打字，常常一直到深夜。因此，我疲惫不堪、脾气暴躁的时候多得数不清。朱莉和孩子们不仅容忍我，还比雷克斯小时候更欢迎我回来。我很幸运能成为这个家庭的一员。

亚伦·詹姆斯是第一个建议我写一写我的孩子和哲学的人。要不是他播下了这颗种子，这本书就不会存在。几年后，我告诉了斯科特·夏皮罗这个想法，他挺喜欢的。更棒的是，他告诉了艾莉森·麦基恩，她也很喜欢。而且她知道如何让一本书面世。我找不到比她更好的经纪人了。艾莉森以及她在帕克与费恩公司的团队成员对我和本书都给予了莫大的支持。艾莉森也是我的好朋友。（斯科特也一样，是我几十年的好朋友。）

我在一次视频聊天中认识了金妮·史密斯·扬斯。她在和我第一次用Skype（即时通信软件）通话时就爱上了这本书。她马上就吃透了这本书，并在无数方面对它进行了改进。卡罗琳·悉尼也一样。她们问了许多正确的问题，并让我避免了许多错误。企鹅出版社的整个团队都无可挑剔。

不在我家楼上写作时，我经常在密歇根湖边写作——在大卫·乌尔曼和弗吉尼亚·墨菲拥有的一栋房子里。雷克斯小的时候把它叫作"沙滩房"，这个名字沿用至今。我想，要是没有沙滩房所给予的独处时光，要是没有我能交到的最好的朋友大卫和弗吉尼亚的支持，我没法写完这本书。

安吉拉·孙提供了一流的研究帮助，在许多议题上给出了明智的建议。如果没有她，我写这本书要花两倍的时间——而且写得不会比现在好。

写一本涉及如此多哲学问题的书是一项严峻的挑战。如果没有许多朋友和哲学家的帮助，我肯定做不到。

唐·赫尔佐格仔细地阅读了我写的每个字。他对我的影响很深，即使在我们意见不同的地方。他是我的全明星同事，更是我的好朋友。

克里斯·埃瑟特也阅读了全稿。他在我需要鼓励的时候鼓励我，在不需要鼓励的时候督促我。我一直很感谢他的正确判断。

我还要感谢很多人，他们对书稿的许多内容发表了意见，或者和我讨论了其中重要的部分：凯特·安德里亚斯、尼克·巴格利、戴夫·贝克、戈登·贝洛特、莎拉·巴斯、默里·科恩、尼科·康奈尔、罗宾·登布罗夫、丹尼尔·弗赖尔、梅根·弗曼、菲奥娜·富尔纳里、丹尼尔·哈伯斯塔姆、杰里·赫什维茨、朱莉·卡普兰、埃伦·卡茨、凯尔·洛格、艾莉森·麦基恩、盖布·门德洛、威廉·伊恩·米勒，莎拉·莫斯、弗吉尼亚·墨菲、克里斯蒂娜·奥尔森、亚伦·奥尔弗、史蒂夫·绍斯、斯科特·夏皮罗、尼科斯·斯塔夫罗普洛斯、埃里克·斯旺森、劳拉·塔瓦雷斯、威尔·托马斯、斯科特·韦纳和埃科·扬卡。这本书能变得更好，是因为上述所有人的贡献，另外我肯定漏提了一些人，他们同样做出了贡献。

特别感谢亚伦·奥尔弗和斯科特·韦纳，除了最真挚的友谊，他们还缓解了我的焦虑，提供了明智的建议。

我没有生在哲学世家。但我生在一个认真对待我的家庭中。我不是在那种"只管养大、从不倾听"的家庭中长大的。我们会进行真正的对话。我的父母常常允许我争论。我的哥哥把我当同龄人看待，尽管我比他小好几岁。我想我的家人并不理解我对哲学的兴趣，但无疑是他们帮助我成为一名哲学家的。所有的孩子都应该像我一样幸运。

# 附录
# 延伸阅读

## 给大人看的书

### 关于孩子和育儿

Gopnik, Alison. *The Philosophical Baby: What Children's Minds Tell Us about Truth, Love, and the Meaning of Life*. New York: Farrar, Straus and Giroux, 2009.

Kazez, Jean. *The Philosophical Parent: Asking the Hard Questions about Having and Raising Children*. New York: Oxford University Press, 2017.

Lone, Jana Mohr. *The Philosophical Child*. London: Rowman & Littlefield, 2012.

——. *Seen and Not Heard: Why Children's Voices Matter*. London: Rowman & Littlefield, 2021.

Matthews, Gareth B. *Dialogues with Children*. Cambridge, MA: Harvard University Press, 1984.

——. *Philosophy & the Young Child*. Cambridge, MA: Harvard University Press, 1980.

———. *The Philosophy of Childhood*. Cambridge, MA: Harvard University Press, 1994.

Wartenberg, Thomas E. *A Sneetch Is a Sneetch and Other Philosophical Discoveries: Finding Wisdom in Children's Literature*. West Sussex, UK: Wiley-Blackwell, 2013.

———. *Big Ideas for Little Kids: Teaching Philosophy through Children's Literature*. Plymouth, UK: Rowman & Littlefield Education, 2009.

## 关于电车难题

Edmonds, David. *Would You Kill the Fat Man?: The Trolley Problem and What Your Answer Tells Us about Right and Wrong*. Princeton, NJ: Princeton University Press, 2014.

## 关于惩罚

Murphy, Jeffrie G., and Jean Hampton, *Forgiveness and Mercy*. New York: Cambridge University Press, 1988.

## 关于意识

Dennett, Daniel C. *Consciousness Explained*. Boston: Little, Brown, 1991.

Godfrey-Smith, Peter. *Other Minds: The Octopus, the Sea, and the Deep Origins of Consciousness*. New York: Farrar, Straus and Giroux, 2016.

Goff, Philip. *Galileo's Error: Foundations for a New Science of Consciousness*. New York: Pantheon Books, 2019.

Koch, Christof. *Consciousness: Confessions of a Romantic Reductionist*.

Cambridge, MA: MIT Press, 2012.

## 关于哲学史

Warburton, Nigel. *A Little History of Philosophy*. New Haven, CT: Yale University Press, 2011.

## 更多有趣的哲学

Edmonds, David, and John Eidinow. *Wittgenstein's Poker: The Story of a Ten-Minute Argument Between Two Great Philosophers*. New York: Ecco, 2001.

Holt, Jim. *Why Does the World Exist?: An Existential Detective Story*. New York: W. W. Norton, 2012.

James, Aaron. *Assholes: A Theory*. New York: Anchor Books, 2012.

———. *Surfing with Sartre: An Aquatic Inquiry into a Life of Meaning*. New York: Doubleday, 2017.

Setiya, Kieran. *Midlife: A Philosophical Guide*. Princeton, NJ: Princeton University Press, 2017.

# 给孩子看的书

## 硬壳书

Armitage, Duane, and Maureen McQuerry. Big Ideas for Little Philosophers series，其中包括 *Truth with Socrates* and *Equality with Simone de Beauvoir*. New York: G. P. Putnam's Sons, 2020。

关于宇宙

Fishman, Seth. *A Hundred Billion Trillion Stars*. New York: HarperCollins, 2017.

关于规则以及何时可以打破规则

Knudsen, Michelle. *Library Lion*. Somerville, MA: Candlewick Press, 2006.

关于无限

Ekeland, Ivar. *The Cat in Numberland*. Chicago: Cricket Books, 2006.

一本哲学难题的汇编（适合青少年）

Martin, Robert M. *There Are Two Errors in the the Title of This Book: A Sourcebook of Philosophical Puzzles, Problems, and Paradoxes*. Peterborough, ON, Canada: Broadview Press, 2011.

你可以给孩子买的最重要的书

Watterson, Bill. *The Complete Calvin and Hobbes*. Kansas City, MO: Andrews McMeel, 2012.《卡尔文与跳跳虎》启发了我小时候的哲学思考。现在，它也在启发雷克斯。而且，它还给雷克斯带来了乐趣。我不确定对于大人或孩子来说有没有更好的哲学入门读物。

网站

Teaching Children Philosophy (www.prindleinstitute.org/teaching-children-philosophy)：如果你想和孩子聊哲学，那么这是你能找到的

最好资源。它有图画书的教学模块，其中很多书你可能已经有了。它概括了每本书所提出的哲学问题，还会对你在阅读过程中可以提哪些问题给出建议。

University of Washington Center for Philosophy for Children (www.philosophyforchildren.org)：这也是一个和孩子聊哲学的绝佳资源。它有图画书的教学模块、教师的课程计划以及关于学校开展哲学课程的建议。该中心还为老师和父母举办工作坊。

Wi-Phi (www.wi-phi.com)：这个网站有很多解释哲学问题的短视频。雷克斯和我喜欢一起看这些视频。

## 播客

*Hi-Phi Nation* (https://hiphination.org)：一个以成人为受众、靠故事展开讨论的哲学播客。

*Philosophy Bites* (https://philosophybites.com)：对顶级哲学家的简短访谈。

*Pickle* (www.wnycstudios.org/podcasts/pickle)：纽约公共电台开办的儿童哲学播客，但这个节目没过多久就不再播出了。与它类似的澳大利亚播客 *Short & Curly* (www.abc.net.au/radio/programs/shortandcurly/) 有更多期节目。

*Smash Boom Best* (www.smashboom.org)：这个播客只关注如何进行论证。它有点傻，也不完全是关于哲学的。但汉克很喜欢。

# 注释

## 导言　思考的艺术

1. 更常见的情况是，通过色谱的颠倒，即从红色到绿色的180度变换来呈现这个难题。关于这个问题及其哲学内涵的概述，参见 Alex Byrne, "Inverted Qualia," *Stanford Encyclopedia of Philosophy* (Fall 2020 edition), ed. Edward N. Zalta, https://plato.stanford.edu/archives/fall2020/entries/qualia-inverted。
2. Daniel C. Dennett, *Consciousness Explained* (Boston: Little, Brown, 1991), 389.
3. 洛克接下来是这么说的（就像你看到的，这多少有点像我对我妈妈所说的话）："这一点是我们无从知道的，因为一个人的心灵并不能进入另一个人的身体，去感知那些器官所产生的表象；无论观念还是名称，都不会被混淆或变成虚假的。不论那些表象在他心中是什么样的，具有紫罗兰质地的东西都可以不断产生他所谓的蓝色的观念，具有金盏花质地的东西都可以不断产生他所谓的黄色的观念。他可以有规律地通过那些表象来区分那些事物，以满足他的用途。他可以理解并指出蓝色和黄色这两个名称所标记的区别，仿佛他心中关于这两种花的表象或观念与他人心中的是一模一样的。"
4. 加雷思·马修斯转述了这个故事。参见 Gareth B. Matthews, *The Philosophy of Childhood* (Cambridge, MA: Harvard University Press, 1994), 1。
5. 关于宇宙论证明的概述，参见 Bruce Reichenbach, "Cosmological Argument," *Stanford Encyclopedia of Philosophy* (Spring 2021 edition), ed. Edward N. Zalta, https://plato.stanford.edu/archives/spr2021/entries/cosmological-argument。

6   Matthews, *Philosophy of Childhood*, 2.
7   Matthews, *Philosophy of Childhood*, 2.
    xii 页的脚注参见 Gareth B. Matthews, *Philosophy & the Young Child* (Cambridge, MA: Harvard University Press, 1980), 37-55。
8   加雷思·马修斯将他与孩子们的许多对话收集在以下两本书中：*Dialogues with Children* (Cambridge, MA: Harvard University Press, 1984) and *Philosophy and the Young Child*。
9   Matthews, *Philosophy and the Young Child*, 28-30.
10  Matthews, *Philosophy of Childhood*, 122.
11  Matthews, *Philosophy of Childhood*, 5.
12  Matthews, *Philosophy of Childhood*, 5.
13  Matthews, *Philosophy of Childhood*, 17.
14  Michele M. Chouinard, P. L. Harris, and Michael P. Maratsos, "Children's Questions: A Mechanism for Cognitive Development," *Monographs of the Society for Research in Child Development* 72, no. 1 (2007): 1–129. 关于对乔伊纳德的研究的讨论，参见 Paul Harris, *Trusting What You're Told: How Children Learn from Others* (Cambridge, MA: Belknap Press, 2012), 26-29。
15  Brandy N. Frazier, Susan A. Gelman, and Henry M. Wellman, "Preschoolers' Search for Explanatory Information within Adult-Child Conversation," *Child Development* 80, no. 6 (2009): 1592-1611.
16  Augustine, *Confessions* 11.14, 转引自 Matthews, *Philosophy of Childhood*, 13。
17  David Hills, Stanford University, Department of Philosophy, accessed October 13, 2021, https://philosophy.stanford.edu/people/david-hills.
18  参见 Matthews, *Philosophy of Childhood*, 12-18, and Matthews, *Dialogues with Children*, 3。
19  参见 Matthews, *Philosophy and the Young Child*, 11。
20  在《少说多看》一书中，加纳·莫尔·洛内提到她遇到过一位母亲，其女儿也问了这个问题。（洛内堪称马修斯之后最关注孩子的哲学家。她的《少说多看》一书分享了她在与孩子们的无数次哲学对话中学到的东西。）有可能我和她采访的是同一位母亲。如果不是的话,孩子们关心这个问题是很不可思议的。参见 Jana Mohr Lone, *Seen and Not Heard: Why Children's Voices Matter* (London: Rowman and Littlefield, 2021), 8。

21　关于持续创造的介绍,参见 David Vander Laan, "Creation and Conservation," *Stanford Encyclopedia of Philosophy* (Winter 2017 edition), ed. Edward N. Zalta, https://plato.stanford.edu/archives /win2017/entries/creation-conservation。

22　Jana Mohr Lone, "Philosophy with Children," *Aeon*, May 11, 2021, https://aeon.co/essays/how-to-do-philosophy-for-and-with-children.

23　Thomas Hobbes, *Leviathan*, ed. A. R. Walker (Cambridge: Cambridge University Press, 1904), 137.

24　Hobbes, *Leviathan*, 84.

## 第 1 章　权利

1　关于"可以"和"有可能"的可互换性,参见 "Usage Notes: 'Can' vs. 'May,'" Merriam-Webster, accessed July 5, 2021, www.merriam-webster.com/words-at-play/when-to-use-can-and-may#。

2　Judith Jarvis Thomson, *The Realm of Rights* (Cambridge, MA: Harvard University Press, 1990), 123.

3　关于后果主义的概述,参见 Walter Sinnott-Armstrong, "Consequentialism," *Stanford Encyclopedia of Philosophy* (Summer 2019 edition), ed. Edward N. Zalta, https://plato.stanford.edu/archives /sum2019/entries/consequentialism。

4　Ronald Dworkin, *Taking Rights Seriously* (Cambridge, MA: Harvard University Press, 1977).

5　Ronald Dworkin, "Rights as Trumps," in *Theories of Rights*, ed. Jeremy Waldron (Oxford: Oxford University Press, 1984), 153-167.

6　参见 Judith Jarvis Thomson, "The Trolley Problem," *Yale Law Journal* 94, no. 6 (May 1985): 1396。

7　Thomson, "Trolley Problem," 1397.

8   Thomson, "Trolley Problem," 1409.

9   关于康德道德哲学的概述，参见 Robert Johnson and Adam Cureton, "Kant's Moral Philosophy," *Stanford Encyclopedia of Philosophy* (Spring 2021 edition), ed. Edward N. Zalta, https://plato.stanford.edu /archives/spr2021/entries/kant-moral。

10  人们提出的电车难题的另一个对策也基于这一事实：岔道上那名工人的死是可预见而非有意的。这就是著名的双重效应学说，它在天主教关于堕胎的教义中占有重要地位。根据这一学说，只要伤害不是有意造成的，为追求有价值的目的而造成的伤害是受到许可的。巧合的是，电车难题第一次出现在哲学中，正是在菲利帕·富特的文章《堕胎问题与双重效应学说》中，参见 Philippa Foot, "The Problem of Abortion and the Doctrine of the Double Effect," Oxford Review 5 (1967): 5-15. 关于双重效应学说的概述以及对它的质疑，参见 Alison McIntyre, "Doctrine of Double Effect," *Stanford Encyclopedia of Philosophy*(Spring 2019 edition), ed. Edward N. Zalta, https://plato.stanford.edu/archives/spr2019/entries/double-effect。

11  Thomson, "Trolley Problem," 1401-1403.

12  Thomson, "Trolley Problem," 1402.

13  关于汤姆森是对的可能性，参见 John Mikhail, *Elements of Moral Cognition* (Cambridge: Cambridge University Press, 2011), 101-121。

14  米哈伊尔把这种情况叫作《掉下去的人》。参见 Mikhail, *Elements of Moral Cognition*, 109。

15  想要一场有趣的电车学之旅，参见 David Edmonds, *Would You Kill the Fat Man? The Trolley Problem and What Your Answer Tells Us about Right and Wrong* (Princeton, NJ: Princeton University Press, 2014)。

16  威尔逊的信被收录于一本文集，参见 Thomas Hurka, "Trolleys and Permissible Harm," in F. M. Kamm, *The Trolley Problem Mysteries*, ed. Eric Rakowski (Oxford: Oxford University Press, 2015), 135。

    关于第 19 页第 1 个脚注所讨论的话题，参见 Judith Jarvis Thomson, "Turning the Trolley," *Philosophy & Public Affairs* 36, no. 4 (2008): 359-374。

17  Foot, "Problem of Abortion."

# 第 2 章 复仇

1. Nadia Chernyak, Kristin L. Leimgruber, Yarrow C. Dunham, Jingshi Hu, and Peter R. Blake, "Paying Back People Who Harmed Us but Not People Who Helped Us: Direct Negative Reciprocity Precedes Direct Positive Reciprocity in Early Development," *Psychological Science* 30, no. 9 (2019): 1273-1286.

2. 参见 Susan Cosier, "Is Revenge Really Sweet?" *Science Friday*, July 1, 2013, www.sciencefriday.com/articles/is-revenge-really-sweet/; and Eddie Harmon-Jones and Jonathan Sigelman, "State Anger and Prefrontal Brain Activity: Evidence That Insult-Related Relative Left-Prefrontal Activation Is Associated with Experienced Anger and Aggression," *Journal of Personality and Social Psychology* 80, no. 5 (June 2001): 797-803。

3. Homer, *The Iliad*, trans. Peter Green (Oakland: University of California Press, 2015), 18.108–110. 在这段话中，阿喀琉斯说的是"愤怒……比蜂蜜还甘甜"，但他指的是想到复仇时的愤怒。
   第 30 页脚注中的引文来自 Simon Sebag Montefiore, *Young Stalin* (New York: Vintage Books, 2008), 295。

4. 参见 William Ian Miller, *An Eye for an Eye* (New York: Cambridge University Press, 2006), 68-69。

5. 《新约·罗马书》第 12 章第 19 节。

6. Aristotle, "Book V: Justice," *Nicomachean Ethics*, trans. C. D. C. Reeve (Indianapolis: Hackett, 2014), 77–97.

7. Miller, *An Eye for an Eye*, especially chapter 4 ("The Proper Price of Property in an Eye").

8. William Ian Miller, *Bloodtaking and Peacemaking: Feud, Law, and Society in Saga Iceland* (Chicago: University of Chicago Press, 1997), 1-2.

9. Miller, *Bloodtaking and Peacemaking*, 2.

10. Miller, *An Eye for an Eye*, 101.

11. *Kenton v. Hyatt Hotels Corp.*, 693 S.W.2d 83 (Mo. 1985).

12 正如米勒所解释的（*An Eye for an Eye*，53-54），往往有一些习俗规定了特定伤害的合理赔偿为多少——比如古德蒙为斯卡林的手定价时所体现的那种习俗。

13 Miller, *An Eye for an Eye*, 9.

14 Miller, *An Eye for an Eye*, 55.
第 40 页脚注所引用的米勒的话，参见 *An Eye for an Eye*, 57.

15 Miller, *An Eye for an Eye*, 55.

16 Miller, *An Eye for an Eye*, 54.

17 参见 Pamela Hieronymi, "Articulating an Uncompromising Forgiveness," *Philosophy and Phenomenological Research* 62, no. 3 (2001): 529-555。

18 Hieronymi, "Articulating an Uncompromising Forgiveness," 530.

19 Jeffrie G. Murphy and Jean Hampton, *Forgiveness and Mercy* (New York: Cambridge University Press, 1988).

20 Hieronymi, "Articulating an Uncompromising Forgiveness," 546.

21 参见 Scott Hershovitz, "Treating Wrongs as Wrongs: An Expressive Argument for Tort Law," *Journal of Tort Law* 10, no. 2 (2017): 405-447。

22 这段话中的讨论来自我的 "Taylor Swift, Philosopher of Forgiveness," *New York Times*, September 7, 2019, www.nytimes.com/2019/09/07/opinion/sunday/taylor-swift-lover.html。

## 第 3 章　惩罚

1 想要了解思考报复的各种方式，可以参考 John Cottingham, "Varieties of Retribution," *Philosophical Quarterly* 29, no. 116 (1979): 238-246。关于对报复观念的主要形式的质疑，参见 David Dolinko, "Some Thoughts about Retributivism," *Ethics* 101, no. 3 (1991): 537-559。

2 Amy Sutherland, *What Shamu Taught Me about Life, Love, and Marriage* (New York: Random House, 2009).

3 Amy Sutherland, "What Shamu Taught Me about a Happy Marriage," *New York Times*, June 25, 2006, www.nytimes.com/2019/10/11/style/modern-love-what-sha-

mu-taught-me-happy-marriage.html.

4 Sutherland, "What Shamu Taught Me about a Happy Marriage."

5 P. F. Strawson, *Freedom and Resentment and Other Essays*(London: Methuen, 1974), 1-25.

6 Strawson, *Freedom and Resentment*, 9.

7 Sutherland, "What Shamu Taught Me about a Happy Marriage."

8 Strawson, *Freedom and Resentment*, 6-7.

9 Joel Feinberg, "The Expressive Function of Punishment," *The Monist* 49, no. 3 (1965): 397-423.

10 Feinberg, "Expressive Function of Punishment," 403.

11 David Hume, *A Treatise of Human Nature* (London: Deighton and Sons, 1817), 106.

12 Strawson, *Freedom and Resentment*, 9.

13 亚当·格兰特收集了一些研究,参见 Adam Grant, "Raising a Moral Child," *New York Times*, April 11, 2014, www.nytimes.com/2014/04/12/opinion/sunday/raising-a-moral-child.html。

14 就像斯特劳森说的,"彩排不知不觉地演变为正式的表演"。Strawson, *Freedom and Resentment*, 19.

15 我发展了这种关于矫正性正义和报复性正义的观点,参见 Scott Hershovitz, "Treating Wrongs as Wrongs: An Expressive Argument for Tort Law," *Journal of Tort Law* 10, no. 2 (2017): 405-447。

16 香奈儿·米勒将自己的经历记录在《知晓我姓名》一书中。

17 参见 Liam Stack, "Light Sentence for Brock Turner in Stanford Rape Case Draws Outrage," *New York Times*, June 6, 2016。

18 Cal. Penal Code §§ 487-488 (2020).

19 Roy Walmsley, "World Prison Population List," 12th ed., Institute for Criminal Policy Research, June 11, 2018, www.prisonstudies.org/sites/default/files/resources/downloads/wppl_12.pdf.

20 Ruth Bader Ginsburg, "Ruth Bader Ginsburg's Advice for Living," *New York Times*, October 1, 2016, www.nytimes.com/2016/10/02/opinion/sunday/ruth-bader-gins-

burgs-advice-for-living.html.

21　Sutherland, "What Shamu Taught Me about a Happy Marriage."

22　Sutherland, "What Shamu Taught Me about a Happy Marriage."

23　Strawson, *Freedom and Resentment*, 10.

## 第 4 章　权威

1　参见 Joseph Raz, *The Authority of Law: Essays on Law and Morality*, 2nd ed. (Oxford: Oxford University Press, 2009), 19-20。

2　例如，参见 Joseph Raz, *Ethics in the Public Domain*, Oxford: Oxford University Press, 1994, 341（"拥有权威就是有权对那些受权威支配的人进行统治"）; Robert Paul Wolff, *In Defense of Anarchism*, Berkeley: University of California Press, 1998, 4（"权威就是发布命令的权利以及与此相关的得到服从的权利"）。

3　参见 Wolff, *In Defense of Anarchism*, 4。

4　Wolff, *In Defense of Anarchism*, 12-15.

5　Wolff, *In Defense of Anarchism*, 13.

6　Wolff, *In Defense of Anarchism*, 13.

7　Wolff, *In Defense of Anarchism*, 18-19.

8　Raz, *Authority of Law*, 13-15.

第 77 页脚注参见 Wolff, *In Defense of Anarchism*, 12-13。

9　参见 Scott J. Shapiro, "Authority," in *The Oxford Handbook of Jurisprudence and Philosophy of Law*, ed. Jules L. Coleman, Kenneth Einar Himma, and Scott J. Shapiro (New York: Oxford University Press, 2002), 383-439; and Raz, *Authority of Law*, 3-36。

10　拉兹把这种观点称为"正常理由论题"。参见 Joseph Raz, *Morality of Freedom* (Oxford: Clarendon, 1986), 53。关于我对这一论点的概述以及担忧，参见 Scott Hershovitz, "Legitimacy, Democracy, and Razian Authority," *Legal Theory* 9, no. 3 (2003): 206-208。

11　Raz, *Morality of Freedom*, 56.

12　Raz, *Morality of Freedom*, 74-76.

13 Raz, *Morality of Freedom*, 49-50.

14 Raz, *Morality of Freedom*, 47.

15 我对拉兹的权威观的批评，散见于三篇论文中：Hershovitz, "Legitimacy, Democracy, and Razian Authority," 201-220; and Scott Hershovitz, "The Role of Authority," *Philosophers' Imprint* 11, no. 7 (2011): 1-19; and"The Authority of Law," in *The Routledge Companion to the Philosophy of Law*, ed. Andrei Marmor (New York: Routledge, 2012), 65-75。

16 参见 Hershovitz, "Role of Authority" ; Stephen Darwall, "Authority and Second-Personal Reasons for Acting," in *Reasons for Action*, ed. David Sobel and Steven Wall (Cambridge: Cambridge University Press, 2009), 150-151; and Ken Himma, "Just 'Cause You're Smarter Than Me Doesn't Give You a Right to Tell Me What to Do: Legitimate Authority and the Normal Justification Thesis," *Oxford Journal of Legal Studies* 27, no. 1 (2007): 121-150。

17 关于本节的观点，更详细的阐述参见 Scott Hershovitz, "The Role of Authority"。

18 Massimo Pigliucci, "The Peter Parker Principle," *Medium*, August 3, 2020, https://medium.com/@MassimoPigliucci/the-peter-parker-principle-9f3f33799904.

19 关于所有权是权威的一种角色，参见 Christopher Essert, "The Office of Ownership," *University of Toronto Law Journal* 63, no. 3 (2013): 418-461。

20 Robert McGarvey, "You Can Be Fired for Your Political Beliefs," *The Street*, April 28, 2016, www.thestreet.com/personal-finance/you-can-be-fired-for-your-political-beliefs-13547984.

21 Roger S. Achille, "Policy Banning Extreme Hair Colors Upheld," Society for Human Resource Management, March 14, 2018,www.shrm.org/resourcesandtools/legal-and-compliance/employment-law/pages/court-report-policy-banning-extreme-hair-colors-upheld.aspx.

22 Elizabeth Anderson, *Private Government: How Employers Rule Our Lives (and Why We Don't Talk about It)*(Princeton, NJ: Princeton University Press, 2017).

23 参见 *Frlekin v. Apple, Inc.*, 2015 U.S. Dist. LEXIS 151937, cited in Anderson, *Private Government*, xix。

24 Stephanie Wykstra, "The Movement to Make Workers'Schedules More Humane," *Vox*, November 5, 2019, www.vox.com/future-perfect/2019/10/15/20910297/fair-workweek-laws-unpredictable-scheduling-retail-restaurants.

25 Achille, "Policy Banning Extreme Hair Colors Upheld."

26 Colin Lecher, "How Amazon Automatically Tracks and Fires Warehouse Workers for 'Productivity,'" *The Verge*, April 25, 2019, www.theverge.com/2019/4/25/18516004/amazon-warehouse-fulfillment-centers-productivity-firing-terminations.

27 参见 Oxfam America, *No Relief: Denial of Bathroom Breaks in the Poultry Industry* (Washington, DC, 2016), 2, https://s3.amazonaws.com/oxfam-us/www/static/media/files/No_Relief_Embargo.pdf, cited in Anderson, *Private Government*, xix。

28 Thomas Hobbes, *Leviathan*, ed. A. R. Walker (Cambridge: Cambridge University Press, 1904), 137.

29 Hobbes, *Leviathan*, 81.

30 Hobbes, *Leviathan*, 84.

31 Hobbes, *Leviathan*, 84.

32 Hobbes, *Leviathan*, 84-89.

33 John Locke, *Two Treatises on Civil Government*(London: Routledge, 1884), 267-275.

34 Locke, *Two Treatises*, 306-307.

## 第 5 章  语言

1 Neil deGrasse Tyson, *Astrophysics for Young People in a Hurry*(New York: Norton Young Readers, 2019), 16.

2 Rebecca Roache, "Naughty Words," *Aeon*, February 22, 2016,https://aeon.co/essays/where-does-swearing-get-its-power-and-how-should-we-use-it.

3 Roache, "Naughty Words".

4 参见 Melissa Mohr, *Holy Shit: A Brief History of Swearing* (New York: Oxford University Press, 2013)。

5 Ronald Dworkin, *Taking Rights Seriously*(London: Duckworth, 1978), 73.

6　Richard Stephens, John Atkins, and Andrew Kingston, "Swearing as a Response to Pain," *Neuroreport* 20, no. 12 (2009): 1056–60, summarized in Emma Byrne, *Swearing Is Good for You: The Amazing Science of Bad Language* (New York: W. W. Norton, 2017), 46–48.

7　理查德·斯蒂芬斯总结了这些未发表的研究，参见 Byrne, *Swearing Is Good for You*, 58。

8　Michael C. Philipp and Laura Lombardo, "Hurt Feelings and Four Letter Words: Swearing Alleviates the Pain of Social Distress," European Journal of Social Psychology 47, no. 4 (2017): 517–23, summarized by Byrne in *Swearing Is Good for You*, 61.

9　Byrne, *Swearing Is Good for You*, 120.

10　Byrne, *Swearing Is Good for You*, 21–45.

11　Byrne, *Swearing Is Good for You*, 94.

12　Byrne, *Swearing Is Good for You*, 37-38.
　　关于第 106 页脚注提到的"研究"，参见 Kristin L. Jay and Timothy B. Jay, "A Child's Garden of Curses: A Gender, Historical, and Age-Related Evaluation of the Taboo Lexicon," *American Journal of Psychology* 126, no. 4 (2013): 459-475。

13　神圣与世俗的对比是涂尔干提出的，但我对这两个词的用法与他不同。参见 Émile Durkheim, *Elementary Forms of the Religious Life*, trans. Joseph Ward Swain (Mineola, NY: Dover, 2008)。

14　约翰·麦克沃特提出了这个观点，参见 John McWhorter, "The F-Word Is Going the Way of Hell," *The Atlantic*, September 6, 2019, www.theatlantic.com/ideas/archive/2019/09/who-cares-beto-swore/597499。

15　相关讨论，参见 Geoffrey K. Pullum, "Slurs and Obscenities: Lexicography, Semantics, and Philosophy," in *Bad Words: Philosophical Perspectives on Slurs*, ed. David Sosa (New York: Oxford University Press, 2018), 168-192。

16　Eric Swanson, "Slurs and Ideologies," in *Analyzing Ideology: Rethinking the Concept*, ed. Robin Celikates, Sally Haslanger, and Jason Stanley (Oxford: Oxford University Press, forthcoming).

17　Swanson, "Slurs and Ideologies."

18　Swanson, "Slurs and Ideologies."

19　Swanson, "Slurs and Ideologies."

20　James Baldwin, "The Fire Next Time," in *Collected Essays*, ed. Toni Morrison (New York: Library of America, 1998), 291.

21　Martin Luther King Jr., *Letter from the Birmingham Jail* (San Francisco: Harper San Francisco, 1994).

22　Ta-Nehisi Coates, *Between the World and Me* (New York: Spiegel & Grau, 2015).

第 114 页脚注参见 Swanson, "Slurs and Ideologies"。

23　关于"使用"与"提到"区分的进一步讨论，参见 John McWhorter, "The Idea That Whites Can't Refer to the N-Word," *The Atlantic*, August 27, 2019, www.theatlantic.com/ideas/archive/2019/08/whites-refer-to-the-n-word/596872。

24　Swanson, "Slurs and Ideologies."

# 第 6 章　性、性别与体育

1　确实有大人这样说过。在妇女体育基金会的一项研究中，近三分之一的父母"赞同男孩在运动中比女孩更好的观点"。N. Zarrett, P. T. Veliz, and D. Sabo, *Keeping Girls in the Game: Factors That Influence Sport Participation* (New York: Women's Sports Foundation, 2020), 5.

关于第 124 页脚注，参见 Emilia Bona, "Why Are Female Athletes Criticised for Developing a 'Masculine' Physique?" Vice, July 29, 2016, www.vice.com/en_us/article/pgnav7/why-are-female-athletes-criticised-for-developing-a-masculine-physique。

2　"Senior Outdoor 2019 100 Metres Men Top List," World Athletics, accessed January 27, 2021, www.worldathletics.org/records/toplists/sprints/100-metres/outdoor/men/senior/2019.

关于第 128 页脚注，参见 Nicholas P. Linthorne, *The 100-m World Record by Florence Griffith-Joyner at the 1988 U.S. Olympic Trials*, report for the International Amateur Athletic Federation, June 1995,www.brunel.ac.uk/~spstnpl/Publications/

IAAFReport(Linthorne).pdf; and "Senior Outdoor 100 Metres Women All Time Top List," World Athletics, accessed August 22, 2021, www.worldathletics.org/records/all-time-toplists/sprints/100-metres/outdoor/women/senior。

3　"U18 Outdoor 2019 100 Metres Men Top List," World Athletics, accessed January 17, 2021, www.worldathletics.org/records/toplists/sprints/100-metres/outdoor/men/u18/2019。

4　至少家族故事中是这么说的。我们找不到这个排名的记录。但我们从一篇新闻报道中得知，本尼参加了一场蝇量级的淘汰赛。如果他赢了那场淘汰赛，他本来可以对战"矮子沃尔加斯特"——虽然名叫矮子，但是他比本尼高将近4厘米。本尼输了那场淘汰赛，所以他没有这个机会。他的职业赛事清单，可见于BoxRec, accessed January 17, 2020, https://boxrec.com/en/proboxer/431900。

5　塞雷娜接着说："我喜欢打女子网球。我只想做女孩，因为我不想颜面扫地。" Chris Chase, "Serena Tells Letterman She'd Lose to Andy Murray in 'Five or Six' Minutes," *For the Win*, August 23, 2013, https://ftw.usatoday.com/2013/08/serena-williams-playing-men-andy-murray.

6　Sarah Ko, "Off the Rim: The WNBA Is Better Than the NBA," Annenberg Media, September 20, 2019, www.uscannenbergmedia.com/2019/09/20/off-the-rim-the-wnba-is-better-than-the-nba.

7　Michael D. Resnik, E. Maynard Adams, and Richard E.Grandy, "Jane English Memorial Resolution, 1947-1978," *Proceedings and Addresses of the American Philosophical Association* 52, no. 3 (1979): 376.

第131页脚注，参见Reed Ferber, Irene McClay Davis, and Dorsey S. Williams 3rd, "Gender Differences in Lower Extremity Mechanics During Running," *Clinical Biomechanics* 18, no. 4 (2003): 350-357。

8　Jane English, "Sex Equality in Sports," *Philosophy & Public Affairs* 7, no. 3 (1978): 269-277.

9　English, "Sex Equality in Sports," 270.

10　English, "Sex Equality in Sports," 270.

11　English, "Sex Equality in Sports," 274.
12　Resnik, Adams, and Grandy, "Jane English Memorial Resolution," 377.
13　English, "Sex Equality in Sports," 271.
14　English, "Sex Equality in Sports," 273.
15　"Angela Schneider to Serve as New Director of ICOS," International Centre for Olympic Studies, accessed January 17, 2020, www.uwo.ca/olympic/news/2019/angela_schneider_to_serve_as_new_director_of_icos.html.
16　Angela J. Schneider, "On the Definition of 'Woman' in the Sport Context," in *Values in Sport: Elitism, Nationalism, Gender Equality and the Scientific Manufacturing of Winners*, ed. Torbjörn Tännsjö and Claudio Tamburrini (London: E & FN Spon, 2000), 137.
17　Schneider, "On the Definition of 'Woman,'" 137.
18　Cindy Boren, "Michael Jordan Pledged $100 Million to Improve Social Justice Because 'This Is a Tipping Point,'" *Washington Post*, June 7, 2020, www.washingtonpost.com/sports/2020/06/07/michael-jordan-pledged-100-million-improve-social-justice-because-this-is-tipping-point.
19　Schneider, "On the Definition of 'Woman,'" 137.
20　Schneider, "On the Definition of 'Woman,'" 134.
21　Melissa Cruz, "Why Male Gymnasts Don't Do the Balance Beam," *Bustle*, August 11, 2016, www.bustle.com/articles/178101-why-dont-male-gymnasts-do-the-balance-beam-this-olympic-event-could-use-a-modern-update.
22　Jason Sumner, "Fiona Kolbinger, 24-Year-Old Medical Student, Becomes First Woman to Win the Transcontinental Race," *Bicycling*, August 6, 2019, www.bicycling.com/racing/a28627301/fiona-kolbinger-transcontinental-race.
23　Angie Brown, "Nursing Mother Smashes 268-mile Montane Spine Race Record," BBC News, January 17, 2019, www.bbc.com/news/uk-scotland-edinburgh-east-fife-46906365.

第 136 页脚注，参见 Claire Ainsworth, "Sex Redefined," *Nature*, February 18, 2015, www.nature.com/articles/518288a。

24 Sarah Moon and Hollie Silverman, "California Fire Sparked by a Gender Reveal Party Has Grown to More Than 10,000 Acres," CNN, September 8, 2020, www.cnn.com/2020/09/08/us/el-dorado-fire-gender-reveal-update-trnd/index.html.

25 Nour Rahal, "Michigan Man Dead after Explosion at Baby Shower," *Detroit Free Press*, February 8, 2021, www.freep.com/story/news/local/michigan/2021/02/07/harland-cannon-explosion-baby-shower/4429175001.

26 Sandra E. Garcia, "Explosion at Gender Reveal Party Kills Woman, Officials Say," *New York Times*, October 28, 2019, www.nytimes.com/2019/10/28/us/gender-reveal-party-death.html.

27 引自 Jeanne Maglaty, "When Did Girls Start Wearing Pink?" *Smithsonian Magazine*, April 7, 2011, www.smithsonianmag.com/arts-culture/when-did-girls-start-wearing-pink-1370097。

28 关于当前跨性别儿童研究的有益概述，参见 Kristina R. Olson, "When Sex and Gender Collide," *Scientific American*, September 1, 2017, www.scientificamerican.com/article/when-sex-and-gender-collide。

第 141 页民意测验的脚注，参见 Jeffrey M. Jones, "LGBT Identification Rises to 5.6% in Latest U.S. Estimate," Gallup, February 24, 2021, https://news.gallup.com/poll/329708/lgbt-identification-rises-latest-estimate.aspx。

29 例如，参见 Talya Minsberg, "Trans Athlete Chris Mosier on Qualifying for the Olympic Trials," *New York Times*, January 28, 2020, www.nytimes.com/2020/01/28/sports/chris-mosier-trans-athlete-olympic-trials.html。

30 Katherine Kornei, "This Scientist Is Racing to Discover How Gender Transitions Alter Athletic Performance—Including Her Own," *Science*, July 25, 2018, www.sciencemag.org/news/2018/07/scientist-racing-discover-how-gender-transitions-alter-athletic-performance-including.

31 Joanna Harper, "Athletic Gender," *Law and Contemporary Problems* 80 (2018): 144.

32 Briar Stewart, "Canadian Researcher to Lead Largest Known Study on Transgender Athletes," CBC News, July 24, 2019, www.cbc.ca/news/health/trans-athletes-performance-transition-research-1.5183432.

33. Joanna Harper, "Do Transgender Athletes Have an Edge? I Sure Don't," *Washington Post*, April 1, 2015, www.washingtonpost.com/opinions/do-transgender-athletes-have-an-edge-i-sure-dont/2015/04/01/ccacb1da-c68e-11e4-b2a1-bed1aaea2816_story.html.

34. Joanna Harper, "Race Times for Transgender Athletes," *Journal of Sporting Cultures and Identities* 6, no. 1 (2015): 1-9.

35. 关于人们对哈珀研究的担忧，参见 Rebecca M. Jordan-Young and Katrina Karkazis, *Testosterone: An Unauthorized Biography* (Cambridge, MA: Harvard University Press, 2019), 188-189。

36. 乔丹-扬和卡尔卡齐斯的《睾酮：一本未授权的传记》一书中关于运动的章节（*Testosterone*, 159-201），全面described了睾酮和体育表现之间关系的相关研究。

37. Harper, "Athletic Gender," 148.

38. Harper, "Athletic Gender," 148.

39. "Eligibility Regulations for the Female Classification (Athletes with Differences of Sex Development)," International Association of Athletics Federations, May 1, 2019, www.sportsintegrityinitiative.com/wp-content/uploads/2019/05/IAAF-Eligibility-Regulations-for-the-Female-Classi-2-compressed.pdf.

40. Jordan-Young and Karkazis, *Testosterone*, 199.

41. 艾维曾经叫作蕾切尔·麦金农。关于她对菲尔普斯的看法，参见 Fred Dreier, "Q&A: Dr. Rachel McKinnon, Masters Track Champion and Transgender Athlete," VeloNews, October 15, 2018, www.velonews.com/news/qa-dr-rachel-mckinnon-masters-track-champion-and-transgender-athlete。艾维写道："如果看一看精英运动，你会发现每位精英运动员都有某种基因突变，使其在所参与的那项运动中表现出色。迈克尔·菲尔普斯的关节构造和身体比例使得他游泳时像一条鱼一样令人赞叹。但是我们不应该说他具有不公平的竞争优势。"

42. Rachel McKinnon, "I Won a World Championship. Some People Aren't Happy," *New York Times*, December 5, 2019, www.nytimes.com/2019/12/05/opinion/i-won-a-world-championship-some-people-arent-happy.html.

43. McKinnon, "I Won a World Championship."

44 一种类似的论点，参见 Rebecca Jordan-Young and Katrina Karkazis, "You Say You're a Woman? That Should Be Enough," *New York Times*, June 17, 2012, www.nytimes.com/2012/06/18/sports/olympics/olympic-sex-verification-you-say-youre-a-woman-that-should-be-enough.html。

45 感谢丹尼尔·哈伯斯塔姆和埃伦·卡茨在这一观点上的帮助。

46 Harper, "Athletic Gender," 141.

47 Dembroff, "Why Be Nonbinary?" 亦参见 Dembroff, "Real Talk on the Metaphysics of Gender," 38: "他们担心，如果性别变得以自我认同为基础，那么，原本能够顺利地决定社会期望、家庭结构、满足性的方式、基于性别的劳动分工的社会体系将会变得混乱和低效。"

## 第7章 种族与责任

1 Brad Meltzer, *I Am Rosa Parks* (New York: Dial Books, 2014).

2 Brad Meltzer, *I Am Martin Luther King, Jr.* (New York: Dial Books, 2016).

3 Brad Meltzer, *I Am Jackie Robinson* (New York: Dial Books, 2015).

4 Cathy Goldberg Fishman, *When Jackie and Hank Met* (Tarrytown, NY: Marshall Cavendish, 2012).

5 K. 安东尼·阿皮亚追溯了这种观点的历史，参见 "Race, Culture, Identity: Misunderstood Connections," in K. Anthony Appiah and Amy Gutmann, *Color Conscious: The Political Morality of Race* (Princeton, NJ: Princeton University Press, 1996), 30-105。

6 Appiah, "Race, Culture, Identity," 68-71.

7 一些有用的概述，参见 Gavin Evans, "The Unwelcome Revival of 'Race Science,'" *The Guardian*, March 2, 2018, www.theguardian.com/news/2018/mar/02/the-unwelcome-revival-of-race-science; and William Saletan, "Stop Talking About Race and IQ," *Slate*, April 27, 2018, https://slate.com/news-and-politics/2018/04/stop-talking-about-race-and-iq-take-it-from-someone-who-did.html。

8 Evans, "Unwelcome Revival of 'Race Science.'"

9　Paul Hoffman, "The Science of Race," *Discover*, November 1994, 4, cited in Appiah, "Race, Culture, Identity," 69.

10　Douglas L. T. Rohde, Steve Olson, and Joseph T. Chang, "Modelling the Recent Common Ancestry of All Living Humans," *Nature* 431 (2004): 562-566.

11　参见 Scott Hershberger, "Humans Are More Closely Related Than We Commonly Think," *Scientific American*, October 5, 2020, www.scientificamerican.com/article/humans-are-all-more-closely-related-than-we-commonly-think。

12　Hershberger, "Humans Are More Closely Related."

13　L. Luca Cavalli-Sforza and Marcus W. Feldman, "The Application of Molecular Genetic Approaches to the Study of Human Evolution," *Nature Genetics Supplement* 33 (2003): 270.

14　Douglas Rohde, quoted in Hershberger, "Humans Are More Closely Related."

15　与此相反的观点，参见 Quayshawn Spencer, "How to Be a Biological Racial Realist," in *What Is Race?: Four Philosophical Views*, ed. Joshua Glasgow, Sally Haslanger, Chike Jeffers, and Quayshawn Spencer (New York: Oxford University Press, 2019), 73-110。斯宾塞认为，人口遗传学说明人类可以分为五个种族群体：非洲人、东亚人、欧亚人、美洲原住民和大洋洲人。但是他还清楚地指出，这种划分不意味着这些群体"在任何具有社会意义的特征（比如智力、美貌、道德品格等）上有所不同"。

16　Ron Mallon, " 'Race': Normative, Not Metaphysical or Semantic," *Ethics* 116 (2006): 525-551; Naomi Zack, *Philosophy of Science and Race* (New York: Routledge, 2002); and Appiah, "Race, Culture, Identity."

17　对这种观点的阐述，参见 Sally Haslanger, "Tracing the Sociopolitical Reality of Race," in Glasgow et al., *What Is Race?*, 4-37。

18　W. E. B. Du Bois, *Dusk of Dawn: An Essay Toward an Autobiography of a Race Concept* (New Brunswick, NJ: Transaction Publishers, 2011), 153.

19　Kwame Anthony Appiah, "I'm Jewish and Don't Identify as White. Why Must I Check That Box?" *New York Times Magazine*, October 13, 2020, www.nytimes.com/2020/10/13/magazine/im-jewish-and-dont-identify-as-white-why-must-icheck-that-box.html.

20 James Baldwin, "On Being White . . . and Other Lies," *Essence*, April 1984, 90-92.

21 Brent Staples, "How Italians Became 'White,'" *New York Times*, October 12, 2019, www.nytimes.com/interactive/2019/10/12/opinion/columbus-day-italian-american-racism.html.

22 Staples, "How Italians Became 'White.'"

23 Sally Haslanger, "A Social Constructionist Analysis of Race," in *Resisting Reality: Social Construction and Social Critique* (New York: Oxford University Press, 2012), 298-310; and Haslanger, "Tracing the Sociopolitical Reality of Race," 4-37.

24 Adam Mann, "Why Isn't Pluto a Planet Anymore?" *Space*, March 28, 2019, www.space.com/why-pluto-is-not-a-planet.html.

第 156 页脚注，参见 Michael Root, "How We Divide the World," *Philosophy of Science* 67, no. 3 (2000), S631-S632。

25 Science Reference Section, Library of Congress, "Why Is Pluto No Longer a Planet?" Library of Congress, November 19, 2019, www.loc.gov/everyday-mysteries/astronomy/item/why-is-pluto-no-longer-a-planet.

26 Neil Bhutta, Andrew C. Chang, Lisa J. Dettling, and Joanne W. Hsu, "Disparities in Wealth by Race and Ethnicity in the 2019 Survey of Consumer Finances," *FEDS Notes*, Federal Reserve, September 28, 2020, www.federalreserve.gov/econres/notes/feds-notes/disparities-in-wealth-by-race-and-ethnicity-in-the-2019-survey-of-consumer-finances-20200928.htm.

第 158 页脚注中提到的书指的是 Beverly Daniel Tatum, *Why Are All the Black Kids Sitting Together in the Cafeteria? And Other Conversations About Race*, rev. ed. (New York: Basic Books, 2003), 31-51。

27 Jhacova Williams and Valerie Wilson, "Black Workers Endure Persistent Racial Disparities in Employment Outcomes," *Economic Policy Institute*, August 27, 2019, www.epi.org/publication/labor-day-2019-racial-disparities-in-employment.

28 Clare Lombardo, "Why White School Districts Have So Much More Money," NPR, February 26, 2019, www.npr.org/2019/02/26/696794821/why-white-school-districts-

have-so-much-more-money.

29 Max Roberts, Eric N. Reither, and Sojung Lim, "Contributors to the Black-White Life Expectancy Gap in Washington D.C.," *Scientific Reports* 10 (2020): 1-12.

30 David R. Williams and Toni D. Rucker, "Understanding and Addressing Racial Disparities in Health Care," *Health Care Financing Review* 21, no. 4 (2000): 75-90.

31 Becky Pettit and Bryan Sykes, "Incarceration," *Pathways*(Special Issue 2017), inequality.stanford.edu/sites/default/files/Pathways_SOTU_2017.pdf.

32 History.com editors, "Tulsa Race Massacre," *History*, March 8, 2018, www.history.com/topics/roaring-twenties/tulsa-race-massacre.

33 Equal Justice Initiative, "Study Finds Racial Disparities in Incarceration Persist," June 15, 2016, https://eji.org/news/sentencing-project-report-racial-disparities-in-incarceration.

34 Chike Jeffers, "Cultural Constructionism," in Glasgow et al., *What Is Race?*, 75.

35 Chike Jeffers, "The Cultural Theory of Race: Yet Another Look at Du Bois's 'The Conservation of Races,'" *Ethics* 123, no. 3 (2013): 422.

36 Jeffers, "Cultural Theory of Race," 422.

37 Jeffers, "Cultural Constructionism," 74-88.

38 贝尔曾经以"凯瑟琳·T. 吉纳"的名字发表作品。这句话引自 Kathryn T. Gines, "Fanon and Sartre 50 Years Later: To Retain or Reject the Concept of Race," *Sartre Studies International* 9, no. 2 (2003): 56。

39 Gines, "Fanon and Sartre," 56.

40 詹姆斯·鲍德温在《成为白人及其他谎言》(第91页)中写道:"美国之所以成为白人国家——那些'定居'在这个国家的人成了白人——是因为它必须否认黑人的存在,证明对黑人的奴役是正当的。没有一个社群可以基于这样的原则——换句话说,没有一个社群可以建立在这样的种族灭绝的谎言之上。通过杀戮牲畜、往井里投毒、屠杀美洲原住民、强奸黑人妇女,白人——例如从挪威来的白人——成了白人。"

41 Judith Jarvis Thomson, "Morality and Bad Luck," *Metaphilosophy* 20, nos. 3-4 (July/October 1989): 203-221.

42 David Schaper, "Boeing to Pay $2.5 Billion Settlement Over Deadly 737 Max Crashes," NPR, January 8, 2021, www.npr.org/2021/01/08/954782512/boeing-to-pay-2-5-billion-settlement-over-deadly-737-max-crashes; and Dominic Gates, "Boeing's 737 MAX 'Design Failures'and FAA's 'Grossly Insufficient'Review Slammed," *Seattle Times*, March 6, 2020, www.seattletimes.com/business/boeing-aerospace/u-s-house-preliminary-report-faults-boeing-faa-over-737-max-crashes.

43 W. Robert Thomas, "How and Why Corporations Became (and Remain) Persons under Criminal Law," *Florida State University Law Review* 45, no. 2 (2018): 480-538.

44 David Enoch, "Being Responsible, Taking Responsibility, and Penumbral Agency," in *Luck, Value, & Commitment: Themes from the Ethics of Bernard Williams*, ed. Ulrike Heuer and Gerald Lang (Oxford: Oxford University Press, 2012), 95-132.

45 Enoch, "Being Responsible," 120-123.

46 Isabel Wilkerson, *Caste: The Origins of Our Discontents*(New York: Random House, 2020), 15-20.

47 Wilkerson, *Caste*,16.

48 Wilkerson, *Caste*,16.

49 Frederick Douglass, "The Meaning of July Fourth for the Negro," *Frederick Douglass: Selected Speeches and Writings*, ed. Philip S. Foner (Chicago: Lawrence Hill, 1999), 192.

50 Douglass, "Meaning of July Fourth," 194.

51 Douglass, "Meaning of July Fourth," 195.

52 Douglass, "Meaning of July Fourth," 196.

53 Douglass, "Meaning of July Fourth," 204.

54 美国众议院于2008年发布了一份关于奴隶制的道歉声明。这个做法是好的。但它本身无法代表美国做出行动。Danny Lewis, "Five Times the United States Officially Apologized," *Smithsonian Magazine*, May 27, 2016, www.smithsonianmag.com/smart-news/five-times-united-states-officially-apologized.

55 Ta-Nehisi Coates, "The Case for Reparations," *The Atlantic*, June 2014, www.theatlantic.com/magazine/archive/2014/06/the-case-for-reparations/361631.

56　Daniel Fryer, "What's the Point of Reparation?" (unpublished manuscript, May 11, 2021).

57　Stephen H. Norwood and Harold Brackman, "Going to Bat for Jackie Robinson: The Jewish Role in Breaking Baseball's Color Line," *Journal of Sport History* 26, no. 1 (1999): 131.

58　Jackie Robinson and Wendell Smith, *Jackie Robinson: My Own Story*(New York: Greenberg, 1948), 96.

59　Robinson and Smith, *Jackie Robinson*, 96-97.

60　罗宾逊拒绝了这次邀请。他不想给格林伯格带来麻烦。参见 Hank Greenberg, *The Story of My Life*, ed. Ira Berkow (Chicago: Ivan R. Dee, 1989), 183。

61　参见 Robinson and Smith, *Jackie Robinson*, 96; and "Hank Greenberg a Hero to Dodgers' Negro Star," *New York Times*, May 18, 1947, https://timesmachine.nytimes.com/timesmachine/1947/05/18/99271179.html。

62　Lenny Bruce, *How to Talk Dirty and Influence People* (Boston: Da Capo Press, 2016), 155.

63　引自 Dana Goodyear, "Quiet Depravity," *New Yorker*, October 17, 2005, www.newyorker.com/magazine/2005/10/24/quiet-depravity。

64　Emma Green, "Why the Charlottesville Marchers Were Obsessed with Jews," *The Atlantic*, August 15, 2017, www.theatlantic.com/politics/archive/2017/08/nazis-racism-charlottesville/536928.

65　黑皮肤的犹太人则处于双重困境中。Deena Yellin, "Subjected to Anti-Semitism and Racism, Jews of Color Feel 'Stuck in the Middle,'" NorthJersey.com, August 27, 2020, www.northjersey.com/story/news/local/2020/08/27/jewish-people-of-color-grapple-with-bigotry-two-fronts/5444526002.

第 176 页脚注，参见 James Baldwin, "Negroes Are Anti-Semitic because They're Anti-White," *New York Times*, April 9, 1967, https://movies2.nytimes.com/books/98/03/29/specials/baldwin-antisem.html。

66　Norwood and Brackman, "Going to Bat," 133-134.

67　Ami Eden, "Remembering Jackie Robinson's Fight with Black Nationalists over Anti-Semitism," Jewish Telegraphic Agency, April 15, 2013,www.jta.org/2013/04/15/

culture/remembering-jackie-robinsons-fight-with-black-nationalists-over-anti-semitism.

68　Jackie Robinson, *I Never Had It Made* (New York: G. P. Putnam's Sons, 1972), 159.

69　汉克·格林伯格在他的自传中写道："杰基过得很艰辛，比有史以来的任何球员都难。我碰巧是个犹太人，是少数打棒球的犹太人之一，但我也是白人，而且我不像很多人认为的那样长着角……我认同杰基·罗宾逊。我对他有感情，因为他们也以同样的方式对待我。虽然不像他那么糟，但我一直被他们蔑称为犹太佬。" Greenberg, *Story of My Life*, 183.

## 第 8 章　知识

1　Zhuangzi, *The Complete Works of Zhuangzi*, trans. Burton Watson (New York: Columbia University Press, 2013), 18.

2　René Descartes, *Meditations on First Philosophy: With Selections from the Objections and Replies*, 2nd ed., ed. and trans. John Cottingham (Cambridge: Cambridge University Press, 2017), 15.

3　Descartes, *Meditations on First Philosophy*, 16.

4　Descartes, *Meditations on First Philosophy*, 17.

5　Descartes, *Meditations on First Philosophy*, 19.

6　Descartes, *Meditations on First Philosophy*, 21.

7　不是每个人都这么认为。弗里德里希·尼采认为，笛卡儿最应该得出的结论是"思维"存在，而不是思考着的"我"存在。在这一点上，我倾向于认为笛卡儿的推理是合理的。关于尼采的质疑，参见 Friedrich Nietzsche, *Beyond Good and Evil: Prelude to a Philosophy of the Future*, trans. Helen Zimmern (New York: Macmillan, 1907), 22-25。关于对笛卡儿的立场的辩护，参见 Christopher Peacocke, "Descartes Defended," *Proceedings of the Aristotelean Society, Supplementary Volumes* 86 (2012): 109-125。

8　关于传统上对知识的分析及其问题的概述，参见 Jonathan Jenkins Ichikawa and Matthew Steup, "The Analysis of Knowledge," *Stanford Encyclopedia of Philosophy*

(Summer 2018 edition), ed. Edward N. Zalta, https://plato.stanford.edu/archives/sum2018/entries/knowledge-analysis。

9 David Edmonds, "A Truth Should Suffice," *Times Higher Education*, January 24, 2013, www.timeshighereducation.com/a-truth-should-suffice/2001095.article.

10 Edmund L. Gettier, "Is Justified True Belief Knowledge?" *Analysis* 23, no. 6 (1963): 121-123.

11 关于各种可能的回应及其问题的概述，参见 Ichikawa and Steup, "Analysis of Knowledge"。

12 Linda Zagzebski, "The Inescapability of Gettier Problems," *Philosophical Quarterly* 44, no. 174 (1994): 69.

13 Zagzebski, "Inescapability of Gettier Problems," 67-68.

14 蒂莫西·威廉姆森支持这种观点，参见 Timothy Williamson ,*Knowledge and Its Limits* (New York: Oxford University Press, 2000)。

15 Gettier, quoted in Edmonds, "A Truth Should Suffice."

16 这个故事引自 Georges B. J. Dreyfus, *Recognizing Reality: Dharmakirti's Philosophy and Its Tibetan Interpretations*(Albany, NY: SUNY Press, 1997), 292。

17 彼得的故事是这样的："假设柏拉图在你身边，你知道他在奔跑，但你错误地相信他是苏格拉底，因而你坚信苏格拉底在奔跑。但是，假设苏格拉底实际上在罗马奔跑，然而你不知道这一点。"这个故事引自 Ivan Boh, "Belief Justification and Knowledge: Some Late Medieval Epistemic Concerns," *Journal of the Rocky Mountain Medieval and Renaissance Association* 6 (1985): 95。

18 Christia Mercer, "Descartes'Debt to Teresa of Ávila, or Why We Should Work on Women in the History of Philosophy," *Philosophical Studies* 174, no. 10 (2017): 2539-2555.

19 例如参见 *The Philosopher Queens: The Lives and Legacies of Philosophy's Unsung Women*, ed. Rebecca Buxton and Lisa Whiting (London: Unbound, 2020)。

20 "Notes and News," *Journal of Philosophy* 75, no. 2 (1978): 114.

21 G. C. Stine, "Skepticism, Relevant Alternatives, and Deductive Closure," *Philosophical Studies* 29 (1976): 249-261.

22  斯泰恩是"知识标准变了"这一观点的早期和有影响力的支持者，但她既不是第一个，也不是最后一个。关于这一观点的全面介绍，参见 Patrick Rysiew, "Epistemic Contextualism," *Stanford Encyclopedia of Philosophy*(Spring 2021 edition), ed. Edward N. Zalta, https://plato.stanford.edu/archives/spr2021/entries/contextualism-epistemology。

23  Stine, "Skepticism, Relevant Alternatives, and Deductive Closure," 252.

24  Amy Isackson, "Working to Save the Painted 'Zonkeys' of Tijuana," NPR, August 8, 2013, www.npr.org/2013/08/08/209969843/working-to-save-the-painted-zonkeys-of-tijuana.

25  Stine, "Skepticism, Relevant Alternatives, and Deductive Closure," 256-257.

26  Stine, "Skepticism, Relevant Alternatives, and Deductive Closure," 254.

27  N. Ángel Pinillos, "Knowledge, Ignorance and Climate Change," *New York Times*, November 26, 2018, www.nytimes.com/2018/11/26/opinion/skepticism-philosophy-climate-change.html.

28  关于这些证据的综述，参见 Renee Cho, "How We Know Today's Climate Change Is Not Natural," *State of the Planet*, Columbia Climate School, April 4, 2017, https://blogs.ei.columbia.edu/2017/04/04/how-we-know-climate-change-is-not-natural。

29  "On Energy, Election Commission, & Education, Sununu Casts Himself as More Pragmatist Than Politician," New Hampshire Public Radio, July 10, 2017, www.nhpr.org/post/energy-election-commission-education-sununu-casts-himself-more-pragmatist-politician.

30  David Roberts, "Exxon Researched Climate Science. Understood It. And Misled the Public," Vox, August 23, 2017, www.vox.com/energy-and-environment/2017/8/23/16188422/exxon-climate-change.

31  Phoebe Keane, "How the Oil Industry Made Us Doubt Climate Change," BBC News, September 20, 2020, www.bbc.com/news/stories-53640382.

关于第 197 页脚注中的内容，维特根斯坦是这么说的："也就是说，我们提出的问题和我们的怀疑都依赖于某些命题不容置疑这一事实。这些命题就像转动的铰链一样。" Wittgenstein, *On Certainty*, ed. G. E. M. Anscombe and G. H. von

Wright, trans. Denis Paul and G. E. M. Anscombe (New York: Harper & Row, 1975), 44。

32  Pinillos, "Knowledge, Ignorance and Climate Change."

33  Rich McCormick, "Odds Are We're Living in a Simulation, Says Elon Musk," *The Verge*, June 2, 2016, www.theverge.com/2016/6/2/11837874/elon-musk-says-odds-living-in-simulation.

34  完整的理论参见 Nick Bostrom, "Are You Living in a Computer Simulation?" *Philosophical Quarterly* 53, no. 211 (2003): 243-255。这篇文章和许多讨论这一假说的文章参见 https://www.simulation-argument.com。

35  我对波斯特洛姆的选项做了一些简化。完整的选项参见 Bostrom, "Are You Living in a Computer Simulation?"。

36  关于这种担忧，参见 James Pryor, "What's So Bad about Living in the Matrix?" in *Philosophers Explore the Matrix*, ed. Christopher Grau (New York: Oxford University Press, 2005), 40-61。

37  David J. Chalmers, "The Matrix as Metaphysics," in *The Character of Consciousness*(New York: Oxford University Press, 2010), 455-478.

38  查默斯解释了这种混淆，参见 Chalmers, "The Matrix as Metaphysics," 471-472。

## 第9章　真理

1  参见 Seana Valentine Shiffrin, *Speech Matters: On Lying, Morality, and the Law* (Princeton, NJ: Princeton University Press, 2014), 12-14。

2  Shiffrin, *Speech Matters*, 13-14. 她说这个例子出自 Thomas L. Carson, "Lying, Deception, and Related Concepts," in *The Philosophy of Deception*, ed. Clancy Martin (New York: Oxford University Press, 2009), 159-161。

3  我简化了希夫林对撒谎的解读。下面是她对撒谎的完整描述（Shiffrin, *Speech Matters*, 12）：针对命题 P，A 对 B 做出了一个有意的断言，但 A 其实并不相信 P，A 知道自己并不相信 P，并且 A 有意以一种客观呈现自己意图的方式或语境来陈述命题 P，让 B 以为 P 是 A 的信念的准确呈现。

4 参见 Shiffrin, *Speech Matters*, 16。

5 Shiffrin, *Speech Matters*, 16-19.

6 希夫林说，虽然语境在认识论上是被悬置的，但这不能免除你说实话的义务。参见 Shiffrin, *Speech Matters*, 16。

7 Shiffrin, *Speech Matters*, 16.

8 Shiffrin, *Speech Matters*, 18.

9 Shiffrin, *Speech Matters*, 33.

10 Shiffrin, *Speech Matters*, 33.

11 Shiffrin, *Speech Matters*, 22.

12 例如，参见 Alasdair MacIntyre, "Truthfulness, Lies, and Moral Philosophers: What Can We Learn from Mill and Kant?" (Tanner Lectures on Human Values, Princeton University, April 6 and 7, 1994), 336, https://tannerlectures.utah.edu/_documents/a-to-z/m/macintyre_1994.pdf。

13 Jennifer Saul, "Just Go Ahead and Lie," *Analysis* 72, no. 1 (2012), 3-9.

14 Jennifer Mather Saul, *Lying, Misleading, and What Is Said: An Exploration in Philosophy of Language and in Ethics* (Oxford: Oxford University Press, 2012), 72.

15 Saul, *Lying, Misleading, and What Is Said*, 72.

16 索尔确实排除了一些例外情况，比如在法庭上撒谎。Saul, *Lying, Misleading, and What Is Said*, 99.

17 Shiffrin, *Speech Matters*, 23.

18 Immanuel Kant, "On a Supposed Right to Tell Lies from Benevolent Motives," in Kant's *Critique of Practical Reason and Other Works on the Theory of Ethics*, trans. Thomas Kingsmill Abbott (London: Longmans, Green, 1879), 431-436.

19 Allen W. Wood, *Kantian Ethics* (New York: Cambridge University Press, 2008), 245.

20 Wood, *Kantian Ethics*, 244-248.

21 Wood, *Kantian Ethics*, 249.

22 Wood, *Kantian Ethics*, 249.

23 Wood, *Kantian Ethics*, 249.

24　Wood, *Kantian Ethics*, 249.

25　Wood, *Kantian Ethics*, 249.

26　例如，参见 David Leonhardt and Stuart A. Thompson, "Trump's Lies," *New York Times*, December 14, 2017, www.nytimes.com/interactive/2017/06/23/opinion/trumps-lies.html; and Daniel Dale, "The 15 Most Notable Lies of DonaldTrump's Presidency," CNN, January 16, 2021, www.cnn.com/2021/01/16/politics/fact-check-dale-top-15-donald-trump-lies/index.html。

27　Dale, "The 15 Most Notable Lies"; and Nicholas Fandos, "White House Pushes 'Alternative Facts.'Here Are the Real Ones," *New York Times*, January 22, 2017,www.nytimes.com/2017/01/22/us/politics/president-trump-inauguration-crowd-white-house.html.

28　Jim Rutenberg, Jo Becker, Eric Lipton, Maggie Haberman, Jonathan Martin, Matthew Rosenberg, and Michael S. Schmidt, "77 Days: Trump's Campaign to Subvert the Election," *New York Times*, January 31, 2021, www.nytimes.com/2021/01/31/us/trump-election-lie.html.

29　参见 H. L. A. Hart, *The Concept of Law* (Oxford: Clarendon Press, 1961), 141-147。

30　Paul Boghossian, *Fear of Knowledge: Against Relativism and Constructivism*(Oxford: Clarendon Press, 2006), 52-54. 博戈西昂认为全面的相对主义可能会克服本文所提出的观点，但他依然认为这种相对主义不是融贯一致的，因为在人们接受何种观点的问题上，它需要有非相对主义的事实（pp. 54-56）。

31　参见 Ronald Dworkin, "Objectivity and Truth: You'd Better Believe It," *Philosophy and Public Affairs* 25, no. 2 (1996): 87-139。

32　Dworkin, "Objectivity and Truth," 104.

33　Dworkin, "Objectivity and Truth," 105.

34　Dworkin, "Objectivity and Truth," 118.

35　C. Thi Nguyen, "Escape the Echo Chamber," *Aeon*, April 9, 2018,https://aeon.co/essays/why-its-as-hard-to-escape-an-echo-chamber-as-it-is-to-flee-a-cult.

36　Nguyen, "Escape the Echo Chamber."

37　Nguyen, "Escape the Echo Chamber."

38 关于林博创造的回音室的深入分析，参见 Kathleen Hall Jamieson and Joseph N. Cappella, *Echo Chamber: Rush Limbaugh and the Conservative Media Establishment*(New York: Oxford University Press, 2008)。

39 Robin DiAngelo, *Nice Racism: How Progressive White People Perpetuate Racial Harm* (Boston: Beacon Press, 2021), 45-47.

40 DiAngelo, *Nice Racism*, 46.

41 DiAngelo, *Nice Racism*, 47.

42 在接受艾萨克·乔蒂纳访谈时，迪安杰洛对清单的态度有所缓和，允许接受她的核心主张的人之间存在善意的分歧。Isaac Chotiner, "Robin DiAngelo Wants White Progressives to Look Inward," *New Yorker*, July 14, 2021, www.newyorker.com/news/q-and-a/robin-diangelo-wants-white-progressives-to-look-inward.

43 Nguyen, "Escape the Echo Chamber."

44 Nguyen, "Escape the Echo Chamber."

45 希夫林（Shiffrin, *Speech Matters*, 16）说，在一种正当的悬置语境中，"我们不再像在平时的语境中那样预设说真话，而是将这种预设悬置了，因为这些语境要实现其他有价值的目的，这些目的的实现取决于对这种预设的悬置，而这种悬置的正当性是众所周知的"。但是，在后文中，希夫林承认，由于我们是否处在悬置语境中是不明确的，这可以促进"艺术、游戏、隐私和人的自我探索"（Shiffrin, *Speech Matters*, 43），因此，她对"众所周知"的要求可能比前面引文中所体现的更加灵活。

46 Shiffrin, *Speech Matters*, 42.

47 Shiffrin, *Speech Matters*, 42-43.

48 Shiffrin, *Speech Matters*, 24-25.

49 Shiffrin, *Speech Matters*, 24-25.

# 第10章 心智

1 Peter Tyson, "Dogs' Dazzling Sense of Smell," PBS, October 4, 2012, www.pbs.org/wgbh/nova/article/dogs-sense-of-smell.

2   Stanley Coren, "Can Dogs See Colors?" *Psychology Today*, October 20, 2008, www.psychologytoday.com/us/blog/canine-corner/200810/can-dogs-see-colors.

3   Alison Gopnik, *The Philosophical Baby: What Children's Minds Tell Us about Truth, Love, and the Meaning of Life* (New York: Farrar, Straus and Giroux, 2009), 9-10.

4   Gopnik, *The Philosophical Baby*, 106.

5   关于成为婴儿的感受的合理猜想，参见 Gopnik, *The Philosophical Baby*, 125-132。

6   Thomas Nagel, "What Is It Like to Be a Bat?" *Philosophical Review* 83, no. 4 (1974): 438.

7   Nagel, "What Is It Like to Be a Bat?," 439.

8   Nagel, "What Is It Like to Be a Bat?," 439.

9   Tania Lombrozo, "Be Like a Bat? Sound Can Show You the Way," NPR, January 28, 2013, www.npr.org/sections/13.7/2013/01/28/170355712/be-like-a-bat-sound-can-show-you-the-way.

10  Kish is featured in Alix Spiegel and Lulu Miller, "How to Become Batman," *Invisibilia*(podcast), produced by NPR, January 23, 2015, www.npr.org/programs/invisibilia/378577902/how-to-become-batman.

11  Nagel, "What Is It Like to Be a Bat?," 442, n. 8.

12  A. J. 艾耶尔是这样说的："有人认为，为了真正了解另一个人的想法或感受，我必须真的分享那个人的体验。随后我们发现，在某种必要的意义上，分享那个人的体验就是拥有其体验，而为了拥有其体验，我就必须成为那个人。因此，我要做的是既成为另一个人，又仍然是我自己，这是一个矛盾。" A. J. Ayer, "One's Knowledge of Other Minds," *Theoria* 19, no. 1-2 (1953): 5.

13  Ayer, "One's Knowledge of Other Minds," 6.

14  在这里，我依据的是 David J. Chalmers, *The Conscious Mind: In Search of a Fundamental Theory*(New York: Oxford University Press, 1996), 94。

15  Thomas H. Huxley and William Jay Youmans, *The Elements of Physiology and Hygiene*(New York: D. Appleton, 1868), 178.

16  David J. Chalmers, *The Character of Consciousness*(New York: Oxford University

Press, 2010), 1-28.

17　René Descartes, *Meditations on First Philosophy with Selections from the Objections and Replies*, rev. ed., trans. John Cottingham (Cambridge: Cambridge University Press, 1996), 50-62.

18　笛卡儿写道："我能清楚明确地理解一个事物与另一个事物的区别,这一事实足以使我确信这两个事物是不同的,因为它们能够被分开,至少是被上帝分开。" Descartes, *Meditations on First Philosophy*, 54.

19　Descartes, *Meditations on First Philosophy*, 56.

20　参见 Gert-Jan Lokhorst, "Descartes and the Pineal Gland," *Stanford Encyclopedia of Philosophy* (Fall 2020 edition), ed. Edward N. Zalta, https://plato.stanford.edu/archives/fall2020/entries/pineal-gland.

21　关于伊丽莎白对哲学的贡献以及她与笛卡儿的书信往来的概述,参见 Lisa Shapiro, "Elisabeth, Princess of Bohemia," *Stanford Encyclopedia of Philosophy*(Winter 2014 edition), ed. Edward N. Zalta, https://plato.stanford.edu/archives/win2014/entries/elisabeth-bohemia。

22　量子力学可能会让事情变得更加复杂,但它绝对不会认为是某种非物质的心智导致了物质性的身体行动。参见 Chalmers, *Conscious Mind*, 156-158。

23　"机器中的幽灵"的比喻出自 Gilbert Ryle, *The Concept of Mind* (New York: Barnes & Noble, 1950), 15-16。
关于第 247 页脚注中提到的从功能主义角度去理解心智的看法,概述参见 Janet Levin, "Functionalism," *Stanford Encyclopedia of Philosophy*(Fall 2018 edition), ed. Edward N. Zalta, https://plato.stanford.edu/archives/fall2018/entries/functionalism。

24　弗兰克·杰克逊最早提出"玛丽的房间"这个故事是在下面的文献中:"Epiphenomenal Qualia," *Philosophical Quarterly* 32, no. 127 (1982)130。

25　索尔·A. 克里普克就是以这种方式思考这个议题的,参见 Saul A. Kripke, *Naming and Necessity* (Cambridge, MA: Harvard University Press, 1980), 153-154。

26　查默斯详细地阐述了这些论点,参见 Chalmers, *Conscious Mind*, 94-106。

27　Chalmers, *Conscious Mind*, 276-308.

28　Chalmers, *Conscious Mind*, 293-299.

29　Daniel C. Dennett, *Consciousness Explained* (Boston: Little, Brown, 1991), 398-401.

30　参见 Daniel C. Dennett, "Quining Qualia," in *Consciousness in Contemporary Science*, ed. A. J. Marcel and E. Bisiach (Oxford: Oxford University Press, 1988), 42-77。

31　Dennett, *Consciousness Explained*, 398.

32　Dennett, *Consciousness Explained*, 389.

33　Dennett, *Consciousness Explained*, 406.

34　Dennett, *Consciousness Explained*, 406.n.6.

35　关于感质是不是副现象这一问题，参见 Chalmers, *Conscious Mind*, 150-160。

36　Chalmers, *Conscious Mind*, 189–191.

　　第 252 页的脚注 2，参见 Dennett, *Consciousness Explained*，398。

　　第 254 页的脚注，参见 Frank Jackson, "Mind and Illusion," *Royal Institute of Philosophy Supplement* 53 (2003): 251-271。

37　Galen Strawson, *Things That Bother Me: Death, Freedom, the Self, Etc.* (New York: New York Review of Books, 2018), 130-153.

38　Strawson, *Things That Bother Me*, 154-176.

39　Strawson, *Things That Bother Me*, 173.

40　斯特劳森在接受罗伯特·赖特采访时解释了他的观点，参见 Robert Wright, "What Is It Like to Be an Electron? An Interview with Galen Strawson," Nonzero, June 28, 2020, https://nonzero.org/post/electron-strawson。

41　Chalmers, *Conscious Mind*, 277.

42　例如，参见 Colin McGinn, "Can We Solve the Mind-Body Problem?" *Mind* 98, no. 391 (1989): 346-366。

## 第 11 章　无限

1　感谢戈登·贝洛特让我知道是阿基塔斯最先提出雷克斯的论点。

2　Carl Huffman, "Archyatas," *Stanford Encyclopedia of Philosophy* (Winter 2020 edition), ed. Edward N. Zalta, https://plato.stanford.edu/archives/win2020/entries/

archytas.

3   这段话摘自欧德谟斯记录的阿基塔斯的论点。Carl A. Huffman, *Archytas of Tarentum: Pythagorean, Philosopher and Mathematician King* (Cambridge: Cambridge University Press, 2005), 541.

4   Lucretius, *De Rerum Natura*, I.968-979. 对这个问题的讨论，参见 David J. Furley, "The Greek Theory of the Infinite Universe," *Journal of the History of Ideas* 42, no. 4 (1981): 578。

5   Isaac Newton, *Unpublished Scientific Papers of Isaac Newton: A Selection from the Portsmouth Collection in the University Library, Cambridge*, ed. and trans. A. Rupert Hall and Marie Boas Hall (Cambridge: Cambridge University Press, 1962), 133.

6   关于巴门尼德思想的概述，参见 John Palmer, "Parmenides," *Stanford Encyclopedia of Philosophy* (Winter 2020 edition), ed. Edward N. Zalta, https://plato.stanford.edu/archives/win2020/entries /parmenides。

7   Simplicius, *On Aristotle's Physics 6*, trans. David Konstan (London: Bloomsbury, 1989), 114, s. 1012.20.

8   亚里士多德还提出："因此，芝诺的论证错误地认为，一个事物不可能在有限的时间中经过无限的距离或分别接触无限的东西。因为长度、时间和一般连续的事物所谓的'无限'有两层含义——或者是在划分上，或者是在极端上。因此，一个事物在有限的时间内不可能与数量方面无限的东西接触，却可以与划分方面无限的东西接触。因为时间自身在划分方面也是无限的。因此，经过无限的距离是在无限的而非有限的时间中进行的，而与无限的接触也是在无限的而非有限的时刻中实现的。" Aristotle, *Physics*, trans. R. P. Hardie and R. K. Gaye (Cambridge, MA: MIT, n.d.), Book 6.2; available at https://www.google.com/books/edition/Physica_by_R_P_Hardie_and_R_K_Gaye_De_ca/A1RHAQAAMAAJ?hl=en&gbpv=1& bsq=1930.

9   Aristotle, *Physics*, Book 8.8.

10  对于这个问题以及芝诺悖论的全部讨论，我都受益于 Nick Huggett, "Zeno's Paradoxes," *Stanford Encyclopedia of Philosophy* (Winter 2019 edition), ed. Edward N. Zalta, https://plato.stanford.edu/archives/win2019/entries/paradox-zeno。

11  关于标准的解决方案以及其他替代方案，参见 Bradley Dowden, "Zeno's Paradoxes," *Internet Encyclopedia of Philosophy*, accessed November 8, 2020, https://iep.utm.edu/zeno-par。

12  卡洛·罗韦利清楚地解释了这一观点，参见 Carlo Rovelli, *Reality Is Not What It Seems: The Journey to Quantum Gravity*, trans. Simon Carnell and Erica Segre (New York: Riverhead Books, 2017), 26-28。

13  对此的讨论，参见 Rovelli, *Reality Is Not What It Seems*, 169-171。

对于第 270 页脚注中提及的杜威道德哲学的介绍，参见 Elizabeth Anderson, "Dewey's Moral Philosophy," *Stanford Encyclopedia of Philosophy* (Winter 2019 edition), ed. Edward N. Zalta, https://plato.stanford.edu/archives/win2019/entries/dewey-moral。

14  尼尔·德格拉斯·泰森可能是最有名的敌视哲学的科学家，但他绝不是个例。参见 "Neil deGrasse Tyson Slammed for Dismissing Philosophy as 'Useless,'" *Gizmodo*, May 12, 2014, https://io9.gizmodo.com/neil-degrasse-tyson-slammed-for-dismissing-philosophy-a-1575178224。

15  Chris Baraniuk, "It Took Centuries, but We Now Know the Size of the Universe," *BBC Earth*, June 13, 2016, www.bbc.com/earth/story/20160610-it-took-centuries-but-we-now-know-the-size-of-the-universe.

16  Nick Bostrom, "Infinite Ethics," *Analysis and Metaphysics* 10 (2011): 9-59.

17  对希尔伯特酒店的介绍，参见 World Science Festival, "Steven Strogatz and Hilbert's Infinite Hotel," YouTube video, 9:20, January 7, 2015, www.youtube.com/watch?v=wE9fl6tUWhc。

18  Seth Fishman, *A Hundred Billion Trillion Stars* (New York: HarperCollins, 2017).

19  "How Many Stars Are There in the Universe?" European Space Agency, accessed November 8, 2020, www.esa.int/Science_Exploration/Space_Science/Herschel/How_many_stars_are_there_in_the_Universe.

20  Thomas Nagel, "The Absurd," *Journal of Philosophy* 68, no. 20 (1971): 719; and Thomas Nagel, "Birth, Death, and the Meaning of Life," in *The View from Nowhere* (New York: Oxford University Press, 1986), 208-232.

21　Nagel, "The Absurd," 718.

22　Nagel, "Birth, Death, and the Meaning of Life," 215.

23　Nagel, "The Absurd," 725-726.

24　Sarah Buss, "Some Musings about the Limits of an Ethics That Can Be Applied—A Response to a Question about Courage and Convictions That Confronted the Author When She Woke Up on November 9, 2016," *Journal of Applied Philosophy* 37, no. 1 (2020): 26.

25　Buss, "Some Musings," 21-23.

26　Buss, "Some Musings," 17.

27　Buss, "Some Musings," 21.

28　Buss, "Some Musings," 18.

29　正如内格尔指出的那样，宇宙的大小本身不是我们认为自己微不足道的理由。但是，对它的思考可以帮助我们超脱自身，从而意识到我们的微不足道。Nagel, "The Absurd," 717, 725.

补充第 281 页的脚注：内格尔还认为，这种荒谬感本身也是不重要的。关于这一点，参见 Nagel, "The Absurd," 727。

## 第 12 章　上帝

1　故事的原版出自 John Wisdom, "Gods," *Proceedings of the Aristotelean Society* 45 (1944–1945): 185-206。弗卢改编后的版本出自 Antony Flew, "Theology and Falsification," in *New Essays in Philosophical Theology*, ed. Antony Flew and Alasdair MacIntyre (New York: Macmillan, 1955), 96-98。

2　Flew, "Theology and Falsification," 96-98.

3　Flew, "Theology and Falsification," 96-98.

4　Ludwig Wittgenstein, *Lectures and Conversations on Aesthetics, Psychology, and Religious Belief*, ed. Cyril Barrett (Berkeley: University of California Press, 1966), 53.

5　Lara Buchak, "Can It Be Rational to Have Faith?" in *Probability in the Philosophy of Religion*, ed. Jake Chandler and Victoria S. Harrison (Oxford: Oxford University

Press, 2012), 225-227.

6　Blaise Pascal, *Thoughts, Letters, and Minor Works*(New York: P. F. Collier & Son, 1910), 85-87.

7　对这些争论的概述，参见 Alan Hájek, "Pascal's Wager," *Stanford Encyclopedia of Philosophy* (Summer 2018 edition), ed. Edward N. Zalta, https://plato.stanford.edu/archives/sum2018/entries/pascal-wager。

8　威廉·詹姆斯就这一赌注提出了同样的担忧，参见 William James,*The Will to Believe and Other Essays in Popular Philosophy* (New York: Longmans, Green, 1986),5。

9　参见 Anselm, *Proslogion*, trans. David Burr, in "Anselm on God's Existence," Internet History Sourcebooks Project, January 20, 2021, https://sourcebooks.fordham.edu/source/anselm.asp。

10　关于高尼罗的回应，参见 "How Someone Writing on Behalf of the Fool Might Reply to All This," trans. David Burr, in "Anselm on God's Existence"。对此的分析，参见 Kenneth Einar Himma, "Anselm: Ontological Arguments for God's Existence," *Internet Encyclopedia of Philosophy*, accessed August 20, 2019, https://iep.utm.edu/ont-arg。

11　对这个过程的概述，参见 Graham Oppy, "Ontological Arguments," *Stanford Encyclopedia of Philosophy*(Spring 2020 edition), ed. Edward N. Zalta, https://plato.stanford.edu/archives/spr2020/entries/ontological-arguments。

12　在这里，爱因斯坦的话引自他的助手恩斯特·斯特劳斯，参见 Straus's "Memoir" in *Einstein: A Centenary Volume*, ed. A. P. French (Cambridge, MA: Harvard University Press, 1979), 31-32。

13　关于爱因斯坦的问题，参见 Dennis Overbye, "Did God Have a Choice?" *New York Times Magazine*, April 18, 1999, 434, https://timesmachine.nytimes.com/timesmachine/1999/04/18/issue.html。

14　关于这个问题可能有哪些答案，有趣的讨论参见 Jim Holt, *Why Does the World Exist: An Existential Detective Story* (New York: W. W. Norton, 2012)。

15　J. L. Mackie, "Evil and Omnipotence," *Mind* 64, no. 254 (1955): 200.

16  Mackie, "Evil and Omnipotence," 201-202.

    第 304 页的脚注，参见 Mackie, "Evil and Omnipotence," 201。

17  Mackie, "Evil and Omnipotence," 203.

18  参见 Mackie, "Evil and Omnipotence," 206。

19  参见 Mackie, "Evil and Omnipotence," 207。

20  Mackie, "Evil and Omnipotence," 209.

21  关于莱布尼茨对恶的问题的思考，概述参见 Michael J. Murray and Sean Greenberg, "Leibniz on the Problem of Evil," *Stanford Encyclopedia of Philosophy* (Winter 2016 edition), ed. Edward N. Zalta, https://plato.stanford.edu/archives/win2016/entries/leibniz-evil。

22  伏尔泰讽刺了我们生活的世界是所有可能世界中最好的一个的观点，参见 Voltaire,*Candide and Other Stories*, trans. Roger Pearson (New York: Alfred A. Knopf, 1992)。

23  Marilyn McCord Adams, "Horrendous Evils and the Goodness of God," *Proceedings of the Aristotelian Society*, Supplementary Volumes 63 (1989): 302-304.

24  Adams, "Horrendous Evils," 300.

25  Adams, "Horrendous Evils," 303.

26  Adams, "Horrendous Evils," 302.

27  Adams, "Horrendous Evils," 302.

28  Adams, "Horrendous Evils," 309-310.

29  Adams, "Horrendous Evils," 307.

30  Adams, "Horrendous Evils," 307-309.

31  亚当斯（Adams, "Horrendous Evils," 299）把这个观点归功于罗德里克·奇泽姆。

32  Adams, "Horrendous Evils," 307.

33  亚当斯（Adams, "Horrendous Evils," 305）把这个观点归功于诺里奇的朱利安，有记载的第一位用英语写作的女性（大约在 14 世纪末）。关于朱利安的更多信息，参见 "Julian of Norwich," *British Library,* accessed May 1, 2021, www.bl.uk/people/julian-of-norwich。

34  Adams, "Horrendous Evils," 305.

35  Adams, "Horrendous Evils," 305-306.

36  下文对《旧约·创世记》第18章中发生在亚伯拉罕和上帝之间的对话有所简化。

## 结语　如何培养一个哲学家

1  Plutarch, *Plutarch's Lives*, vol. 1, trans. Bernadotte Perrin (London: William Heinemann, 1914), 49.

2  Thomas Hobbes, *The English Works of Thomas Hobbes*, vol. 1, ed. William Molesworth (London: John Bohn, 1839), 136-137.

3  与同一性和艺术有关的问题，有趣探讨可以收听 Michael Lewis's "The Hand of Leonardo," *Against the Rules* (podcast), https://atrpodcast.com/episodes/the-hand-of-leonardo-s1!7616f。

4  关于与孩子们探讨哲学的更多建议，以及你可以提的一系列问题，参见 Jana Mohr Lone, *The Philosophical Child* (London: Rowman & Littlefield, 2012), 21-39。

5  Robert Nozick, *Philosophical Explanations* (Cambridge, MA: Belknap Press, 1981), 4.

6  Bertrand Russell, *The Problems of Philosophy* (New York: Oxford University Press, 1998), 6.